Manfred F. R. Kets de Vries
Chef-Typen

Meinen Eltern,
meinen Kindern,
Elisabet und Florian

Vorwort

In einer Zeit des Wandels und steigender Erwartungen wächst die Sorge über die internationale Wettbewerbsfähigkeit und unsere Fähigkeit, der Herausforderung der Welt an unserer Spitze in Industrie und Management zu begegnen. In solchen Zeiten scheinen Führungskräfte sehr gefragt zu sein; in solchen Zeiten machen die Führungskräfte den Unterschied. Wir sollten nicht vergessen, daß es die Führungspersonen sind, von denen man die Entwicklung neuer Visionen und die Entfesselung und Lenkung der ungenutzten Talente, die auf allen Ebenen einer Organisation vorkommen, erwartet. Führungskräfte sind diejenigen, die unsere Institutionen für die Herausforderungen von morgen vorbereiten müssen. Als Katalysatoren für den Wandel haben sie diesen Prozeß in Gang zu setzen.

Im Rückblick auf dieses Jahrhundert können wir sagen, daß wir mehr als unseren Anteil an Führern hatten – gute und schlechte. Als ein Student der Führungslehre hatte ich das Glück, in diesem Zeitabschnitt zu leben. Das Studium der Führung war in meinem Fall keine losgelöste akademische Übung. Ich hatte im Gegenteil die Gelegenheit, den Aufstieg und den Fall von Führungspersönlichkeiten – unternehmerischen und politischen – hautnah zu verfolgen.

Als ich als Student in Holland Platos *Staat* las, war ich besonders von dem Teil fasziniert, in dem er die Eigenschaften beschrieb, die für einen Philosophenkönig und seine Ausbildung notwendig sind. Diejenigen, die vielleicht dachten, daß das Interesse an Führung und Führungstraining ein relativ modernes Phänomen ist, werden überrascht sein. Schon 386 v. Chr. initiierte Plato eines der ersten Trainingszentren für Führung der Welt, ein Institut, das er Akademie nannte. Er wollte einen neuen Typus von Politikern schaffen, eine Person, die dazu in der Lage sein sollte, dem hohen Druck des Amtes standzuhalten. Plato schien sich über die Schattenseiten der Führung ganz im klaren gewesen zu sein. Er entwickelte ein drakonisches Curriculum, um dem vorzubeugen. Wie erfolgreich er dabei war, ist eine andere Frage. Sein eigenes Wagnis jedoch, sein Wissen anzuwenden (und aus erster Hand etwas über Führung zu lernen), indem er als Tutor des Tyrannen Dionysos in die Politik von Syrakus einstieg, kostete ihn fast den Kopf.

Nach meiner ersten Begegnung mit Platos Ideen wurde mein Interesse, Führung systematisch zu untersuchen, während eines Seminars zum Thema „Psychoanalytische Psychologie und Managementtheorie" bei Abraham Zaleznik von der Harvard Business School erregt. Nach Plato waren Freuds Einsichten in die menschliche Natur eine Offenbarung für mich, weil sie mir eine ganz neue Dimension eröffneten.

Angeregt durch das Seminar kämpfte ich mit der Frage, warum sich mysteriöserweise Führungspersonen nach ihrem Aufstieg an die Macht verändern. Was geschieht mit ihnen? Wie verwandeln sich gewisse Führungsqualitäten, die ursprünglich Stärken waren, in Schwächen? Was heißt es tatsächlich, eine Führungskraft zu sein? Und warum sind manche Leute empfänglicher als andere für das, was ich V-Dimension (Versagensfaktor) nenne – das heißt, die Kombination psychologischer Zwänge, die außerhalb des direkten Bewußtseins liegen, aber typisch für Führung sind? Orson Welles' Feststellung: „Ich begann an der Spitze und arbeitete mich nach unten", ist mehr als nur eine witzige Bemerkung; sie birgt viel Wahrheit in sich. Damals hatte ich nicht sehr viel über dieses sonderbare Phänomen zu sagen, aber das heißt nicht, daß ich nicht mehr daran gedacht hätte.

In meiner Tätigkeit als Lehrer, Forscher, Kliniker und Berater hatte ich das Glück, die verschiedensten Menschen in Führungspositionen kennenzulernen. Tatsächlich mit ihnen umzugehen und nicht nur über sie zu lesen war eine wichtige Lernerfahrung. Als ich nach einem längeren Aufenthalt in Nordamerika nach Europa zurückkam, war ich obendrein verblüfft über die Verschiedenartigkeit der Führungsstile. Dies war ein zusätzlicher Anreiz und eine weitere Quelle der Inspiration. Meine Ausbildung, die paradoxerweise das Wissen einer „trüben Wissenschaft" (Ökonomie) mit dem eines „unmöglichen Berufs" (Psychonanalyse) kombinierte, hat sich überdies für den Erwerb größerer Einsicht in das Führungsmysterium als sehr nützlich erwiesen.

Beim Schreiben dieses Buches habe ich viele meiner Beispiele meiner eigenen Praxis, Forschung und Beratungserfahrung entnommen. Hin und wieder habe ich zur besseren Illustration auf einen eher psychobiographischen Ansatz zurückgegriffen und Presseinformationen verwendet. Bei dem Versuch, die Erfahrungen der Führungsperson zu verstehen, wende ich meinen klinischen Hintergrund systematisch an. Ich hoffe, daß ich dadurch unser Verständnis dieses wichtigen Themas weiterbringe.

Schreiben ist vielleicht ein einsamer Akt, aber es geschieht nicht in einem luftleeren Raum. Viele Menschen haben mir während des Projekts geholfen. Dafür bin ich zutiefst dankbar. Als erstem von allen möchte ich zunächst meine Verpflichtung gegenüber Abraham Zaleznik ausdrücken, Matsushita-Professor der Führungslehre an der Harvard Business School und gleichzeitig Mentor, Kollege und Freund. Ohne es wirklich zu wissen, hat er in vieler Hinsicht dazu beigetragen, dieses Projekt zu verwirklichen.

Ebenso möchte ich meine Dankbarkeit gegenüber Maurice Dongier von der Abteilung für Psychiatrie der McGill Universität ausdrücken. Ich habe versucht, seiner Reflexionsfähigkeit und seiner Gabe, das Ungewöhnliche zu sehen, die mich während des Schreibens an diesem Buch anregten, nachzueifern.

Darüber hinaus bin ich dem kreativen Denken von Harry Levinson, Henry Minzberg und Edgar Schein dankbar.

Besonders bedanken möchte ich mich bei Danny Miller von der McGill Universität und HEC, Montreal. Oft denke ich wehmütig an unsere gemeinsamen Anstrengungen, bevor ein Kontinent uns trennte.

Ich danke den Studenten, die mich durch ihre unerwarteten Fragen anregten, ebenso wie meinen Patienten und Klienten, die sich mir anvertrauten und mich viele faszinierende Dinge lehrten. Ich bin mir meiner Verpflichtung ihnen gegenüber bewußt und bedanke mich bei ihnen allen.

Meine Kollegen Michael und Linda Brimm, Paul Evans, André Laurent, Susan Schneider und Marine Van den Poel bei INSEAD, Alain Noel und Laurent Lapierre von HEC, Montreal, haben unschätzbare Kommentare zu Teilen des Buches geliefert. Die Einsichten meiner beiden ehemaligen Assistenten, Robert Dick und Jane Petrie, die sich jetzt größeren Aufgaben widmen, waren sehr wertvoll. Außerdem bin ich Joyce und Lawrence Nadler nicht nur für ihre verschiedenen Vorschläge zur Verbesserung dankbar, sondern auch dafür, daß sie mir die Gelegenheit gaben, diese Ideen in der Praxis zu testen. Sophia Acland, Eliza Collins und Christina Davis möchte ich auch meinen tiefsten Dank für ihre redaktionelle Hilfe aussprechen. Ihre Anregungen zur Verbesserung haben für ein lesbareres Buch gesorgt.

Ich möchte für die finanzielle Unterstützung, die ich durch die Forschungsabteilung bei INSEAD unter der Leitung von Direktor Charles Wyplosz und seiner Assistentin Diane Mitchell erhalten habe, anerkennend danken. Ihre logistische Unterstützung, dieses Buch zu ermöglichen, war unbezahlbar.

Das Tippen der verschiedenen Fassungen besorgte meine Sekretärin Catherine Patts mit viel Engagement; sie stand mir ausdauernd und geduldig zur Seite und tippte das Manuskript, öfter als ich mich erinnern kann, von neuem. An dieser Stelle möchte ich mich auch bei Henriette Robilliard für die Organisierung des Prozesses bedanken. Darüber hinaus danke ich Sylvie Exposito, Pia Arquati und Helene Schneider für ihre Hilfe bei der Endfassung.

Wie immer möchte ich meine Dankbarkeit gegenüber meinem Agenten Doe Coover für seine Hilfe bei der Verwirklichung des Projekts ausdrücken. Außerdem geht mein Dank an meinen Herausgeber bei Wiley, John Mahaney, sowohl für sein Vertrauen in dieses Projekt als auch für seine prägnanten Kommentare.

Zum Schluß möchte ich meiner Frau Elisabet für ihr Urteil, Verständnis und ihre Unterstützung während des Schreibens danken. Sie schuf nicht nur die für die Arbeit an diesem Buch notwendige Atmosphäre, sondern gab mir auch ganz unschätzbare redaktionelle Hilfe.

Paris, Frankreich   Manfred F. R. Kets de Vries
Februar 1989

Inhalt

Vorwort...5

1. Das innere psychische Forum der Führungskraft 11

2. Die Enthüllung des Operationscodes: Das Rätsel der Führung 19

3. Die mysteriöse Verwandlung: Führungskräfte, die nicht
   managen können.. 33

4. Das Spektrum der Persönlichkeiten: Führer und Geführte.............. 53

5. Persönlicher Ruhm und Macht: Führung in einer
   narzißtischen Epoche... 83

6. Folie à deux: Chefs, die ihre Mitarbeiter verrückt machen 105

7. Die Schattenseite des Unternehmertums 123

8. Das Nachfolgerspiel.. 143

9. „Ich folgte diesem Mann – überallhin – mit verbundenen
   Augen": Erfolgreiche Führung 163

10. Die Führungskraft als Symbol 183

Literatur.. 189

Stichwortverzeichnis... 199

Kapitel 1

Das innere psychische Forum
der Führungskraft

> Man ist versucht, den Menschen als rationales Wesen zu definieren, das immer dann sein Naturell verliert, wenn es den Geboten seiner Vernunft folgen soll.
>
> Oscar Wilde, The Critic as Artist

Als Carlo De Benedetti bei Olivetti den Vorsitz übernahm, sah das Unternehmen wie ein totales Wrack aus. Belastet mit einer veralteten Technologie, überschuldet und mit monatlichen Verlusten von zehn Millionen Dollar beladen, wurde der einst erfolgreiche Schreibmaschinenhersteller von vielen Wirtschaftsexperten als ein Unternehmen angesehen, dessen Tage gezählt waren. De Benedettis Entscheidung, sein Geld in das Unternehmen einzubringen, wunderte viele. Und man fragte sich, was in ihn gefahren sei, und war sogar davon überzeugt, daß er damit sein eigenes Todesurteil unterschrieben hatte. Aber De Benedetti bewies all diesen Propheten des Jüngsten Gerichts das Gegenteil. Unter seiner charismatischen Führung wurde das marode Unternehmen umgewandelt und zu einem der profitabelsten und dynamischsten Unternehmen der Welt gemacht. Ein zentraler Faktor in diesem Wandel war, daß De Benedetti es schaffte, den Respekt der Gewerkschaften zu gewinnen. Weil er erkannt hatte, wie verzweifelt die Lage war, eröffnete er den Gewerkschaftsvertretern die Bilanzen und erklärte ihnen, daß die Alternative zu seiner drakonischen Empfehlung nur der Bankrott sei. Er entließ fast zwanzigtausend einer Belegschaft von fünfundsechzigtausend Angestellten. Dies schloß das Ersetzen der meisten Top-Manager ein. Durch totales Eintauchen in die Probleme des Unternehmens konnte er die verbliebenen Manager davon überzeugen, daß sie einmal wieder auf der Seite der Gewinner stehen und, mehr als das, die Vorhut im Kampf gegen die bestehende Malaise der italienischen Wirtschaft werden könnten.

Ein anderer Erfolgsfaktor war, daß er in der Trennung von AT&T eine Chance sah und erfolgreich ein phantastisches Geschäft abschloß, das die Absprache über die Beteiligung an Marketing und Technologie beinhaltete. Dadurch machte er Olivetti mit einem Schlag zu einem der Großen auf dem Markt der Büroautomation.

Einige Jahre später, als *Newsweek* ihn danach fragte, was denn zu seinem Erfolg beigetragen habe, antwortete De Benedetti:,,Der Israel-Effekt". Damit meinte er: nachdem er ungefähr siebzehn Millionen Dollar in das Unternehmen investiert hatte, stand er mit dem Rücken an der Wand und konnte nicht mehr zurück. Um seine eigenen Worte zu gebrauchen:,,Ich mußte gewinnen, weil ich mein eigenes Geld investiert hatte und in meinem eigenen Metier nicht mehr glaubwürdig gewesen wäre." Und der ,,Israel-Effekt" hatte funktioniert, wie die Profite bei Olivetti und seine erfolgreichen Beteiligungen an anderen gewagten Unternehmungen gezeigt haben. Auch war der Zeitpunkt insofern richtig, als De Benedetti sich nach seinem dramatischen Abgang als leitender Direktor bei Fiat an einem Wendepunkt seiner Karriere befand. Zudem war Italien auch bereit für ihn, nachdem unternehmensfeindliche Einstellungen ihren Höhepunkt erreicht und katastrophale wirschaftliche Folgen gezeitigt hatten. Wegen seines Beitrags zur wirtschaftlichen Wende Italiens wurde De Benedetti 1985 zum italienischen Manager des Jahres gewählt. Er schmückte die Titelseiten vieler Wirtschaftsmagazine und wurde in Fortune's Liste der europäischen Manager aufgenommen. Und sein kometenhafter Aufstieg in der Geschäftswelt scheint in dem Maße anzudauern, wie sich seine unternehmerischen Aktivitäten von Tag zu Tag vermehren. Durch all dies hatte De Benedetti die Vorherrschaft der Industrie- und Finanzunternehmen herausgefordert und die Industrielandschaft des Landes neu entworfen; durch seine neuen Unternehmungen außerhalb Italiens war er als einer der ,,Super-Manager" der Welt angesehen worden.

Wie De Benedetti sind viele der heute sehr erfolgreichen Unternehmenschefs zu einem Begriff für jedermann geworden; ihre besonderen Qualitäten und ihr Charisma haben sie weit über die Grenzen eines Sitzungssaals oder einer Fabrik hinaus berühmt gemacht. Und in der Tat identifizieren viele Menschen ein spezielles Unternehmen mit der Persönlichkeit seines Chefs. De Benedetti ist ein gutes Beispiel für solche Cheftypen, aber andere lassen sich leicht finden: Soichiro Honda von der Honda Motor Company, Armand Hammer von Occidental Petroleum und Lee Iacocca von Chrysler zählen zu den bekanntesten.

Kleine Unternehmen, auch wenn sie seltener in den Hitlisten stehen, können auf ähnliche Weise durch einen außergewöhnlichen Unternehmensleiter enorm stimuliert werden. Eine gute Führungskraft kann ihre Angestellten zu Leistungen inspirieren, die über ihre normalerweise angenommenen Fähigkeiten hinausgehen, kann ihre Begeisterung für neue Unternehmungen fördern und ihnen das Vertrauen vermitteln, daß sie damit Erfolg haben werden. Außergewöhnliche Führungskräfte scheinen eine geheimnisvolle Macht über ihre Angestellten zu haben; sie scheinen sie irgendwie auf eine tiefe Loyalität und auf eine unhinterfragte Erfüllung ihrer Wünsche verpflichten zu können.

Die hohen Standards und die unbedingte Treue, die H. Ross Perot, der ehemalige Präsident von Electronic Data Systems (EDS), bei seinen Arbeitern hervorrief, sind ein gutes Beispiel dafür. In vielen Wirtschaftsmagazinen wunderten sich die Journalisten darüber, bis zu welchem Grad Perot von seinen „Truppen" – ein sehr passender Ausdruck für die fast paramilitärische Kultur, die in seinem Unternehmen vorherrschte – erwartete, seine Vorstellung von Engagement zu teilen, und bis zu welchem Grad sie dem tatsächlich bereitwillig entsprachen. Es wurde eine beachtliche Zeit geopfert, um die Neulinge in Perots Denkweise zu schulen. Perots Sinn für Gleichbehandlung bei der Leitung der Unternehmensgeschäfte half sicherlich dabei, den Grad an Zustimmung zu erreichen, den er wollte. Perot war als Präsident von EDS nie von solchen Dingen wie separate Kantinen für leitende Angestellte, spezielle Parkplätze oder ähnliche Privilegien überzeugt. Jeder Angestellte war für ihn ein vollwertiger Partner. Möglicherweise hat Perots Abenteuerlust noch zusätzlich zu diesem Treuegefühl seiner Angestellten beigetragen. Sein mißlungener Auftrag im Jahre 1969, zwei gecharterte Boeing 707 mit Weihnachtsgeschenken für die amerikanischen Kriegsgefangenen nach Nord-Vietnam zu schicken, ist nur ein Beispiel. Seine bemerkenswerteste Heldentat, von dem Schriftsteller Ken Follet in seinem Bestseller *On the Wings of Eagles* und später dann als Fernsehserie bei NBC veröffentlicht, war sein erfolgreicher Versuch, unter seinen Angestellten eine Kommandoeinheit zu organisieren, die während der chaotischen Revolutionstage von 1978 zwei seiner Manager aus einem iranischen Gefängnis befreite.

Wahrhaft große Führungspersönlichkeiten sind jedoch dünn gesät. Viele Menschen werden mit den Führungsbelastungen nicht fertig, wenn sie einmal die Spitze einer Organisation erreichen. Spektakuläre Mißerfolge in der Vergangenheit, wie die von John DeLorean von DeLorean Motors, Bernard Cornfeld von Investment Overseas Services und Ernest Saunders von Guinnes, belegen dies. Weniger gut dokumentierte Mißerfolge ereignen sich jeden Tag. Manche Menschen scheinen einfach nicht dazu fähig zu sein, eine Position höchster Verantwortung zu übernehmen; andere sind vielleicht erfolglos dabei, ihre Angestellten davon zu überzeugen, daß ihre Vision der Zukunft des Unternehmens die richtige ist; wieder anderen ist vielleicht die Macht zu Kopf gestiegen, und sie hängen großen Plänen nach, die jenseits der Möglichkeiten ihres Unternehmens liegen. Angesichts der Macht, die ein Unternehmensleiter über die Ressourcen eines Unternehmens hat, ist der Schaden enorm, der durch ungeeignete Führungspersonen angerichtet werden kann. Eine Reihe von spektakulären Bankzusammenbrüchen wie bei der Franklin National Bank oder bei der Penn Square Bank illustrieren das deutlich.

Was kennzeichnet dann aber einen erfolgreichen Chef? Was verleiht Führungskräften ihre geheimnisvolle Macht über andere? Warum haben einige Erfolg und andere nicht? Und warum ist es so schwierig, eine gute Führungskraft zu sein? Was sind die Belastungen, die eine Führungskraft tragen muß? Gehört eine Art *Versagensfaktor* (V-Dimension) zur Führung mit dazu? Was können Chefs zur Vermeidung dieser V-Dimension tun, oder wie können sie sich wenigsten darauf vorbereiten?

Untersuchungen über Führungsverhalten – und davon gab es eine Menge – haben zu diesen Fragen widersprüchliche Antworten gegeben. Speziell die V-Dimension blieb ein unerforschter Bereich. Sich in der Literatur über Führung zurechtzufinden, ist wie auf Treibsand zu gehen: es gibt nur wenig, an dem man sich festhalten kann. Konkurrierende Theorien gibt es im Überfluß, und Verwirrung ist der vorherrschende Eindruck. Am meisten entmutigt, daß sich viele Untersuchungen über Führung auf abstrakte theoretische Begriffsbildungen konzentrieren, während das eigentliche Objekt der Forschung, die Führungsperson, auffallend abwe-

14

send zu sein scheint. Dies hatte einen Politikwissenschaftler zu der Aussage veranlaßt, daß „alle Wege zur Untersuchung von Führung damit enden, ihren Gegenstand zu verschlingen."

Zusätzlich zu diesen Problemen kommen viele Führungstheoretiker an entgegengesetzten Enden einer Skala an. So sieht zum Beispiel eine Forschungsrichtung die Führungsperson als eine Marionette an, als jemanden, der nur geringen Einfluß auf organisatorische Entscheidungsprozesse und Leistung hat. Diese Forscher machen das Argument stark, daß die sozioökonomischen Faktoren und nicht die Führung das sind, was einen Unterschied macht. Diese Auffassung einer „Populationsökologie" zeigt Ähnlichkeiten mit der Behauptung derjenigen Theoretiker, die Organisationen grundsätzlich als ressourcenabhängig ansehen. Kontrolle über die Umweltressourcen ist das, was die Richtung eines Unternehmens bestimmt; diese Perspektive auf das Leben einer Organisation sieht deshalb in den Führungskräften wenig mehr als Puppen. Um die Worte des Nobelpreisträgers Herbert Simon zu verwenden: eine Führungskraft wird zu einem „Busfahrer, dessen Passagiere aussteigen wollen, außer er fährt sie in die Richtung, in die sie fahren wollen."

In scharfem Kontrast zu dieser Denkweise geht die Theorie der „strategischen Entscheidung" von der Position aus, daß es so etwas wie absichtsvolles Handeln in Organisationen gibt; Führungskräfte können einen Unterschied machen und die organisatorischen Resultate beeinflussen. In diesem Fall verwandelt sich die Führungskraft – anders als in der Marionettentheorie – in einen Zauberer, der andere blendet, damit sie seiner Führung folgen.

Wie bei den meisten Dingen liegt die Wahrheit auch hier irgendwo in der Mitte. Ohne Zweifel sind Führungspersonen durch die Umstände beeinflußt, aber sie können auch Katalysatoren der Ereignisse sein. Führung ist nicht einfach das Resultat verschiedener sozialer Kräfte. Führungskräfte können vermöge ihrer Handlungen oder auch durch einen Mangel an Handlungsfähigkeit einen Unterschied machen. Sogar wenn wir zur Theorie der strategischen Entscheidung neigen, während wir den starken Wirkungen der Umweltkräfte Aufmerksamkeit schenken, kann auch dieser Ansatz letzten Endes leider steril werden, weil er, wie viele andere Theorien auch, Führung nur von einer oberflächlichen Ebene aus betrachtet.

Dieses Buch ist jedoch anders: es richtet seine Aufmerksamkeit nicht nur auf die Oberflächenstruktur des Verhaltens einer Führungskraft, sondern auch auf seine Tiefenstrukturen. Es analysiert nicht nur das einfache Verhalten; es versucht vielmehr, unter die Oberfläche zu dringen. Der einzige Weg, Führung zu verstehen, besteht darin, tiefer zu graben und die innere Welt einer Führungsperson zu ergründen. Mit anderen Worten, die komplexen psychologischen Kräfte, die die Persönlichkeit einer Führungskraft charakterisieren, sind der Schlüssel zum Verständnis ihres Verhaltens. Auf diese Weise bedingen die Kernthemen im „inneren Forum" einer Führungskraft ihre Wahl bestimmter Verhaltensrichtungen, und diese Themen liefern den Schlüssel zum Erfolg oder Mißerfolg als Führungskraft. Auf ähnliche Weise liegt der Schlüssel zu der Beziehung zwischen der Führungskraft und ihren Angestellten in den psychologischen Kräften, die zwischen ihnen mitspielen. Solche Kräfte existieren auf einer innerpsychischen, interpersonellen Ebene und auf Gruppen- und Organisationsniveau. Durch die Analyse dieser Kräfte können wir verstehen, wie Führungskräfte ihre Mitarbeiter beeinflussen und umgekehrt. Wir können auch die Wege erkennen, auf denen Führungskräfte Gefangene ihres inneren Forums werden können, so daß ihre Handlungen selbstzerstörerisch werden. Diese destruktive Seite der Führung ist das, was ich die V-Dimension nenne.

Dieses Buch ist für Führungskräfte, aufstrebende Führungskräfte und all diejenigen, die mit ihnen zu tun haben, geschrieben. Durch ein tiefes Eindringen in die innere Welt einer Führungsperson beobachtet es erfolgreiches und erfolgloses Führungsverhalten und zeigt, was die Bestandteile des ersten sind und wie man mit den Kräften, die zu letzterem führen, umgehen kann. Konzepte wie Charisma und Unternehmertum werden ebenso diskutiert wie die oft umstrittene Frage nach der Führungsnachfolge – nämlich wie und wann eine erfolgreiche neue Führungskraft ausgewählt werden soll. Durch das ganze Buch hindurch verwende ich Fallbeispiele aus meiner Beratungserfahrung und aus Untersuchungen über Führungsverhalten.

Meine Hauptabsicht hierbei ist, dem Leser tiefere Einblicke in das Phänomen Führung zu geben, über das direkt Beobachtbare hinaus. Ich möchte, daß der Leser versteht, daß die Aufgabe einer Führungsperson paradox ist: auf der einen Ebene appelliert sie an die rationalen Fähigkeiten ihrer Mitarbeiter, während ihre Botschaft auf einer anderen direkt auf deren Unterbewußtsein abzielt. Darüber hinaus sind Führungspersonen Meister im Verkleiden, Verführen und Manipulieren. Diese Tatsachen sind teilweise für ihren Zauber verantwortlich, schaffen aber gleichzeitig bei denjenigen, die die tieferen Beweggründe ihres Handelns zu verstehen versuchen, ein Moment von Verwirrung. Angesichts der kritischen Rolle, die Führungskräfte spielen, sollten wir diesen Sprung wagen und hinter das Offensichtliche und Oberflächliche blicken. Wir sollten auch ein Auge auf die Schattenseiten einer Führungskraft haben und uns der V-Dimension bewußt sein, oder wie Thomas Jefferson es einmal ausgedrückt hat: „Jedesmal, wenn ein Mensch ein langes Auge auf ein Amt geworfen hat, schleicht sich Korruptheit in sein Verhalten ein."

Kapitel 2

Die Enthüllung des Operationscodes:
Das Rätsel der Führung

Der Begriff „Charisma" wird auf eine bestimmte Eigenschaft der Persönlichkeit eines Individuums angewandt, kraft derer es sich von normalen
Menschen unterscheidet und als mit übernatürlichen, übermenschlichen
oder wenigstens außergewöhnlichen Kräften oder Qualitäten ausgestattet
behandelt wird. Es sind solche, die für einem normalen Menschen nicht
erreichbar sind, sondern als göttlichen Ursprungs oder als musterhaft angesehen werden und auf deren Grundlage das betreffende Individuum als
Führer angesehen wird. Unter primitiven Umständen wird diese besondere Art der Ehrerbietung Propheten, Menschen mit dem Ruf heilender oder
rechtlicher Weisheit, Führern bei der Jagd und Kriegshelden entgegen-
gebracht.

   Max Weber, Die Theorie der sozialen und wirtschaftlichen Organisation

Historiker, Politik- und Sozialwissenschaftler sowie auch andere haben
aus verschiedenen Perspektiven versucht, das Geheimnis der Führung zu
erklären. In den meisten Fällen haben ihre Erklärungsversuche nicht zu
einer besseren Einsicht geführt, wenngleich es einige Ausnahmen gibt.
Ein Weg, der einigen Erfolg versprach, war das Charisma-Konzept. Charisma wurde oft dazu verwendet, das geheimnisvolle, fast mystische
Band zwischen Führern und Geführten zu erklären; eine Beziehung, die
sowohl konstruktive als auch destruktive Konsequenzen haben kann.

Der Soziologe Max Weber hatte das Charisma-Konzept bekannt gemacht. Er unterschied es von zwei anderen Formen von Herrschaft, obwohl er mögliche Überschneidungen sah. Nach Weber unterscheiden
sich charismatische Menschen von anderen durch ihre Fähigkeit, durch
ihre Person Loyalität hervorzurufen, was sich deutlich von Herrschaft
qua Amt und Status unterscheidet. Weber wendete den Begriff Charisma

jedoch nicht allein in bezug auf diese Gabe persönlicher Würde an; in seinen Beschreibungen blieb eine Assoziation mit dem Außergewöhnlichen zentral. Weber nannte alle Menschen mit inspirierenden Fähigkeiten charismatisch; Menschen, die sich selbst von ihrer Umwelt abheben können und die aufgrund ihres außergewöhnlichen Verständnisses, Mutes, ihrer Kraft, Bestimmtheit oder anderer Qualitäten herausragen. Menschen mit solchen Eigenschaften sind in allen Lebensbereichen zu finden.

Weber erwähnte ebenso die revolutionäre Natur des Charismas – daß nämlich besonders in Zeiten von Unsicherheit und Unwägbarkeit, in Zeiten psychischer, physischer, ökonomischer, ethischer, religiöser oder politischer Not solche Führungsstile entstehen. Stabile, gut funktionierende Gesellschaften scheinen nur ein geringes Bedürfnis nach den Leistungen dieser Menschen zu haben. Und diese Beobachtung Webers mag einiges an Wahrheit enthalten. Danach befragt, charismatische politische Führer zu benennen, denken wir unmittelbar an Namen wie Napoleon, Lenin, Ataturk, Roosevelt, Churchill, Sukarno, Nasser, Nkrumah, Ben-Gurion, Mao, Tito und Castro; jeder von ihnen übernahm die Rolle des Steuermannes, um sein Land durch eine schwierige Phase zu lenken. Dasselbe kann, wenngleich auf niedrigerer Ebene, über Unternehmensführung gesagt werden. Prominente Persönlichkeiten wie Lee Iacocca von Chrysler, John Harvey-Jones von ICI und Jan Carlzon von SAS sind gute Beispiele dafür; jeder von ihnen mußte sein Unternehmen durch eine kritische Entwicklungsperiode führen.

Bis zu einem gewissen Ausmaß scheint das Vorkommen charismatischer Führung eine Funktion des Verlangens nach Ordnung zu sein. Paradoxerweise neigen charismatische Führer in ihrem Bemühen um „Erlösung" dazu, revolutionär zu werden, und sie geraten mit der etablierten Ordnung in Konflikt. Aber charismatische Führer lösen dieses Dilemma, indem sie Ordnung aus Unordnung erzeugen: sie versorgen ihre Anhänger mit neuen Systemen von Zusammenhalt, Kontinuität und Gerechtigkeit. Die oben erwähnten politischen und unternehmerischen Führerpersönlichkeiten scheinen sehr geschickt darin gewesen zu sein, Klagen und divergierende Interessen und Anliegen in gemeinsame Ziele zu kanalisieren; sie wurden zum Brennpunkt für andere. Bis zu einem gewissen Grad vermittelten ihre Handlungen dem Leben ihrer Anhänger einen neuen

Sinn. „Erlösung" wurde in der Form von Sicherheit oder einer neuen Identität geboten, entweder in nationalem oder unternehmerischem Maßstab.

Weber erwähnte ebenso, daß Charisma „eine durch Not, Konflikte oder Begeisterung hervorgerufene subjektive oder innere Einstellung enthalten kann". Obwohl er nicht über die Vorteile klinischer Erkenntnisse verfügte, um die Tiefenstrukturen, die Verhalten und Handeln beeinflussen, zu verstehen und um alle Ursachen des geheimnisvollen Bandes zwischen Führern und Geführten zu erforschen, so scheint er sich doch darüber klar gewesen zu sein, daß gewisse, nicht notwendigerweise bewußte Kräfte im Spiel waren. Und in der Tat kann das, was Charisma genannt wird, als Teil eines eher weitverbreiteten Phänomens angesehen werden. Charismatische Elemente sind tatsächlich in allen Formen von Führung gegenwärtig und haben ihre Ursache in der Psychodynamik des Führer-Anhänger-Verhaltens sowie der Psychologie der Gruppe und der Organisation. Sogar ganz durchschnittliche Menschen, die sich in Führungspositionen befinden, können sich dem nicht entziehen.

Bedauerlicherweise hat Weber mit der Einführung und Verbreitung des Charisma-Konzepts das Rätsel der sonderbaren Verbindung zwischen Führer und Geführten nicht gelöst. Seine Analyse verblieb weitgehend auf einer beschreibenden Ebene, mit dem Begriff Charisma als einer Art nachträglichem Einfall. Trotz all seiner Einsichten blieb Charisma etwas, das er nicht erklären konnte und deswegen falsch deutete. Stattdessen berief er sich auf seine anderen Kategorien zur Erklärung von Herrschaftsbeziehungen.

Anderen Beobachtern von Charisma erging es nicht besser. Wie Weber waren auch sie nicht in der Lage, die Natur des psychologischen Austausches zwischen Führern und Geführten und die psychodynamischen Prozesse, die dabei ins Blickfeld geraten, zu erklären. Warum manche Führer Erfolg haben und andere nicht und warum solche Dinge wie eine V-Dimension in der Führung existieren, bleibt ein Rätsel. Um diese geheimnisvolle Beziehung aufzuklären, ist eine tiefergehende Analyseebene erforderlich.

Private Laster und öffentliche Tugenden

Damit Führungspersonen erfolgreich sind, müssen ihre eigenen Interessen eine gewisse Art von Übereinstimmung mit denen der Gesellschaft haben. Führer gewinnen durch ihre Fähigkeit, die grundlegenden Themen einer Gesellschaft zur gegebenen Zeit zu artikulieren: Überzeugung, Macht und Charisma. Bei dem Versuch, ihre persönlichen Probleme zu lösen, bringen sie es fertig, diese Konflikte auf ihre Beteiligung an und die Lösung gesellschaftlicher Probleme im ganzen zu projizieren. Die Vision eines Führers wird zum Anliegen aller. Laut Erik Erikson, ein Psychoanalytiker und Erforscher der menschlichen Entwicklung, der so dramatische Beispiele wie Martin Luther und Mahatma Gandhi wählte, erheben solche Führer individuelle Probleme auf die Ebene universeller und versuchen für jedermann das zu lösen, was sie ursprünglich für sich selbst nicht lösen konnten. Innere, private Dialoge werden in äußere, öffentliche Anliegen transformiert.

Wie aber geht diese Transformation vonstatten? Wie kann das innere Forum von jemandem nach außen getragen werden? Wie können wir die spezifischen Themen identifizieren, die das Verhalten einer Führungsperson charakterisieren? Wie können wir daraus einen Sinn ableiten? Leider gibt es auf diese Fragen keine einfachen Antworten. Normalerweise ist es schwierig, bei einem Individuum die verinnerlichten und gewohnheitsmäßigen Verhaltensregeln zu identifizieren, also das zu finden, was manchmal Verhaltenscode genannt wurde, und damit zu enthüllen, wie es funktioniert. Aber um Führung und Anhängerschaft zu verstehen, ist die Identifikation eines individuellen Verhaltenscodes oder der „Kernthemen widersprüchlicher Beziehungen" – das heißt, die Konsistenzen in den Beziehungsmustern – wichtig.

Unter der Prämisse, daß Führung für die Gesellschaft etwas Bedeutungsvolles ist, ist es wesentlich, die konstant wiederholten Muster im Leben einer Führerpersönlichkeit herauszufinden. Das System der zugrundeliegenden Reaktionen einer Führungsperson ist der Schlüssel zum Verständnis ihrer Wünsche, Bedürfnisse, Intentionen und Verhaltensformen. Der Führungsstil eines Menschen ist sehr stark durch diese Kernthemen widersprüchlicher Beziehungen bestimmt. Wenn wir diese Motive identifizieren, können wir zudem mehr über die Verletzbarkeit einer Führungsperson in der V-Dimension sagen.

Wählen wir ein Beispiel aus der Geschäftswelt. Durch seine ganze Karriere hindurch war der erste Henry Ford damit befaßt, das Leben der Farmer zu erleichtern. Ganz im Gegensatz zu den „normalen" Geschäftspraktiken ließ Ford es zu, daß die Traktorproduktion mit Verlust durchgeführt wurde. Zu jedermanns Überraschung antwortete Ford seinen höheren Managern, als diese ihn darüber unterrichteten: „Das ist die beste Nachricht, die ich je bekommen habe; ich bin glücklich darüber. Wenn wir mit jedem Traktor dem Farmer 55 Dollar geben können, dann ist es genau das, was ich will."

Die herkömmliche Vernunft scheint hier nicht anwendbar zu sein. Aber mit einem Verständnis für die Kernthemen widersprüchlicher Beziehungen von Ford kann diese Bemerkung vielleicht einigen Sinn ergeben. Wenn wir auf andere stark belastende Vorkommnisse in seinem Leben blicken, dann bemerken wir, daß das Wohlergehen der Farmer sein konstantes Anliegen war. Als Ford zum Beispiel mit seinem Friedensschiff (seine Idee, den Ersten Weltkrieg zu beenden) in Oslo ankam, sprach er zur Überraschung aller anwesenden Journalisten nicht etwa über die Aussichten für Frieden, was die vermutete Absicht der Reise war. Stattdessen sprach er erneut von seinem Traktor, der die Landwirtschaft von der täglichen Schufterei befreien sollte. Als der gegnerische Anwalt in einem Verleumdungsprozeß gegen die *Chicago Tribune* ihn unter Druck setzte, begann Ford aus unerklärlichen Gründen und zur großen Verwirrung der Zuhörer wieder einmal von der Traktorproduktion zu erzählen.

Für Ford war das Modell T das Auto des Farmers und aus diesem Grund unantastbar; es wurde neunzehn Jahre ohne eine einzige Veränderung gebaut. Es war erschwinglich und haltbar, es erleichterte das Los der Farmer und brach ihre Isolation sowie die Monotonie ihrer Arbeit.

Diese andernfalls sonderbaren Vorkommnisse und irrationalen Verhaltensmuster können als Wege angesehen werden, auf denen Fords Kernthemen widersprüchlicher Beziehungen nach außen getragen wurden.

Eine Möglichkeit, Fords ständige Sorge um die ausgebeuteten amerikanischen Farmer zu interpretieren, ist, sie als seine Art anzusehen, seine Ambivalenz über seine Auseinandersetzungen mit seinem Vater, der selbst ein Farmer war, zu überwinden. Diese Ambivalenz war vielleicht durch den Tod von Fords Mutter bei der Entbindung verstärkt worden, ein Vorfall, an dem er unter Umständen seinem Vater die Schuld gab. Unabhängig vom Realitätsgehalt all dessen sollten wir die Möglichkeit des Verdrängungsmechanismus bedenken: was vielleicht der gelegentliche feindselige Gedanke gegenüber der Mutter war, wurde plötzlich durch ihren Tod zur schmerzlichen Realität. Sich selbst vor Schuldgefühlen zu schützen, indem er den Vater zum Schuldigen erklärte, wird zu einer naheliegenden Reaktion. Diese psychologischen Verzerrungen hinterließen aber bei Ford vielleicht ein Erbe der Wut gegenüber dem Verlassenwerden und zur gleichen Zeit Schuldgefühle gegenüber dieser Wut sowie seiner eingebildeten Verantwortung dafür. Er wurde um so mehr zum „mißratenen Sohn" als er, als junger Erwachsener, seinen Vater verließ und vom Hof fortging, um eine Mechanikerlehre anzufangen. Man darf darüber spekulieren, daß seine ständige Beschäftigung mit dem Modell T – das Auto, das den Farmern die Plackerei ersparen sollte – oder sein Bedürfnis, Traktoren verlustbringend zu produzieren, Versuche waren, seine Schuldgefühle gegenüber seinem Vater zu büßen. Durch die Verlagerung seiner privaten Konflikte nach außen und die zielstrebige Anwendung seiner Anliegen auf die gesellschaftlichen Probleme der Zeit war Ford dazu fähig, zur Gestaltung Amerikas beizutragen.

Fords Verhaltenscode wurde zu seiner Erfolgsformel; seine Vorstellung von einem billigen Auto für die Massen sowie die Einführung von Montagebändern resultieren daraus. Dieser Verhaltenscode führte aber auch zu seinem Ruin, weil er mit der Zeit aus Ford eine irrationale und rigide Führungsperson machte, die unfähig dazu war, ihre ursprünglichen Formeln zu ändern oder andere öffentliche Probleme erfolgreich zu lösen. Das ist der Punkt, an dem die V-Dimension in Erscheinung tritt. Wir sollten hier bedenken, daß vergangene Beziehungen, besonders zu den Eltern, zu der Matrix werden, auf der gegenwärtige Beziehungen aufbauen.

Um ein anderes, jüngeres Beispiel zu verwenden, wählen wir Richard Branson, den unorthodoxen Millionär und Vorsitzenden von Virgin. Sein Geschäftsreich umfaßt solche Unternehmungen wie die Produktion von Schallplatten, Videos (zum Beispiel von Culture Club oder den Sex Pistols), die Virgin Atlantic Fluglinie, Filmproduktion, Satellitenkommunikation, das Verlegen von Büchern und eine Kette von Einzelhandelsgeschäften. Wahrscheinlich haben die Kernthemen in seinem inneren Forum etwas damit zu tun, ein Entdecker zu sein „und zu tun, was man will", unabhängig zu bleiben und wagemutig zu sein – , das heißt das eigene Schicksal selbst in die Hand zu nehmen. Wir können vermuten, daß diese Eigenschaften durch seine Mutter geprägt waren, die von sich aus unabhängig und waghalsig war. Ihre Karriere (sie war Tänzerin und Stewardess beim ersten planmäßigen Luftdienst über die Anden) ist kennzeichnend für ihre eigenen Hauptanliegen.

Wir können annehmen, daß der Operationscode von Branson durch einen Vater verstärkt wurde, der selbst durch seinen eigenen Vater zu einer Karriere als Rechtsanwalt angehalten worden war. Die natürliche Reaktion des mittleren Branson wäre vielleicht gewesen, seinen Sohn zu ermuntern, seine eigene Wahl zu treffen. Die Karriere seines Großvaters, Sir Georg Branson, Richter am obersten Gerichtshof, muß einen großen Eindruck auf die Phantasie des jungen Richard gemacht haben. Seine Besuche als Junge im Horrorkabinett von Madame Tussauds Wachsfiguren, wo einige graphische Darstellungen von Mördern, die sein Großvater hatte hängen lassen, zu sehen waren, hat vielleicht den Wunsch in ihm gestärkt, ebenso erfolgreich und mächtig zu werden.

Als Erwachsener ist Branson ganz energisch seinen eigenen Weg gegangen und wurde zu einer der bekannteren öffentlichen Persönlichkeiten Englands. Er ist der Liebling von Margaret Thatcher, diejenige Sorte Mensch, die ihr helfen soll, England zu erneuern. Branson ist auch der Favorit einer neuen Generation von Unternehmern, die „von Null an die Börse kamen", der Inbegriff des modernen Traums vom Erfolg. Sein Hauptbüro auf einem Hausboot ist legendär; über seine waghalsigen Eskapaden, wie die Atlantiküberquerung mit einem Schnellboot oder einem Heißluftballon, wurde in der ganzen Welt berichtet. Er wurde zum Paradebeispiel des Alternativkapitalisten.

Seine jüngsten, eher sozial engagierten Unternehmungen umfassen die Kampagne England 2000, ein Beschäftigungsprojekt zum Umweltschutz sowie die Einrichtung einer Gesundheitsstiftung zur Bekämpfung von AIDS. Vor dem Hintergrund seiner Kernthemen konfliktreicher Beziehungen können wir noch mehr von ihm erwarten. Branson wird auch damit weitermachen, ein „Entdecker" in der Geschäftswelt zu sein.

Das Ausmaß, bis zu dem persönliche Krisen öffentliche Ereignisse beeinflussen, wurde von dem Politikwissenschaftler Harold Lasswell in seiner berühmten Arbeit *Psychopathology and Politics* klar formuliert. Nach Lasswell ist das Unterscheidungskriterium des homo politicus die Verschiebung von persönlichen Motiven auf öffentliche Objekte und die gleichzeitige Rationalisierung dieser Motive in Begriffen des öffentlichen Interesses. Intrapsychische Konflikte werden auf der öffentlichen Bühne ausgetragen. Die Effektivität dieses Externalisierungsprozesses hängt jedoch von der Fähigkeit der Führungsperson ab, die Interessen, die in der Gesellschaft entstehen, zu erkennen und ihnen Bedeutung zu geben. Ansprachen, Zeremonien und Rituale sind einige der Hilfsmittel, mit denen die spezifizierungsbedürftigen Bedürfnisse nach außen getragen werden. Das Medium wird zur Botschaft, um die Worte von Marshall McLuhan zu gebrauchen. In der Geschäftswelt sind diese Rituale mit solchen Ereignissen wie speziellen Konferenzen, Jahresversammlungen, Verkaufskonferenzen und sogar Weihnachtsfeiern verbunden. Es ist daher nicht verwunderlich, daß sowohl Henry Ford als auch Richard Branson Meister der Medien waren.

Ein besonders gutes Beispiel einer sehr erfolgreichen Geschäftszeremonie sind die Jahresversammlungen bei Mary Kay Cosmetics, bei denen eine private Krise wiederholt nach außen getragen wird. Die Aktivität wird dazu benutzt, die Identifikation mit Mary Kays „heroischem" Aufstieg zur Berühmtheit zu verstärken: wie sie für ihre Kinder und sich selbst sorgen mußte und schließlich ihr Unternehmen gründete, als ihr Mann sie verlassen hatte. Während dieser Versammlungen, inszeniert wie ein Miss-Amerika-Festival, mit einer überschwenglichen Zeremonie und unter einem großen, jubelnden Publikum, werden bienenförmige Juwelen (das persönliche Symbol von Mary Kay), Pelzmäntel und pinkfarbene Cadillacs an diejenigen Verkäuferinnen verschenkt, die hohe Verkaufsquoten erreicht haben. Der Reihe nach erzählen sie, wie sie erfolgreich wurden, und danken der Gründerin für die Gelegenheiten, die sie ihnen gegeben hatte. Mary Kays Geschichte, von der armen Schluckerin zur reichen Frau zu werden, spricht eine empfindliche Seite des Publikums an, weil viele der Frauen sich vielleicht selbst in einer ähnlichen Situation befunden hatten (oder Angst davor hatten) wie Mary Kay (nämlich vom Ehemann verlassen zu sein).

Die Bedeutung der Projektion

Ein wichtiger Faktor in der Beziehung zwischen Führer und Geführten, der ebenso zum Charisma beiträgt, ist der Projektionsprozeß, der psychologische Mechanismus der Übertragung oder Zuschreibung einer Idee oder eines Impulses auf einen anderen, die eigentlich zu einem selbst gehören. Führungpersonen sind wesentliche Zielscheiben zur Widerspiegelung der Wünsche ihrer Gefolgsleute.

Jerzy Kosinski hat in seinem Roman *Willkommen Mr. Chance* (später mit Peter Sellers in der Hauptrolle verfilmt) diesen Prozeß karikiert. Der Held des Romans, Chance, ein völlig ungebildeter, geistig zurückgebliebener Mensch, sieht sich am Ende dazu auserwählt, ein hohes Amt zu leiten. Seine nichtssagenden Bemerkungen über Gartenbau (die einzige Sache, mit der er einigermaßen vertraut ist) werden von jedermann als scharfsinnig uminterpretiert. Durch den ganzen Roman können wir sehen, wie die unwissenden Bemerkungen von Chance zu den verschiedenen Themen von den Zuhörern transformiert werden, die aus ihnen Wiederholungen ihrer eigenen Wünsche machen. Die Menschen um Chance reagieren nur auf das, was sie sehen oder hören wollen.

Projektionsprozesse scheinen eine entscheidende Rolle bei der Mythenbildung und bei symbolischen Handlungen zu spielen. Getrieben von der Komplexität und Mehrdeutigkeit der uns umgebenden Ereignisse wählen wir Führungspersonen, damit sie Ordnung in das Chaos bringen. Führungspersonen werden ideale Ziele zur Übernahme von Verantwortung für ansonsten unerklärbare Phänomene. Erwünschte und unerwünschte Ideen und Wahrnehmungen wechseln sich miteinander ab. Gute Beispiele für diesen Mechanismus, der hier am Werk ist, sind die Heldenverehrung und die Suche nach Sündenböcken.

Wegen der Existenz solcher Prozesse scheint es, daß, selbst wenn niemand mit Führungsfähigkeiten verfügbar wäre, wir eine solche Person erfinden müßten. Wir brauchen jemanden, zu dem wir aufsehen oder dem wir die Schuld geben können. Die bloße Gegenwart von Menschen, die bereit sind, die Führungsrolle zu übernehmen, erleichtert die Organisierung von Erfahrung und hilft uns dadurch, ein Gefühl der Kontrolle über unsere Umwelt zu erlangen, selbst wenn es nur eine Illusion ist.

Um die Strukturierung von Erfahrung zu illustrieren, die Führungspersonen liefern, betrachte man die Bemerkung, die ich einmal zufällig von einem leitenden Angestellten in einer Möbelfirma mit angehört habe:
„Unser Präsident ... was soll ich da sagen? Er ist unglaublich. Ich arbeite
jetzt über drei Jahre mit ihm, und er überrascht mich immer wieder. Ich
weiß nicht, wie er das macht. Nimm nur seine Arbeitskapazität. Egal, unter welchem Druck wir stehen, er scheint über den Dingen zu stehen. Ohne ihn hätten wir es nicht so weit gebracht.

Ich erinnere mich noch an den Tag, an dem er mich einstellte. In dem
Moment, wo ich ihn traf, wußte ich, daß wir uns verstehen würden. Er
brachte mir alles bei, was ich über dieses Geschäft weiß. Und ich bin
noch weit davon entfernt, mit ihm mithalten zu können. Für ihn zu arbeiten ist die größte Erfahrung, die ich je in meinem Leben gemacht habe."

Durch den Projektionsprozeß werden Führungspersonen die Empfänger
(„Container") der Ideale, Wünsche, Begehren und Phantasien anderer
Leute. Es werden ihnen mystische, charismatische Eigenschaften zuge-
schrieben, ob sie sie besitzen oder nicht. Und durch das Akzeptieren die-
ser Rolle können sie sich in Meisterillusionisten verwandeln, die die
Phantasien, die sie ins Leben gerufen haben, bewahren und Vorstellun-
gen von Hoffnung und Erlösung heraufbeschwören, die an die Stelle der
Realität treten. Solche Projektionsmechanismen scheinen besonders in
Notzeiten aufzutreten. Krisensituationen erzeugen ein Gefühl der Ohnmacht und können Formen kollektiver Regression hervorrufen.

Krisensituationen können jedoch auch als Chancen angesehen werden,
insofern sie die Zeiten sind, in denen die Hauptthemen konfliktreicher
Beziehungen deutlich in den Blickpunkt geraten; das sind die Zeiten, in
denen wir mehr über die Empfänglichkeit der Führungsperson für die V-
Dimension lernen können. Wenn Führungspersonen und Anhänger sich
zurückentwickeln, können wir beobachten, wie sie in eher primitive Verhaltensmuster zurückfallen. Solche Vorkommnisse werden zu einer De-
monstration dafür, wie leicht ganz archaische psychologische Prozesse
entstehen und das Verhalten beeinflussen können. Wahrscheinlich durch
die Ereignisse des Ersten Weltkrieges beeinflußt, hatte Freud ein Gespür
dafür entwickelt, was passieren kann, wenn Menschen auf diese Weise in
Gruppen zusammengefaßt werden: „Alle ihre individuellen Hemmungen
fallen weg, und all die grausamen, brutalen und destruktiven Instinkte,

die als Relikte der Abstammungsgeschichte in den Menschen schlummern, werden wachgerufen, um Befriedigung zu erlangen." Hitlers „Endlösung" für die Juden und die Massenmorde, die in Jones-town unter dem Prediger Jim Jones passierten, sind sehr dramatische Beispiele für dieses Phänomen. Auch im Unternehmensalltag grassieren Beispiele für regressives Verhalten. Die Boeskyaffäre und ihre Nachwirkungen an der Wall Street ist nur eins dafür.

Es wird zur Kernfrage, warum Anhänger mit solchen Praktiken weitermachen wollen. Warum erlauben sie es sich selbst, in die privaten Neurosen eines Führers hineingezogen zu werden? Warum machen sie mit, daß die V-Dimension zum Tragen kommt? Nach Freud ist es die Anziehungskraft der Führer, weil sie auf einer mehr symbolischen und unbewußten Ebene die Wiederkehr des Urvaters repräsentieren, mit dem man sich, wie mit dem Vater in der frühen Kindheit, leicht identifizieren kann. Anhänger identifizieren sich nicht nur mit dem Führer, sondern auch untereinander und legen dadurch die Grundlage für den Zusammenhalt der Gruppe. Der Gruppenprozeß wird durch die Illusion verstärkt, daß der Führer auf einer Gleichheitsbasis Gunst verteilt und Entbehrungen auferlegt. Die Hoffnungen und übertriebenen Wünsche der Anhänger werden auf den Führer projiziert. Mit ihren eigenen inneren Forderungen und Verboten im unklaren, erfahren sie (übertragen auf den Führer) ein Gefühl von Erleichterung und Gemeinschaft. Die Anhänger fühlen sich nicht mehr länger von Verboten geplagt; sie haben keine Gewissensbisse mehr. Der Führer wird zum Bewußtsein der Gruppe. Darüber hinaus erzeugt der Führer, als die greifbare Repräsentation der hochtrabenden Ideale der Anhänger, bei diesen einen zeitweiligen Euphoriezustand. Das Aussetzen der Spannung zwischen der Wahrnehmung einer Person von sich selbst und der Vorstellung davon, was man gerne wäre, trägt zu diesem Euphoriezustand bei.

Diese Art von Absage an die persönliche Verantwortung und die Toleranz gegenüber Brutalität zeigt sich deutlich in der Ford Motor Corporation, wo sich die leitenden Angestellten mit dem ersten Henry Ford identifizierten und sich einem sehr fragwürdigen Verhalten sowohl unterwarfen als auch anschlossen. Henry Ford war einst nicht nur als technisches Genie gefeiert worden, sondern auch, nach der Ankündigung der Fünf-Dollar-Woche, als Philanthrop. Dieses Bild veränderte sich wegen der Schattenseiten seiner Handlungen jedoch am Ende. Während die Öffentlichkeit seine Bemühungen im sozialen Bereich nur verspottete, war das Leben im Unternehmen alles andere als zum Lachen. Der ursprüngliche Meister der Arbeiter wurde zum Tyrannen der Roten Fabrik, damals die größte Produktionsstätte der Welt. Henry Fords Ein-Mann-Regel und seine ständige Suche nach Feinden hatte zunehmend Rückwirkungen auf jede Funktion des Unternehmens. Wall Street Banker, Gewerkschaften und Juden wurden zu Feinden, wobei jede Gruppe angeblich seine vollständige Kontrolle über die Firma gefährdete und ihn in seinen grandiosen Plänen behinderte.

Unter seinen kumpanenhaften Leutnants Liebold, Sorenson und Benelt wurden offene Aggression und wahllose Verdächtigungen von Angestellten wegen angeblicher Verstöße gegen die Tagesbefehle zur Norm. Ein System von Einschüchterungen, durch eine große Anzahl von Leuten aus der Unterwelt Detroits unterstützt, verbreitete Terror in der Organisation; ein Prozeß, den Henry Ford ursprünglich angestiftet hatte. Es war eine Phase, in der die Brutalität im Unternehmen ihren Höhepunkt erreicht hatte. In diesem Fall war nur eine neue Führung, wie das Eintreffen des Enkels, Henry Ford II, dazu in der Lage, den Bann der V-Dimension zu brechen.

Trotz unserer Erkenntnis der Schattenseiten von Führung – ihr Potential, regressives Verhalten hervorzurufen, das zur Ablehnung persönlicher Verantwortung führt –, scheint das Verlangen nach Führung bestehen zu bleiben. Freud war sich des menschlichen Bedürfnisses nach Führung bewußt und bemerkte: „Wir wissen, daß es in der Masse der Menschen ein starkes Bedürfnis nach Autorität gibt, die man bewundern kann, vor der man sich verneigen kann, durch die man geleitet und vielleicht sogar schlecht behandelt wird... daß all die Merkmale, mit denen wir den großen Mann ausstatten, väterliche Merkmale sind... Die Entschiedenheit des Denkens, die Willensstärke, das energische Auftreten sind Teil des Bildes von einem Vater...aber vor allem die Autonomie und Unabhängigkeit des großen Mannes, seine göttliche Sorglosigkeit, die vielleicht zur Skrupellosigkeit wächst. Man muß ihn bewundern, man muß ihm vertrauen, aber man kann es nicht vermeiden, gleichzeitig Angst vor ihm zu haben."

Freud verglich die Entwicklung der Verbindung zwischen Führern und Gefolgsleuten mit dem Sich-Verlieben. Die Gefolgsleute verwandeln sich irgendwie in Schlafwandler, berauscht durch den Führer. Wenn es zu diesem Identifikationsprozeß kommt, feiern sie eine „Orgie" einfacher und starker Emotionen und können durch die Anziehungskraft des Führers mitgerissen werden.

Obwohl es Freud nicht ausdrücklich im Zusammenhang mit Führung erwähnte, liegt im Herzen dieses Prozesses eine Dynamik, Übertragung genannt; ein Austausch, der eng an Projektion gekoppelt ist, die wirklich eine Art psychologischer Konfusion über die andere Person ist, eine mysteriöse psychologische Mischung in Zeit und Raum. In zwischenmenschlichen Beziehungen wiederholen Menschen in der Gegenwart frühere Interaktionsmuster, und in diesem Prozeß kommen viele regressive Kräfte ins Spiel. Führer sind ideale Abnehmer für diese Übertragungsreaktionen. Nicht alle Führer können jedoch mit solchen Zwängen umgehen und werden von der V-Dimension mitgerissen, wie ich im nächsten Kapitel zeigen will.

Kapitel 3

Die mysteriöse Verwandlung:
Führungskräfte, die nicht managen können

Aber seine Seele war wahnsinnig. Allein in der Wildnis, hatte sie in sich
selbst geblickt, und bei Gott! Ich sag' Dir, sie war wahnsinnig geworden.
Ich mußte – wegen meiner Sünden, nehme ich an – durch das Martyrium
gehen und selbst in sie blicken. Keine Redekunst hätte so vernichtend für
den Glauben an die Menschheit sein können wie sein letzter Ausbruch an
Aufrichtigkeit.

Joseph Conrad, Heart of Darkness

Viele, die mit Robert Clark bekannt waren, erkannten im Rückblick, daß
nur selten mißtönige Worte über ihn gesagt wurden – das heißt, bevor er
die Präsidentschaft von Solan Corporation, einem Betrieb in der Schwer-
industrie, übernahm. Robert war immer sehr beliebt gewesen. Seine Vorgesetzten waren von seinen beruflichen Fähigkeiten, seiner Hingabe und
seiner phantasievollen Art, mit Problemen umzugehen, beeindruckt. Und
er schien trotz seines Eifers, mit dem er die beruflichen Dinge erledigte,
ein wirklich netter Mensch gewesen zu sein, immer zum Helfen bereit
und mit Zeit für die, die fragten. Von dem Moment an, als Robert in die
Firma eintrat, wurde er als jemand angesehen, der es weit bringen würde.

Und die Wahrsager lagen nicht daneben. Er hatte zur großen Freude vieler seine scheinbar brillante Karriere mit seiner Wahl zum Nachfolger
des alten Vorstandsvorsitzenden gekrönt. In der Phase unmittelbar nach
seiner Übernahme hatte Aufregung die Atmosphäre erfüllt. Und er hatte
ziemlich viele Auszeichnungen für seine Rolle bei der Durchführung einiger längst überfälliger Schritte bekommen. Er hatte eine Neuordnung
der regionalen Absatzorganisation bewilligt und grünes Licht zur Einführung eines neues Leistungsbewertungssystems gegeben. Aber, wie viele

seiner ehemaligen Kollegen später meinten, schien einige Zeit nach seiner Amtsübernahme eine Umwandlung seiner Persönlichkeit stattgefunden zu haben. Es war schwierig, mit klaren Worten zu beschreiben, was wirklich passiert war. Aber was immer es war, in den Augen der meisten war es keine Wende zum Besseren.

Das erste Anzeichen dafür, daß sich etwas in Robert veränderte, war seine größere Unzugänglichkeit. Manche fragten sich, was aus seiner einst viel umjubelten Politik der offenen Tür geworden war sowie aus seinen Bemerkungen darüber, ein „zupackender" Manager sein zu wollen. Aber das war längst nicht alles. Was war aus seinen Vorstellungen über partnerschaftliches Management geworden? Das alles schien nichts mehr wert zu sein. Stattdessen wurde er zunehmend autoritär, ungeduldig und rücksichtslos gegenüber den Gefühlen anderer. Roberts distanziertes, autoritäres Verhalten bedeutete Probleme für die Firma. In ihrem Wunsch, ihm zu imponieren, konkurrierten seine höheren Führungskräfte um seine Aufmerksamkeit und verbrauchten ihre Zeit und Energie mehr mit Machtspielen und innerbetrieblichen Zankereien als mit strategischen Entscheidungen. Die äußeren Marktkräfte wurden zugunsten der Erfüllung politischer Ambitionen ignoriert. Die Moral sank auf den Tiefstpunkt. Und die finanziellen Resultate waren erwartungsgemäß kläglich.

Dieses Szenario ist keineswegs weithergeholt. Eine Führungskraft, die allem Anschein nach klug, liebenswürdig und gut angepaßt zu sein scheint, erreicht die Spitze einer Organisation und legt ein immer merkwürdigeres Verhalten an den Tag. Warum sie sich plötzlich anders verhält, scheint den anderen in der Firma unerklärlich. Sie sind alle völlig überrascht davon.

Natürlich verändern sich nicht alle neuen Führungskräfte, wenn sie an die Spitze kommen; sie müssen sich nicht nach Lord Actons berühmtem Diktum verhalten: „Macht korrumpiert, und absolute Macht korrumpiert absolut." Im Gegenteil: viele neuen Führungskräfte machen ihre Sache sehr gut. Sie verstehen es, mit den Belastungen der Führungsaufgabe umzugehen. Ihre Art, das Unternehmen zu leiten, kann zu einer Neubelebung und Umgestaltung führen. Und die Begeisterung eines neuen Hauptgeschäftsführers kann ansteckend wirken und die Angestellten dazu motivieren, Leistungen jenseits der normalen Erwartungen zu vollbringen. Manchmal verwandeln sich Menschen, die vorher eher farblos waren, sogar in große Führungspersönlichkeiten, wenn sie eine Machtposition erhalten.

Die Geschichte hat uns jedoch auch Beispiele des gegenteiligen Extrems überliefert: Führungspersonen, deren Verhalten pathologisch wurde, nachdem sie an die Macht gekommen waren. Wir brauchen nur an politische Führer wie den biblischen König Saulus, Roms Caligula, König Ludwig von Bayern, Hitler, General Gadhafi oder Unternehmenschefs wie Henry Ford den Ersten oder Howard Hughes zu denken. Selbstverständlich unterstelle ich damit nicht, daß die durchschnittliche Führungsperson zu pathologischen Verhaltensweisen tendiert, wenn sie die Spitze ihrer Organisation erreicht. Mehr oder weniger scheinen manche Führungskräfte jedoch einen mysteriösen Wandlungsprozeß mit ihrer Machtübernahme durchzumachen. Einige Führungspersonen werden zu Opfern der V-Dimension. Vor ihrer Übernahme der Leitung können solche Führungskräfte als sehr liebenswürdig und gut angepaßt erscheinen, aber wenn sie in Spitzenpositionen aufsteigen, dann machen sie einen plötzlichen Wandel durch. Um zu verstehen, warum dies passieren kann, müssen wir einen weiteren Blick auf die regressiven Kräfte werfen, die Führer und Anhänger gleichermaßen beeinflussen können. Einige Führungskräfte sind einfach unfähig, mit den Belastungen fertig zu werden.

Eine falsche Beziehung

Führungskräfte erfüllen mehrere Funktionen. Die wichtigste ist, daß sie ihren Mitarbeitern eine Vision der Zukunft dessen, was sie erreichen wollen, sowie der Mittel, dahin zu gelangen, verständlich machen. Aber abgesehen von ihrer Funktion als Katalysator, um durch Produktmarktselektion, Ressourcenbeschaffung und Zuteilung, durch Wettbewerbsinitiativen, administrative Entscheidungen und andere Handlungsformen die Ziele ihrer Organisation zu erreichen, übernehmen Führungskräfte eine wichtige zusätzliche Funktion, nämlich die symbolische Rolle eines „Containers". Wie ich im vorigen Kapitel beschrieben habe, werden Führungskräfte durch projektive Prozesse – das heißt, die Zuschreibung eigener Ideen an andere – versehentlich zu Empfängern der Ideale, Wünsche, Gefühle und Phantasien ihrer Mitarbeiter. Und diese schreiben im Prozeß der Umwandlung ihrer subjektiven Realität in eine objektive den Führungspersonen mystische und charismatische Kräfte zu. Dies kann trotz der Versuche von seiten der Führungskraft, sich dem zu widersetzen, vorkommen. Es kommt – und wir müssen daran denken, daß dies normalerweise kein bewußter Prozeß ist –, zu einer Art falscher Beziehung in den Köpfen der Mitarbeiter. Die Mitarbeiter werden vielleicht verwirrt, wenn sie mit ihren Vorgesetzten umgehen: sie nehmen diese vielleicht nicht im Einklang mit den Tatsachen der Situation wahr und reagieren so, als wäre die Führungsperson eine signifikante Figur aus ihrer Vergangenheit, wie etwa die Eltern, andere Aufpasser oder Geschwister. Wenn das geschieht, verschwinden die Grenzen zwischen Vergangenheit und Gegenwart. Man kann leicht sehen, daß diese Einstellungen, Phantasien und Gefühle, die in der Verfassung früherer Beziehungen eines Menschen angemessen waren, unangemessen und anachronistisch werden können, wenn sie im Kontext der Gegenwart wieder auftauchen.

Um ein Beispiel zu nennen: Howard Kent, Präsident von Artocs Inc., ein Unternehmen aus der Branche für Schneeräumungsgeräte, war überrascht, als eine seiner Angestellten, Lise Claire, ihn aus unerklärlichen Gründen während einer kleinen Werbeversammlung beschuldigte, Vorurteile gegenüber Frauen zu haben. Er war ziemlich beunruhigt durch diese Bemerkung, vor allem angesichts der Tatsache, daß er sich besonders dafür eingesetzt hatte, mehr Frauen in Führungspositionen zu bringen. Er ging nicht weiter auf die Bemerkung ein. Später am Tag wurde er von Lise aufgesucht, die sich entschuldigen wollte. Sie erwähnte, daß sie viel über ihren Ausbruch nachgedacht hatte und daran erinnert worden war, daß in ihrer Familie ihr Bruder immer bevorzugt worden war. Obwohl sie im Gegensatz zu ihrem Bruder ein kluges Kind gewesen war, war sie nie dazu ermuntert worden, zur Universität zu gehen. Es war ein mühseliger Kampf gewesen, ihre Eltern dazu zu bringen, ihr bei der Finanzierung ihrer Collegeausbildung zu helfen. Sie fragte sich, ob ihr Ausbruch bei der Versammlung in Beziehung stand zu den vielen Kämpfen, die sie mit ihren Eltern ausgefochten hatte, um eine Gleichbehandlung durchzusetzen.

Führungspersonen sind als Autoritätsfiguren wesentliche Ventile für diese Art emotionaler Reaktionen. Führungspersonen beleben bei ihren Anhängern schnell früher ungelöste Konflikte mit signifikanten Bezugspersonen aus der Vergangenheit wieder. Solche Verwechslungen führen zu regressivem Verhalten. Zum Beispiel statten Anhänger ihre Führer vielleicht mit der gleichen magischen Macht und Allwissenheit aus, die sie in ihrer Kindheit den Eltern oder anderen signifikanten Personen zugeschrieben haben.

Die Neigung zur Veränderung und Verzerrung oder Übertragung des gesamten Beziehungszusammenhangs ist in allen wichtigen Interaktionen präsent. Alle interpersonellen Austauschprozesse scheinen eine Mischung aus realistischen Handlungen und Übertragungsreaktionen zu sein, obwohl es vielleicht nur schwer zu akzeptieren ist. Und speziell Führungskräfte sind für diese Art Verwirrung anfällig.

Übertragungsreaktionen können auf verschiedene Weise ausgeführt werden und sowohl Führer als auch Anhänger beeinflussen. Ein häufiges Symptom bei Anhängern ist die Idealisierung der Führungsperson, um dadurch das Gefühl von Sicherheit und Bedeutsamkeit wiederherzustellen, das sie in früher Kindheit hatten, als sie von einem scheinbar allmächtigen und perfekten Elternteil versorgt wurden. Als Autoritätsperson paßt sich ein Führer leicht in das Unterbewußtsein in Form einer Elternrolle ein. Deswegen mögen Untergebene in die Versuchung geführt sein, in ihren Köpfen einen Führer mit ganz unrealistischen Kräften und Eigenschaften auszustatten; dies kann mit der Zeit im Gegenzug die eigene Selbstachtung einer Führungsperson übermäßig steigern.

Besonders in Perioden organisatorischer Umwälzungen – etwa Kürzungen oder größeren Expansionen – klammern sich Untergebene an ihren Glauben an die Kräfte des Führers als eine Möglichkeit, ihr Gefühl von Sicherheit und Identität aufrechtzuerhalten. Und um einen Führer zu haben, der auf ihre Bedürfnisse eingeht, strengen sie sich besonders an, ihm zu gefallen, oder schmeicheln ihm und geben sogar extravaganten Launen oder geistigen Höhenflügen nach. In Krisenzeiten einer Organisation besteht deshalb die Gefahr, daß der Führer von Jasagern umgeben wird. Dieses Defizit an kritischer Prüfung bei Entscheidungsprozessen kann offensichtlich schlimme Konsequenzen für die Organisation haben.

Im Falle einer *Spiegelübertragung* haben wir es mit der Kehrseite der Medaille zu tun. Dies schließt die Liebe der Menschen zur Selbstdarstellung ein, unser Bedürfnis, von anderen beachtet zu werden. Und obwohl dieser Hang universell zu sein scheint, sind Führungskräfte eher als die meisten Menschen dafür empfänglich. Man kann sich nur schwer vorstellen, was es heißt, die Zielscheibe von übermäßiger Bewunderung durch Anhänger zu sein, sogar in solchen Fällen, wo einiges davon vielleicht gerechtfertigt ist, es sei denn, man hat die Erfahrung gemacht. Wenn das geschieht, dann findet die Darstellung des Narzißmus des Führers einen Widerhall bei seinen Anhängern. Die Anhänger erkennen sich selbst im Führer. Einige Führungskräfte finden es am Ende schwer, einen festen Halt an der Realität aufrechtzuerhalten und somit Tatsache von Phantasie zu unterscheiden, wenn sie extrem großer Aufmerksamkeit ausgesetzt sind. Zuviel Bewunderung kann schlimme Folgen für den Verstand einer Führungsperson haben: Sie glaubt am Ende vielleicht daran, daß alles wahr ist – daß sie wirklich so perfekt, intelligent oder mächtig ist, wie andere denken, daß es der Fall sei – und handelt entsprechend. Die Tatsache, daß Führungskräfte etwas haben, was Normalsterbliche nicht haben – nämlich die Macht, einige ihrer Phantasien in die Wirklichkeit umzusetzen, – verfestigt vielleicht überdies diesen Glauben. Wenn das geschieht, können wir den Beginn eines sich selbst verstärkenden Zirkels von Grandiosität beobachten. Am Ende leben solche Führungspersonen in einem Spiegelsaal.

Solche Wünsche werden auch durch die Tatsache in den Vordergrund gerückt, daß die Grundlage der Spiegelübertragung eine archaische Erinnerung an eine grandiose Allmacht ist, eine Erinnerung an eine Zeit, als das Individuum sich als Kind darum bemühte, seine entstehenden Fähigkeiten darzustellen, und dafür bewundert werden wollte. Damit eine Führungskraft dieses grandiose Gefühl des Selbst erfahren kann, braucht sie andere, die sie mit zustimmenden und bewundernden Antworten versorgen. Auf diese Weise werden die Idealisierungs- und Spiegelübertragungsreaktionen zu komplementären Prozessen.

Wenn Führungskräfte Opfer dieser regressiven Kräfte werden und die V-Dimension die Oberhand gewinnt, dann besteht die Möglichkeit, daß sie sich allzusehr mit Phantasien über unbegrenzten Erfolg und grenzenlose Macht beschäftigen. Sie werden dann konstant nach Aufmerksamkeit Ausschau halten und wollen ihr Können und ihre Brillanz demonstrieren.

Sie nehmen vielleicht, durch ihre Mitarbeiter ermuntert, allzu ehrgeizige Projekte auf und beteiligen sich an unrealistischen Handlungen. Und sie neigen wegen ihres Verlangens nach Grandiosität dazu, sich an Untergebenen mit hohen Abhängigkeitsbedürfnissen zu orientieren, an Menschen, die eine allwissende, allmächtige und beschützende Führungskraft suchen. Aber die Mitarbeiter könnten geschockt werden. Solche Führungspersonen können gegenüber den Bedürfnissen ihrer Mitarbeiter sehr gefühllos werden, da sie von Grandiosität erfüllt und intolerant gegenüber Kritik geworden sind. Sie können sie ausbeuten, werfen sie aber hinaus, wenn sie ihren Absichten nicht mehr länger dienlich sind.

Angestellte können berechtigterweise auf ein solches Verhalten verärgert reagieren. Vielleicht spielt jedoch noch ein anderer, weniger offensichtlicher Prozeß eine Rolle: die Angestellten können ihren Chef unbewußt für das Versagen beschuldigen, ihren eigenen übertriebenen Erwartungen nicht zu entsprechen. Verärgert darüber und vielleicht durch dieses gefühllose und ausbeuterische Verhalten gereizt, können sie von Bewunderung plötzlich zu Feindschaft und Rebellion übergehen. Solche Menschen kennen wie Kinder keinen Mittelweg und neigen dazu, alle Erfahrungen, Wahrnehmungen und Gefühle unzweideutig in „gute" und „schlechte" Kategorien aufzuteilen. Natürlich ignorieren sie dadurch die Komplexität und Vieldeutigkeit, die allen menschlichen Beziehungen eigen ist; sie weigern sich, die Annahme zu akzeptieren, daß ein und dieselbe Person sowohl gute als auch schlechte Eigenschaften haben kann. Obwohl eine neue Führungskraft anfangs als ein Messias willkommen geheißen wurde, kann sie folglich über die Erkenntnis erstaunt sein, wie plötzlich die Stimmung der Mitarbeiter umschlagen kann. Nach einem Rückschlag können sie ihren Chef verantwortlich für all die Probleme der Firma machen, sogar wenn diese lange vor seiner Zeit datieren.

Mit einem Wechsel von Bewunderung zu offener Auflehnung und Wut auf Seiten ihrer Mitarbeiter konfrontiert zu werden, kann für eine Führungskraft verwirrend sein und zu leichten Verfolgungsgefühlen führen. Selbstverständlich ist es viel einfacher, mit Bewunderung umzugehen, als damit fertig zu werden, das Ziel aggressiver Gefühle zu sein. Aber Führungskräfte müssen erkennen, daß einiges davon unvermeidbar ist. Unter dieser Voraussetzung ist ein gewisses Maß Selbstkontrolle erforderlich. Manche mögen jedoch versucht sein, sich zu revanchieren; und die Entlassung der Kritiker ist eine naheliegende Reaktion. Einige Führungspersonen neigen dazu, ihre Angestellten in zwei Lager einzuteilen: in solche, die mit ihnen, und solche, die gegen sie sind. Die ersteren können nichts falsch, die letzteren nichts richtig machen; eine Organisationskultur aus Angst und Mißtrauen ist die wahrscheinliche Folge davon. Angestellte, die zu ihren Chefs stehen, haben besser dieselben Standpunkte und unterstützen diese, sogar wenn sie sich in unrealistischen, grandiosen Projekten engagieren oder sich die Existenz einer heimtückischen Verschwörung, von Sabotage und Feinden einbilden. Es ist kein Wunder, daß Paranoia als eine der Hauptkrankheiten der Führung angesehen wird. Erfolgreiche Führungskräfte wissen jedoch, wie sie ihre emotionalen Reaktionen zurückhalten können und es vermeiden, davon ergriffen zu werden; sie sind also weniger für die V-Dimension empfänglich.

Um die Wirkung der V-Dimension zu untersuchen, wollen wir den folgenden Vorfall betrachten. Aufgrund des plötzlichen Todes seines Vorgängers war Ted Howell zum neuen Präsidenten der Larix Corporation, einem Unternehmen der Elektronikbranche, ernannt worden. Ted war mit Hilfe eines Headhunters, der ihn wärmstens empfohlen hatte, eingestellt worden. Vorher hatte er in einem Unternehmen aus derselben Branche die Stelle einer Führungsposition inne. Teds Kenntnis der Branche war ein Schlüsselfaktor dafür, den Board von seiner Einstellung zu überzeugen.

Als Ted seine Verantwortung übernahm, begrüßten ihn viele als den lang erwarteten Messias, den charismatischen Helden, von dem man erwartete, daß er die marode Larix Corporation wieder auf die Beine bringt. Unter der früheren Leitung war die Firma über eine Reihe von Jahren in den roten Zahlen gewesen. Es mußte jetzt etwas unternommen werden, um die Situation umzukehren.

Bald nach seinem Kommen sahen Mitglieder des Board Anzeichen dafür, daß Ted Schwierigkeiten bei der Bewältigung seines Jobs hatte. Eine Reihe voreiliger Entscheidungen in der ersten Woche im Büro waren erste Hinweise auf Probleme. Aber trotz dieser Fehler entwickelte sich anfangs alles besser als erwartet. Erstens hatte Ted viel Glück dadurch, daß ein Hauptkonkurrent des Unternehmens aus dem Geschäft ausstieg. Das legte einen wichtigen Marktanteil frei. Zusätzlich präsentierte einer seiner Angestellten eine exzellente Marketingidee, die er schnell zu seiner eigenen machte und die sich als sehr erfolgreich erwies. Offen gesagt zerbrachen sich einige leitende Angestellte darüber den Kopf, warum ihr Kollege dafür nie eine Anerkennung bekam. Aber was immer man darüber sagen kann, beide Faktoren halfen dabei, Larix in die schwarzen Zahlen zurückzubringen.

Leider schien dieser Erfolg Ted in den Kopf gestiegen zu sein. Er erkannte nicht, welches Glück er gehabt hatte. Nach dieser Wende hielt er alles für machbar. Irgendwie schien er sich einzubilden, wie der mythische König Midas zu sein und alles in Gold zu verwandeln. Ted startete ein gigantisches Expansionsprogramm und machte daraus ein beachtliches Spektakel, ohne Rücksicht auf die warnenden Hinweise seiner Angestellten, Berater und Bankiers zu nehmen. Und als wäre das noch nicht genug, unternahm Ted Schritte, die Firmenzentrale in eine seiner Meinung nach angemessenere Umgebung zu verlegen und ein teures Firmengebäude zu erwerben. Es war nicht überraschend, daß diese Aktionen die Firmenfinanzen arg strapazierten. Diejenigen Führungskräfte, die dagegen waren oder ihre Sorge über diese neuen Maßnahmen ausdrückten, sahen sich gefeuert. Berater, die Ted eine Kursänderung vorschlugen, erlitten dasselbe Schicksal. Am Ende blieben nur noch solche leitende Angestellte übrig, die zu unterwürfigem Verhalten neigten und bereit waren, seine großartigen Ideen zu teilen, seine aggressive Art guthießen, seine Wutanfälle akzeptierten und selbst aggressiv gegenüber anderen waren.

Erwartungsgemäß brachten die unrealistischen und hochtrabenden Pläne sowie die immensen Ausgaben die Firma wieder in die roten Zahlen. Ted war jedoch nicht bereit, seine Rolle bei all dem einzugestehen. Als er bei einer Versammlung der Direktoren darauf angesprochen wurde, reagierte er defensiv und leugnete jegliche Verantwortung für die Verluste. Stattdessen beschuldigte er sie für die falschen Schritte seines Vorgängers oder für nachtragendes Verhalten einiger leitender Angestellten, die „glücklicherweise" nicht mehr länger zu seinen Mitarbeitern zählten. Er behauptete, daß da noch einige „faule Äpfel" in der Firma seien, die er aber auch bald los sein würde. Seiner Ansicht nach stand eine Wende unmittelbar bevor. Teds Verhalten war jedoch für eine zunehmende Zahl der Boardmitglieder inakzeptabel geworden. Vielleicht waren sie über die dauernden Verluste und Teds herrisches, paranoides Verhalten beunruhigt; jedenfalls schafften sie es am Ende, ihn abzusetzen.

Wie im Falle von Robert Clark können wir hier sehen, wie ein scheinbar perfekt angepaßter und in seinem vorigen Job fähiger Mensch befördert wird, aber irrational zu handeln anfängt und Opfer der V-Dimension wird, sobald er mit den vielfältigen Anforderungen der Führungsposition konfrontiert wird. Warum hatte sich Ted Howell so verhalten?

Ein Erklärungsfaktor war vielleicht die an Ted gestellte außergewöhnlich hohe Erwartung seiner Angestellten. Durch all die Aufmerksamkeit, die er plötzlich erfuhr, überwältigt, hatte er vielleicht seinem Realitätsgefühl erlaubt, verrückt zu spielen. Vielleicht wegen seiner Unfähigkeit, diesen psychologischen Zwängen standzuhalten, hatte er angenommen, einige der ihm zugeschriebenen Qualitäten tatsächlich zu besitzen, und entsprechend gehandelt. Weil er immer mehr Beifall bekam, wurde daraus ein Hauptanliegen für ihn. Als, wie erwartet, seine großangelegten Aktionen Rückschläge erlitten und er zu einer Lösung unfähig war, reagierten einige seiner Angestellten mit Verärgerung. Ted rächte sich jedoch und zeigte Anzeichen paranoiden Verhaltens; er fing an, anderen die Schuld zu geben. Es blieben nur diejenigen übrig, die sich total mit ihm identifizierten.

Die gestörten Verhaltensmuster, die ich beschrieben habe, und die zu dem eigenartigen und irrationalen Verhalten beitragen, das wir manchmal bei Führungskräften finden, ist das, was die V-Dimension ausmacht. Diese Verhaltensmuster sind halbschlummernde Neigungen, mit denen wir alle umzugehen haben. In Führungssituationen werden sie leicht wiederbelebt. Und wie ich gezeigt habe, finden es manche Menschen sehr schwer, diesem Druck standzuhalten, und werden am Ende Opfer der V-Dimension. Das führt uns zu der Frage, mit welchen anderen Zwängen Führungskräfte umgehen müssen. Tragen noch andere Elemente zu der V-Dimension bei?

Isolierung von der Realität

Am 18. Juni 1982 wurde Robert Calvi, Vorsitzender der BANCO Ambrosiano, Italiens größter Privatbank, wegen ihrer engen Verbindungen zum Vatikan auch „Bank der Priester" genannt, erhängt unter der Blackfriar Brücke in London gefunden. Obwohl die genauen Umstände seines Todes wahrscheinlich nie geklärt sein werden, war es ein sehr schmachvolles Ende für einen der prominentesten Bankiers Italiens. Es war zugleich eines der traurigsten Ergebnisse des größten Skandals in Italien, der illegale Banktransaktionen, eine geheime freimaurerische Loge mit dem Namen P2, die Mafia und den italienischen Geheimdienst einschloß. Eine Untersuchung ergab, daß die BANCO Ambrosiano schwer verschuldet war. Darüber hinaus wurden Hunderte von Millionen Dollar vermißt.

Das Ausmaß von Calvis Beteiligung ist nicht klar. Er trägt sicherlich eine große Verantwortung in dieser Angelegenheit. Sein geheimnistuerischer, kontrollorientierter Managementstil war dabei nicht hilfreich, und seine Unnahbarkeit war eine weitere Komplikation. Als die Dinge ans Tageslicht kamen, muß er wohl unter ungeheurer Spannung gestanden haben. Die Bank von Italien verlangte eine Erklärung für extrem hohe Darlehensvolumen. Die Börse zwang ihn, die Hauptaktionäre der Bank zu offenbaren; dies hatte er dadurch zu vertuschen versucht, daß er Scheinfirmen gründete, um de facto die Kontrolle über die Bank zu bekommen. Die Gläubiger verlangten ihr Geld zurück. Michele Sindona, ein zwielichtiger sizilianischer Geschäftemacher, der später in Italien und den Vereinigten Staaten wegen Erpressung, Betrug, Meineid und Veruntreuung von Geldern verurteilt worden war, sprach Drohungen aus. Ehemalige Freunde beim Vatikan und im Christlich-Demokratischen Lager hatten ihn im Stich gelassen. Sie hatten ihm nahegelegt zurückzutreten und taktische Schritte unternommen, um ihn abzulösen. Dann war da noch die Erpressung durch diejenigen, die ihm „Protektion" verschaffen wollten, was sein Wort für illegalen Kapitalexport war, und eine Reihe anderer gerichtlicher Untersuchungen, die einen Schneeballeffekt hatten.

Aus den Zeitungsmeldungen erhalten wir das Bild eines Mannes, der sich bei sozialen Ereignissen unbehaglich fühlte, der kein Mensch für eine nette Unterhaltung war. Robert Calvi wurde als der eigenbrötlerischste Finanzbeamte der Katholiken beschrieben, als ein sehr reservierter und formaler Mensch; eine Unterhaltung mit ihm war eine schwierige Angelegenheit. Verschiedenen Beschreibungen nach schien er ein Mensch gewesen zu sein, der seine Probleme eher in sich hineinfraß, als sich jemandem anzuvertrauen.

Es waren fraglos dramatische Umstände, die zu dem endgültigen Aus führten; aber wenn es so war – mußte es so ausgehen? Hatte Calvi keine andere Wahl? Konnte er seine Probleme nicht auf eine andere Weise lösen? Oder war die ganze Angelegenheit viel ernster – ein Fall von unfairen Machenschaften?

Diese Fragen können wir nicht wirklich beantworten. Wir kennen Calvis Motive nicht, sich so zu verhalten, wie er es tat. Wir wissen jedoch, daß er trotz einer ganzen Reihe von leitenden Angestellten, die ihn auf dem Laufenden hielten, am Ende bei der Bewältigung seiner Probleme allein gestanden hatte. Den verschiedenen Berichten nach hatte er niemanden, an den er sich wenden konnte, und das scheint angesichts seiner Kontakte und seines sehr aktiven Lebens paradox zu sein. Leider scheint diese Art von Isolierung in einem Meer von Menschen unter Leuten an der Spitze von Organisationen nur allzu verbreitet zu sein. Und eine solche Isolation kann ihren Realitätssinn beeinflussen und infolgedessen zu Erscheinungen in der V-Dimension führen.

Die Redewendung von der „Einsamkeit an der Spitze" wurde häufig im Zusammenhang mit Führung verwendet. Aber handelt es sich dabei um ein realistisches Konzept? Ist es eine Illusion, die Führungspersonen erfunden haben, wenn sie tatsächlich niemanden gebrauchen können? Ist es ein Gemeinplatz, oder ist etwas ganz Reales daran? Tatsächlich scheint es besser zu sein, von der Einsamkeit an der Spitze im Zusammenhang mit der Isolierung von der Realität zu sprechen. Die Unfähigkeit, unsere Wahrnehmungen zu testen, die Neigung, den Kontakt mit der Realität zu verlieren, ist eine Gefahr, und jeder in einer Führungsposition kann ihr Opfer werden.

Als zum Beispiel Peter Harris President von Noro Corporation wurde, erwartete er, daß die Geschäfte normal weiterlaufen. Er stellte sich vor, daß sein Lebensstil sich nur wenig verändern würde, und daß er ebenso weiterarbeiten könne wie bisher. Seine Ernennung war eine Routineangelegenheit gewesen. Als einer der Vice Presidents seiner Firma war er nur die konsequente Wahl für diesen Posten.

Die Dinge entwickelten sich jedoch völlig anders. Peter hatte mit mehr Veränderungen seines Lebensstils umzugehen, als er erwartet hatte. Bald nach der Führungsübernahme erkannte er, daß er trotz seiner Anstrengungen, den gleichen freundlichen Umgangsstil beizubehalten, anfing, Distanz zwischen sich und seine Angestellten zu bringen. Obwohl er noch einige Zeit lang versuchte, einer von ihnen zu sein, entdeckte er, daß dies nicht mehr länger möglich war. Die Dinge hatten sich geändert.

Da waren zum Beispiel seine Aktivitäten nach der Arbeit. Er erinnerte sich, wie gern er mit seinen Kollegen zu einem Drink gegangen war. Er hatte es immer als eine gute Gelegenheit angesehen, Dampf abzulassen. Und es hatte andere Vorteile. Ein ruhiges Gespräch bei einem Drink hatte ihm oftmals geholfen, ein heikles Problem zu lösen. Aber jetzt war das irgendwie schwieriger geworden. Er hatte sogar sein wöchentliches Tennisspiel mit einem alten Kollegen aufgegeben. Als Erklärung hatte er den bekannten Vorwand, zuviel Arbeit zu haben, vorgebracht. Der unausgesprochene, aber eigentliche Grund war jedoch, daß beide sich zunehmend dabei unwohl fühlten, ihre alte Beziehung fortzusetzen. Der Kern der Angelegenheit war Peters Schwierigkeit, mit ein und derselben Person gesellschaftlich zu verkehren und einschneidende Karriereentscheidungen über sie fällen zu müssen. Das Leben erschien ihm viel einfacher, wenn er einige Distanz wahrte. Zu seinem Einstellungswandel kam noch die Entdeckung hinzu, daß Freundlichkeit gegenüber einem Mitarbeiter von anderen schnell als Bevorzugung angesehen wurde; ähnlich wurden Bemühungen eines Mitarbeiters um näheren Kontakt als Einschmeichelung betrachtet.

Obwohl er die Sache durch seine Distanzierung vereinfachte, ging das nicht ohne einen Preis. Er empfand seine neue Umgangsweise als sehr frustrierend. Er empfand zunehmend ein Gefühl von Einsamkeit, einen Verlust an Vertrautheit. Er fühlte sich irgendwie zunehmend alleingelassen und abgeschieden. Natürlich hatte er seine Frau, mit der er reden konnte. Aber das schien nicht auszureichen. Sie war mit ihrer eigenen Arbeit beschäftigt und hatte für ihre eigenen Angelegenheiten zu sorgen. Er hätte sich gerne jemandem anvertraut, der mehr davon verstand, was im Geschäft ablief, jemandem, bei dem er seine Ideen hätte testen können.

Manchmal dachte er wehmütig an die alten Zeiten, an die Zeit, bevor er President geworden war. Alles war soviel einfacher und leichter erschienen. Er erinnerte sich daran, wieviel Freude ihm der Gedanken- und Ideenaustausch mit seinen Kollegen gemacht hatte, sowie daran, wie er selbst seinen Chef hatte um Hilfe fragen können. Aber als er dann selbst President geworden war, brach sein ganzes Netz an sozialen Beziehungen zusammen. Gelegentlich merkte er, wie er sich selbst danach sehnte, das zerbrochene Beziehungsnetz wieder zum Leben zu erwecken, und nach einer Möglichkeit suchte, daran teilzunehmen. Aber das war ganz unmöglich. Ein Nebeneffekt von all dem war, daß er sich zunehmend irritiert darüber fühlte, diese Position überhaupt angenommen zu haben. Es war überhaupt nicht das, was er erwartet hatte. Es machte ihn stutzig, in welchem Maß seine zunehmende Unnahbarkeit seine Fähigkeit beeinflußte, vernünftige Entscheidungen zu treffen.

Was können wir aus diesem und dem Beispiel von Robert Calvi lernen? Wie kommt die V-Dimension wieder ins Bild? Wie ich vorher gezeigt habe, ist es eine der Hauptführungsaufgaben, auf die bestehenden strategischen und strukturellen Erfordernisse zu achten. Man erwartet von Führungskräften die Formulierung einer Zukunftsvision und daß sie zeigen, wie man sie erreicht. Aber Führung hat, wie wir gesehen haben, eine Reihe weiterer Aspekte. Einer davon ist es, auf die Abhängigkeitsbedürfnisse der Mitarbeiter Rücksicht zu nehmen. Aber angesichts der universellen Natur dieser Bedürfnisse stellt sich die Frage: Wer kümmert sich um die Abhängigkeitsbedürfnisse der Führungskräfte? Bedürfnisse nach Zuneigung gehören auch dazu. Wenn sich, wie es oft geschieht, keiner um diese Bedürfnisse kümmert, kann Angst und Einsamkeit entstehen. Diese Gefühle werden von Sehnsucht und Losgelöstheit begleitet. Basale Trennungsangst – das Gefühl von Verlassenheit – wird unter Umständen reaktiviert.

Einige Führungspersonen erkennen zu ihrem großen Entsetzen, nachdem sie die Spitze erreicht haben, daß ihr Netzwerk an komplexem gegenseitigen Vertrauen zerstört ist. Viele Führungskräfte sind dazu in der Lage, dies zu überwinden und andere Formen der Bestätigung zu finden. Manche haben vielleicht eine Mentalität, die gegen Vertrauen eingestellt ist, und bevorzugen tatsächlich distanziertes Verhalten. Diese Art von Übereinstimmung von persönlicher Vorliebe und Position ist jedoch nicht die Regel. Stattdessen werden manche Führungskräfte dadurch aus der Fassung gebracht, daß sie sich in dieser Situation befinden, und reagieren entsprechend. Verärgerung ist eine ganz übliche Reaktion, das Bedürfnis nach Rache für das Gefühl, ausgeschlossen zu sein. Dies basiert auf einem ähnlichen irrationalen Verlangen wie die Beschuldigung anderer dafür, daß die eigenen Abhängigkeitsbedürfnisse nicht befriedigt werden. Diese Trennung von der Realität und die Suche nach dem Sündenbock kann zu einer stark politisierten Organisationskultur führen und Koordinationsprobleme schaffen, weil die Abteilungen miteinander rivalisieren.

Die Aggression kann jedoch auch nach innen gerichtet werden und führt dann zu der Art extrem depressiver Verhaltensweisen, wie wir sie im Fall von Robert Calvi gesehen haben. Schwerer Alkoholmißbrauch oder Drogenkonsum kann solches Verhalten begleiten. Einmal mehr kommt die V-Dimension zum Vorschein. Wenn solche extremen Reaktionen auf Frustrationen der Abhängigkeitsbedürfnisse andauern, hat das wahrscheinlich verheerende Folgen für die Organisation.

Die Angst vor dem Erfolg

In einer am Erfolg orientierten Gesellschaft wird Mißerfolg als Katastrophe angesehen; und bis zu einem gewissen Maß haben wir alle Angst davor. Aber während die Angst vor Mißerfolg als ein reaktivierter Mechanismus für Insuffizienz- und Inkompetenzgefühle eher verständlich ist, ist das Phänomen, das als Angst vor Erfolg bekannt ist, eher ein Geheimnis. In der Tat hatte Freud vor vielen Jahren versucht, in seinem Artikel „Diejenigen, die am Erfolg scheitern" einige der Prozesse hinter dieser Angst zu enträtseln. Er bemerkte, daß einige Menschen krank werden, wenn ein tiefverwurzeltes und lange gehegtes Verlangen in Erfüllung geht. Als Beispiel nannte er einen Professor, der den Wunsch hegte, seinem Lehrer nachzufolgen. Als schließlich der Wunsch wahr wurde und die Person zum Nachfolger ihres Mentors wurde, setzten Depressionen, Minderwertigkeitsgefühle und Arbeitsstörungen ein.

Eine Erklärung für dieses Phänomen scheint zu sein, daß für manche Menschen Erfolg symbolisch gleichgesetzt ist mit einem „Ödipalen Triumph", einem Sieg, weil man erfolgreicher als die Eltern ist. Dies bewahrheitet sich besonders bei denjenigen Individuen, die nie ihre Konkurrenzgefühle gegenüber den Eltern und Geschwistern befriedigend gelöst haben. Wenn das der Fall ist, können Erfolg (auf so verschiedene Arten wie durch Macht, Liebe und Geld gemessen) und greifbare Leistungen zu einem Pyrrhussieg werden. Sie sind sowohl gewollt als auch gefürchtet.

Kern dieses Problems ist die Tatsache, daß Erfolg jemanden herausstellt und man von ihm Notiz nimmt. Eine solche Position kann den Neid und den Ärger anderer hervorrufen. Insofern fürchtet man Rache von der Person, mit der man konkurriert. Deshalb kann Erfolg – und wir müssen daran denken, daß dies normalerweise ein unbewußter und symbolischer Prozeß ist – in eine Art feindselige Handlung gegenüber den Schatten aus der Vergangenheit verwandelt werden. Schuldgefühle und Vergeltung sind zu erwarten. Insofern können wir in bestimmten Fällen beobachten, wie Führungskräfte, die unter der Angst vor Erfolg leiden, ihre Sache gut machen, bis sie eine Spitzenposition erreichen. Sie können dann plötzlich, nachdem sie mit ihrem aggressiven Bestreben Erfolg hatten, ängstlich werden, ihre Leistungen mißbilligen und sogar zu selbstzerstörerischen Verhaltensweisen greifen.

Ex-Präsident Nixon scheint ein gutes Beispiel dafür zu sein: ein politischer Führer, der, wie es schien, unbewußt Mißerfolg brauchte, um seine Schuldgefühle zu mildern. Es hat bereits viel ausgemacht, wie seine Familie, mit einer Märchen erfindenden Mutter, die sich eine ihren Bedürfnissen angemessene Realität schaffen wollte, und einem eher brutalen Vater, der sich physischer Mittel bediente, um Gehorsam zu erzielen, seine spezielle Verhaltensweise beeinflußt haben. Selbstverständlich finden wir mit dem Vorteil der Kenntnis seines Hintergrundes einige von Nixons Verhaltensweisen weniger bemerkenswert. Hier haben wir es mit einem Führer zu tun, der großen politischen Scharfsinn zeigte und der ebenso eine beachtliche Fähigkeit besaß, die primitiveren Bedürfnisse der amerikanischen Öffentlichkeit auszubeuten. Seine unmoralischen Anti-Kommunismus-Kampagnen und seine Untersuchungen in der Alger Hiss-Affäre sind Beispiele für diese Fähigkeiten. Er war ebenso ein Führer, der die Stärke und Fähigkeit dazu hatte, große Niederlagen in bloße Rückschläge zu verwandeln. Sein persönlicher Hintergrund scheint ihn stark dazu befähigt zu haben, den Rangeleien der politischen Szene zu widerstehen. Aber mit all seinen Talenten und seinen letztendlichen Leistungen schaffte es Nixon wiederholt, „die Niederlagen aus den Siegeshymnen herauszuschnappen". Wir können das an der Art, in der er von leicht entdeckbaren kleinen Lügen Gebrauch machte, wenn er zur Presse sprach, an seinen Schmiergeldfonds während der Präsidentschaftswahl von 1952 und schließlich natürlich an den Watergate-Enthüllungen erkennen.

Manchmal können wir sehen, wie Topmanager Opfer dieser Form von Angst werden. Um ein Beispiel zu geben: Als Ted Nolan über seine Karriere nachdachte, erinnerte er sich daran, welche Überraschung es für ihn war, als man ihn wegen der Nachfolge von Larry Fulton als President von Dalton Corporation fragte. Wie viele seiner Kollegen hatte auch er gedacht, daß wahrscheinlich der Vice President des Marketing derjenige wäre, für den der Vorstand sich entscheiden würde. Aber er hatte – um seine eigenen Worte zu verwenden – nicht protestiert, als er gefragt wurde, und war ganz aufgeregt wegen der Gelegenheit, seine Karriere bei Dalton mit diesem Spitzenposten krönen zu können. Nachdem seine Ernennung durchgekommen war, wurde er jedoch leicht unruhig – ein Gefühl, das nicht verschwand, als er die Leitung übernahm. Er beschäftigte sich zunehmend mit der Frage, ob er es loswerden könne. Würde er dazu in der Lage sein, seinen Verantwortungen gerecht zu werden? Würde er gegenüber seinen Angestellten überzeugend klingen? Er bekam nachts Schlafstörungen und quälte sich selbst mit der Frage, ob seine Entscheidungen des Vortages richtig gewesen waren. Es kam sogar noch schlimmer, er hatte Alpträume und träumte so verrückte Sachen wie von Löwen, die ihn verfolgten, oder davon, in die Höhle des Löwen getrieben zu werden. Oft fühlte er sich auch wie ein Schwindler, der aus Glück den Job bekommen hatte. Er entwickelte auch, wie er später eingestehen konnte, ein richtiges Trinkproblem. Er fand es zunehmend schwierig, sich bei der Arbeit zu konzentrieren und Entscheidungen zu treffen. Und er fragte sich, wie viele seiner Probleme bei der Erfüllung seiner Führungsaufgabe von den Mitgliedern des Board bemerkt würden. Wann würden sie feststellen, daß sie einen Fehler gemacht hatten und daß er tatsächlich unfähig und ein Schwindler war?

Er hatte jedoch Glück. Seine Frau war eine große Hilfe für ihn. Sie war wegen der Veränderungen in seinem Verhalten besorgt und ermunterte ihn, einen Psychotherapeuten aufzusuchen, was er von sich aus nie getan hätte. Seine Besuche bei dem Psychotherapeuten waren sehr fruchtbar. Zusammen begannen sie, die zugrundeliegenden Ursachen seiner Angst zu analysieren. Der Therapeut machte ihm klar, daß er sein ganzes Leben lang immer dann ängstlich war, wenn er in eine Verantwortungsposition gesetzt wurde. Früher konnte er jedoch besser damit umgehen, weil da noch andere in ähnlichen Situationen waren, mit denen er reden konnte. Aber jetzt war er wirklich auf sich allein gestellt, und der Schwarze Peter lag bei ihm, wie er sagte. Nirgendwo konnte man sich verstecken!

Mit Hilfe des Psychotherapeuten entdeckte er die Beziehung zwischen seiner Herkunft und seinen jetzigen Gefühlen. Er erkannte im Rückblick auf sein Leben, wie erfolgreich er gewesen war; er hatte enorme Handicaps überwunden, um sich selbst in eine Position weit über der seiner Eltern und Geschwister zu arbeiten. Aber er erkannte ebenso, daß mit diesem Erfolg das Gefühl, seine Herkunft verraten zu haben, und ein tiefes Schuldgefühl entstanden waren. Es soweit über seine Herkunft hinaus gebracht zu haben, schien seinen jetzigen Angstzustand hervorgerufen zu haben. Mit seinem Psychotherapeuten analysierte er diese Gefühle und machte Fortschritte dabei, durch die Verbindung seiner Gefühle mit seiner gegenwärtigen Lebenssituation mehr Realität in die Situation zu bringen. Weil er dazu in der Lage war, diese Verbindungen zu sehen, und durch den wiederholten Prozeß des Durcharbeitens dieser Einsichten, fand er einen größeren Seelenfrieden. Als er seine Analyse beendete, fühlte Ted, daß er im Büro jetzt seine Sache ganz gut machte. Er hatte natürlich auch keine Probleme mehr damit, Entscheidungen zu treffen.

Nixon und Nolan sind Beispiele für Menschen, deren innere Angstvorstellungen die V-Dimension in Gang setzen. Man kann andere psychologische Szenarien ausmachen, obwohl normalerweise die letztlichen Folgen dieselben sind. Da gibt es zum Beispiel das Individuum, das Erfolg (in welcher Form auch immer) unbewußt gleichsetzt mit dem Nachgeben anderen gegenüber, normalerweise den Eltern. Die Eltern hatten vielleicht gewünscht, ihre eigenen narzißtischen Bedürfnisse indirekt durch die Leistungen ihrer Kinder zu befriedigen. Eltern, die sich so verhalten, üben auf das Kind eine Menge Druck aus, um erfolgreich zu sein. Manche Kinder rebellieren vielleicht dagegen, zu einem Stellvertreter gemacht zu werden und an einer „mission impossible" teilnehmen zu müssen. In einer ansonsten unerklärlichen Weise können sie in dem Moment in ein selbstzerstörerisches Verhalten zurückfallen, in dem sie erfolgreich werden.

Manche Führungskräfte ruinieren ihren Erfolg vielleicht aus dem einfachen Grund, daß ihre eigenen Abhängigkeitsbedürfnisse zu stark geworden sind. Nochmals, das ist normalerweise kein bewußter Vorgang; der Streß, in einer Machtposition zu sein, ist vielleicht zu überwältigend. Erfolg bringt größere Verantwortung und eine Veränderung in den bequemen Gewohnheiten. Symbolisch bedeutet Erfolg vielleicht die Vernichtung der alten Identität einer Person. Manche Führungskräfte finden es sehr schwer, mit diesen Veränderungen umzugehen. Insofern ist der bewußte Versuch, zu scheitern, tatsächlich ein Ruf nach Hilfe.

Die Frage der Anfälligkeit

Wir sahen, wie die Übertragungsreaktionen, die Einsamkeit an der Spitze und die Angst vor Erfolg verschiedene Aspekte der V-Dimension darstellen. Daraus folgt eine offensichtliche Frage: Sind bestimmte Typen von Führungskräften eher als andere anfällig für die V-Dimension? Das wirft im Gegenzug Fragen danach auf, wie man verschiedene Führungsstile unterscheiden kann. Was sind die unterscheidenden Merkmale? Sind bestimmte Führungsstile in der heutigen Gesellschaft typischer als andere? Was sind die Warnsignale unter diesen verschiedenen Typen?

Kapitel 4

Das Spektrum der Persönlichkeiten: Führer und Geführte

> Die Fähigkeit, unbarmherzig, antreibend und unmoralisch zu sein, verbunden mit Intelligenz und Vorstellungskraft, kann sowohl in der Politik als auch in der Geschäftswelt eine erfolgreiche Kombination sein.... Soziopathische und paranoide Persönlichkeitsmerkmale, die bei Leuten in Machtpositionen äußerst gefährlich sind, sind exakt die geeignetsten Merkmale, um in einer Wettbewerbsgesellschaft wie der unseren Macht zu erlangen.
>
> Willard Gaylin, New York Times Magazine

Es ist nicht leicht, wie Willard Gaylin betont, einen Maßstab zur Beurteilung von Persönlichkeitsstilen bei Führungskräften zu finden. Charaktermerkmale, die unter normalen Umständen als abweichend angesehen würden, können die Zutaten zum Erfolg für jemanden in einer Führungsposition liefern. Nichtsdestoweniger sind Individuen, die solche Merkmale zeigen, immer in größerer Gefahr, den im letzten Kapitel beschriebenen regressiven Zwängen und damit dysfunktionalen Führungsstilen zu erliegen. Unterdessen machen es bestimmte spezifische Merkmale für ein Individuum wenig wahrscheinlich, überhaupt eine Führungskraft zu werden, und bestimmen es zum Gefolgsmann.

Welches sind dann die Persönlichkeitsmerkmale, die voraussichtlich erfolgreiche Führungskräfte verkörpern? Was sind die Kennzeichen, die zur V-Dimension beitragen? Was sind schließlich die Merkmale, die Menschen eher zu Gefolgsleuten geeignet machen?

Wir sollten bei der Erklärung von Verhalten bedenken, daß beide, Führer und Geführte, auf eine metaphorische Art an einer Art Theater beteiligt sind. Dieses Theater enthält spezifische Szenarien, deren Grundlagen vorgestellte, erwünschte oder befürchtete Beziehungen zwischen dem Individuum und signifikanten anderen sind. Dieser Kern widersprüchlicher

Beziehungsthemen beeinflußt zutiefst unsere affektiven und kognitiven Zustände sowie unser Verhalten und verleitet uns dazu, zu bestimmten Persönlichkeitskonstellationen hinzustreben. In diesen „Bühnenaktivitäten" scheinen Muster aus der Vergangenheit in der Gegenwart wieder in Kraft gesetzt zu sein. Um es mit den Worten von Joyce McDougall zu sagen: „Jedes Geheimtheater-Selbst ist ... daran beteiligt, wiederholt Rollen aus der Vergangenheit zu spielen, Techniken zu benutzen, die in der Kindheit entdeckt wurden, und mit unheimlicher Genauigkeit dieselben Tragödien und Komödien, mit denselben Folgen und einem identischen Ausmaß an Schmerz und Freude, zu reproduzieren. Was einmal angesichts seelischer Schmerzen und Konflikte Versuche zur Selbstheilung waren, sind jetzt Symptome, die das Erwachsenen-Ich produziert, vergessenen Lösungen aus der Kindheit folgend."

Das von der Amerikanischen Psychiatrischen Gesellschaft veröffentlichte *Diagnostic und Statistical Manual of Mental Disorders* (DSM III-R) spezifiziert diese Bühnenaktivitäten näher und klassifiziert verschiedene Persönlichkeitssyndrome in eine Reihe von Typen, gemäß ihrer verschiedenen unterscheidbaren Charakteristika. Es folgt ein kurzer Blick auf einige dieser Typen, zum größten Teil auf der Grundlage des DSM III-R, sowie auf die Art von Führern, die daraus hervorgehen. Einer davon, der narzißtische Typ, ist in einer Untersuchung über Führung so wichtig, daß ich dafür ein ganzes Kapitel (Kapitel 5) reserviert habe. Aus Gründen der Deutlichkeit beschreibe ich eine ziemlich extreme Version der verschiedenen Typen. Es sollte jedoch bedacht werden, daß die Typen nicht einfach Typen psychischer Störung sind; jeder Typ enthält den gesamten Radius des Verhaltens, von normal bis dysfunktional; Normalität und Pathologie sind aufeinander bezogene Konzepte. Es sollte ebenso bedacht werden, daß die meisten Menschen in der Realität Hybriden darstellen und eine Mischung aus den verschiedenen Stilen zeigen und kein einzelner Stil in signifikanter Weise übertrieben wird. Diese Stile sollten dann als Kurzform angesehen werden, insofern mögen sie dem Beobachter helfen, bestimmte Persönlichkeitselemente zu erkennen, die oft nicht sofort bemerkt werden. Durch die Beschreibung dieser Persönlichkeitsdispositionen erweitere ich die Beschreibungen im DSM III-R und berücksichtige solche Elemente wie Verhalten, Emotion, Abwehrstruktur, intrapsychische Organisation und Entwicklung.

Die aggressive Veranlagung

In der Geschäftswelt können viele Beispiele für Menschen gefunden werden, die Aspekte dieses Stiles zeigen. *Fortune*'s jährliche Liste der zehn knallhartesten Bosse ist eine gute Illustration eines Versuches, diese Führungsdimension in den Griff zubekommen. Der ätzende Charakter einiger Chefs war legendär gewesen. Einige waren besonders wegen ihrer Schärfe, ihrer Rücksichtslosigkeit im Umgang mit ihren Angestellten, wie ihre Säuberungsaktionen in ihren Organisationen zeigen, bekannt. Sie hatten Spitznamen wie „Idi" oder „Neutron" bekommen, Erinnerungen an den ugandischen Tyrannen oder die Neutronenbombe, wobei die letztere, wie wir wissen, nur noch Gebäude, aber keine Menschen mehr übrig läßt.

Um ein Beispiel zu nehmen: Norman Lowell, der neue Hauptgeschäftsführer von Baedeker Corporation, stellte an seinem ersten Arbeitstag die Dinge ganz klar, als er sich an seine Führungsgruppe richtete. Er umriß sein Veränderungsprogramm und teilte der versammelten Mannschaft mit, daß sie, wenn sie nicht mit ihm übereinstimmten, besser gleich ihren Gehaltszettel abholen und verschwinden sollten. Mit später Einsicht wünschten sich viele, hingehört und ihn ernstgenommen zu haben. Es hätte ihnen viel Leid erspart.

Die Gruppe der leitenden Angestellten brauchte nicht lange, um zu erkennen, daß Lowell Business meinte. Als einer seiner höheren Führungskräfte den Sinn einer seiner Anweisungen hinterfragte, wurde er so ausgeschimpft, wie er es seit seiner Militärzeit nicht mehr erlebt hatte, und wurde entlassen. Andere mußten bald folgen. Lowells Schärfe und Wut waren nur schwer einzustecken. Seine Standpauken ließen die meisten leitenden Angestellten erzittern; übel daran war, daß er an solchen Szenen Vergnügen zu haben schien. Für viele leitende Angestellte war die Spannung zu groß, und sie entschieden sich zu gehen, damit sie, wie sie sagten, „diesen Scheißkerl nicht länger sehen" müßten und „mit dem Leben weitermachen" könnten. Aber was immer man über Lowells besondere Vorgehensweise sagen mag, die kurzfristigen Ergebnisse sahen nicht allzu schlecht für die Firma aus. Angesichts des Verlusts so vieler guter Leute fragten sich jedoch einige, ob diese guten Ergebnisse andauern könnten.

Menschen wie Lowell treten sozial energisch und einschüchternd auf. Sie loben sich selbst wegen ihres Selbstvertrauens, ihrer Furchtlosigkeit, Unempfindlichkeit und ihrer ausgekochten Konkurrenzwerte. Brauchtum, humanitäre Sorgen und soziales Mitgefühl sind nicht wichtig für sie. Sie stellen sich gern als gefühllos dar, ohne Bedarf nach anderen.

Solche Menschen sind sehr tatkräftig, wetteifernd und machtorientiert, kümmern sich nicht um Ordnung oder Strafhandlung. Ihr Verhalten enthält wahrscheinlich ein antiphobisches Element – das heißt, es ist ein Weg, ihre Ängste zu meistern. Infolgedessen glauben solche Menschen aufrichtig daran, daß die Welt ein Dschungel ist; man muß der Angreifer sein, um die Oberhand zu bekommen.

Das zentrale Thema, das alles aggressive Verhalten charakterisiert, ist die Erwartung, daß die anderen einem feindlich gesinnt sind und somit die mißtrauischen und aggressiven Einstellungen des Angreifers rechtfertigen. Aggressive Menschen halten sich an Schutzreaktionen; unzureichender Selbstschutz ermutigt sie, zuerst zuzuschlagen. Die meisten anderen sehen sie als hinterhältig, kontollierend und strafend an. Der Vorteil einer solchen Weltsicht ist es, daß sie ihnen hilft, sich von Scham- und Schuldgefühlen wegen ihrer oft unverantwortlichen Taten zu befreien. Weil sie diese Gefühle umgelenkt haben, handeln sie rücksichtslos und impulsiv. Zorn und rachsüchtiges Verhalten rechtfertigen sie als einen präventiven Gegenangriff.

Das Ausmaß, bis zu welchem aggressive Menschen andere dominieren und daraus scheinbar Befriedigung ziehen, ist verblüffend. Andere werden als Mittel zum Zweck angesehen, die man benutzt, und unter Angst und Schrecken unterworfen; deswegen glauben Aggressoren, alles sei erlaubt. Das gibt ihrem Verhalten einen sehr unangenehmen Beigeschmack. Sie neigen zu einem Temperament, das schnell in Streit und Gegenangriff aufflackert; sie fallen überdies wegen ihres unsozialen Verhaltens auf. Kein Wunder also, daß diese Menschen normalerweise zu dauerhaften und engen Verbindungen mit anderen nicht fähig sind.

Im Beruf können aggressive Typen impulsiv, ganz unberechenbar und sogar selbstzerstörerisch sein. Planung ist nichts für sie. Angesichts ihrer aggressiven Umgangsart mit anderen sind Jobwechsel ganz normal; sie gehören zudem zu der Art Menschen, die spontan ihren Job verlassen,

56

ohne sich um einen anderen gekümmert zu haben. Extremere Fälle lehnen es sogar ab, soziale Normen, etwa hinsichtlich gesetzlichen Verhaltens, zu akzeptieren oder kommen finanziellen oder anderen Verpflichtungen nicht nach.

Ihre Auflehnung und ihr Widerstand gegenüber Autorität macht Menschen mit aggressiver Veranlagung zu sehr problematischen Angestellten. Wegen ihres Verlangens nach Macht und Herrschaft ist es nicht verwunderlich, daß dieser Persönlichkeitstyp häufiger in Führungspositionen als unter Angestellten zu finden ist. Sie rühmen sich selbst, an der „Grundlinie" orientiert zu sein. Diese Orientierung scheint jede Form des Handelns zu rechtfertigen. Und obwohl sie bestimmte Fähigkeiten haben können, fehlt es ihnen an einer für erfolgreiche Führung notwendig wichtigen Eigenschaft: der Fähigkeit, Netzwerke zu schaffen und Bündnisse mit anderen einzugehen. Menschen dieses Typs, die eine Führungsposition erlangen, haben vielleicht Aspekte ihrer eher aggressiven Seite unterdrückt oder zeitweise suspendiert, um ihren Aufstieg an die Spitze möglich zu machen. Haben sie einmal eine Machtposition erreicht, kann ihre Aggressivität wieder auftauchen.

Die Herkunft dieser Verhaltensart können wir häufig bei früherer elterlicher Zurückweisung und Feindseligkeit ausmachen. Aus verschiedenen Gründen kann das Kind der Empfänger von verdrängtem Ärger der Eltern geworden sein. Das Kind wird als der am meisten Verletzliche in der Familienstruktur zur einfachsten Zielscheibe für Aggression. Feindseligkeit führt zu mehr Feindseligkeit und wird zum Modell für ähnliches Verhalten im späteren Leben. Vor diesem Hintergrund werden Autoritätspersonen nicht als positiv und wohlwollend, sondern als unangenehm, gefährlich und mißbräuchlich angesehen. Als Erwachsene haben solche Kinder dieses elterliche Modell feindlicher Interaktion verinnerlicht. Somit lehnen sie Autorität ab, sind aber paradoxerweise bereit, selbst eine Führungsposition einzunehmen, und mißbrauchen dann andere.

Die paranoide Veranlagung

Im März 1966 war Kapitän Marcus Aurelius Arnheiter vom Kommando des Radarschiffs *USS Vance* der Zerstörerflotte, das an der südvietnamesischen Küste patrouillierte, um Eindringlinge sowie Waffen-und Munitionsschmuggler abzufangen, abgelöst worden. In den neunundneunzig Tagen seines Kommandos war die Ähnlichkeit seines Verhaltens mit dem romanhaften Queeg auf der *Caine* unheimlich geworden. Er war süchtig nach Ruhm. Die begeisterte Lektüre von C. S. Foresters Kapitän Horatio Hornblower in seiner Jugend, in Verbindung mit seiner Bewunderung für Lord Nelson, den berühmten Admiral in den napoleonischen Kriegen, hatten diese Ruhmsucht entflammt. Arnheiter zeigte zunehmend ein befremdendes Verhalten. Nach und nach sickerten paranoide Verhaltensweisen durch. Er verletzte die Vorschriften, um in die Feuerzone zu gelangen, und gab falsche Positionsberichte durch. Er schoß auf Sanddünen, Hühner, Haifische, Seeschlangen und lieferte später ausgeschmückte Darstellungen dieser Aktivitäten, alles im Glauben, vom Feind verfolgt worden zu sein. Einmal war er so gepackt von den Kampfhandlungen, daß er das Leben seiner Mannschaft in Gefahr brachte, weil er vergaß, daß er das Kommando auf der Brücke hatte und sich bereits auf Kollisionskurs mit den Felsen einer Halbinsel befand. Er hatte auch einen üblen geheimen Plan ausgeheckt, um ein chinesisches U-Boot zu versenken, was eine illegale Kriegshandlung war. Seine frühmorgendlichen geistreichen Ansprachen durch die Lautsprecheranlage, die Durchsetzung unmöglicher Kleidungsvorschriften und die Anschaffung eines Schnellbootes vom Urlaubsgeld der Mannschaft, um damit den Feind zu verfolgen, waren natürlich äußerst unbeliebt bei seinen Männern. Dieses Verhalten, in Verbindung mit seinen Briefen an die Frauen oder Eltern der Matrosen, in denen er damit drohte, ihre Ehemänner oder Söhne vor das Kriegsgericht zu stellen, wenn sie sich nochmals eine Geschlechtskrankheit einfangen würden, sowie die Art und Weise, mit der er seine Offiziere nötigte, ihn für einen Silbernen Stern vorzuschlagen, schufen eine extrem meuterische Stimmung auf seinem Schiff, was schließlich auf höherer Kommandoebene bemerkt wurde.

Wenn ein Merkmal im Verhalten solcher Menschen wie Arnheiter besonders auffällt, dann ist es ihr durchdringendes und ungerechtfertigtes

Mißtrauen gegenüber anderen Menschen. Sie neigen dazu, das Verhalten anderer falsch zu verstehen und zweifeln an deren Loyalität; sie befürchten überall Betrug und Täuschung. Ihr mangelhaftes Vertrauen ist Symptom für ihre Überbeschäftigung mit versteckten Motiven und speziellen Bedeutungen und führt zu einer Störung der Wahrnehmungen, Gedanken und Erinnerungen. Auch wenn sie keine Bestätigung für Verdächtigungen finden, bauen sie sie zu einem verwickelten Netz aus und verweisen auf die Unaufrichtigkeit „der anderen".

Durch die Erschaffung grandioser Phantasien und Verfolgungsideen blähen diese Menschen sich selbst auf. Sie sind übervorsichtig, prüfen dauernd die Umwelt auf Anzeichen für Gefahr und treffen unnötige Vorsichtsmaßnahmen. Andere nehmen sie als reserviert und verschlossen wahr. Sie neigen dazu, das Eingeständnis von Schuld zu vermeiden, sogar dort, wo es gerechtfertigt ist. Sie leugnen persönliche Schwäche oder Verantwortung. Sie sind blind gegenüber ihren eigenen Fehlern und beschuldigen stattdessen andere. Splitting, die Neigung, die Welt in zwei Lager aufzuteilen, und Projektion, die Beschuldigung anderer dafür, was sie selbst verursacht haben, werden zu ihren bevorzugten Abwehrmechanismen. Mit ihrer intensiven und scharf fokussierten Aufmerksamkeitsspanne sowie ihrer Übervorsichtigkeit suchen sie nach Bestätigung für ihre eigenen Vorurteile. Das hat zur Folge, daß sie unfähig zu einer objektiven Sicht der Dinge werden. In ihrer ständigen Sorge um die Details schenken sie dem Gesamtzusammenhang nur ungenügend Beachtung.

Ihre Überempfindlichkeit und Übervorsichtigkeit machen es schwer, mit ihnen auszukommen. Sie sind streitsüchtig und gehen schnell in die Offensive; sie besitzen eine aggressive Gereiztheit. Schwierigkeiten werden leicht hochgespielt. Sie vergrößern und verdrehen die Probleme und machen aus einer Mücke einen Elefanten. Ihre Überempfindlichkeit führt zudem zu einer Bereitschaft zum Gegenschlag, sogar wenn die Bedrohung minimal ist. Ständig auf der Hut, sind sie permanent angespannt und unfähig, sich zu erholen.

In ihrem Gefühlsleben erscheinen solche Menschen eingeschränkt und kalt. Fälschlicherweise sind sie stolz darauf, objektiv, rational und gefühllos zu sein. Es fehlt ihnen ebensoft an Humor wie an teilnehmenden, zärtlichen, liebevollen und empfindsamen Gefühlen.

Diese Menschen sind häufig an mechanischen Geräten, Elektronik und Automatisierung interessiert. Der Grund für diese Faszination ist, daß diese Maschinen ihnen helfen sollen, ihre Umwelt abzubilden und sie bei jedem Anzeichen von Bedrohung warnen sollen. Man braucht nicht zu erwähnen, daß eine solche Vorsicht für eine Organisation vielleicht von Vorteil ist; aber leider finden diese Leute es schwer, zwischen realen und ernsten Bedrohungen und einer unwichtigen Situation oder einem bedeutungslosen Ereignis zu unterscheiden.

Im Mittelpunkt dieser besonderen Funktionsweise steht häufig eine Erziehung durch extrem eindringliche Eltern. Das sich entwickelnde Kind scheint in einem Netz von Projektionen und Zuschreibungen durch andere gefangen zu sein; das macht es ihm schwer, seinen eigenen psychischen Raum zu kreieren. Es ist sehr unsicher in bezug auf das eigene Ich und das Ich gegenüber anderen; und es wird darüber verwirrt, wo sein eigenes Ich endet und ein anderes beginnt. Der Versuch, auf ein bestimmtes Maß an Autonomie der Individuation zu kommen, verwandelt sich in einen enormen Kampf und wird oft als ein Angriff durch den Rest der Familie angesehen. Insofern sind die Verfolgungsgefühle in hohem Maße eine psychische Realität. Das oben erwähnte Interesse an mechanischen Dingen kann tatsächlich eine Reaktion gegen das Gefühl, durch unkontrollierbare Kräfte kontrolliert zu sein, symbolisieren. Allmachtsgedanken und abwehrende, hochgradig eingeschränkte Vorstellungen von der eigenen Wichtigkeit werden zu einem Weg, Gefühle der Hilflosigkeit zu bekämpfen. Diese aufgeblähte Selbstüberheblichkeit kann unter zuviel Streß zerplatzen und zu hochexplosiven Reaktionen führen. Die Realitätsprüfung kann wegen der Wirkung dieser Kräfte ernsthaft beeinträchtigt sein.

Individuen mit dieser besonderen Veranlagung sind sehr anfällig für die Dynamik von Macht. Sie taxieren sorgfältig Status und Position und sind neidisch und eifersüchtig auf diejenigen auf höheren Stufen. Eine Führungsposition scheint diese Merkmale zu akzentuieren. Natürlich, je höher jemand steigt, desto mehr Neid kommt zum Vorschein und desto verletzlicher und empfindlicher fühlt sich jemand gegenüber den Angriffen anderer. Es ist nicht verwunderlich, daß diese Neigungen sich verstärken, wenn ein paranoides Individuum Macht erlangt. Paranoia und Führung scheinen nahe beieinander zu liegen. Wenn wir solches Verhalten beobachten, dann müssen selbstverständlich schon gewisse Vorveranlagungen vorliegen; der analytische Fokus dieser Menschen kann tatsächlich passend zu ihrem Aufstieg an die Spitze sein. Aber mit einer Führungsposition kommen Sichtbarkeit, Neid und Kritik, die dazu dienen, die schlummernden psychopathologischen Neigungen zu akzentuieren. Die Unfähigkeit, paranoide Neigungen unter Kontrolle zu halten, ist sehr häufig die Ursache für Führungsversagen.

Kapitän Arnheiter zeigte, wie wir sehen konnten, viele Merkmale dieses Stils und sah überall Feinde. Ein Faktor machte es in diesem Fall jedoch schwieriger, sein wahnsinniges Verhalten zu erkennen – die Tatsache nämlich, daß ein Element von Wirklichkeit existierte: es war Krieg. Daran können wir sehen, wie in bestimmten Situationen ein Verhalten zur Norm werden kann, das andernfalls als wahnsinnig angesehen würde.

Die Veranlagung zum Schauspielern

Viele Kollegen von Anne Murphy, eine leitende Angestellte in der Buchhaltung einer bekannten Werbeagentur, waren der Meinung, daß sie eine Verantwortungsposition erreicht hatte, wie sie sie in der Firma überhaupt erreichen konnte. Nach deren Meinung war eine Reihe kürzlicher Abtretungen von größeren Forderungen eine Preisgabe gewesen. Der allgemeine Eindruck war, daß ihre Art, mit diesen komplexeren Aufgaben umzugehen, unbefriedigend war. Alles in allem war ihr Management dieser Situationen zu global, vage und/oder zu oberflächlich, manchmal sogar unzusammenhängend und unlogisch. Zum Beispiel waren ihre Protokolle wichtiger Diskussionen sehr unpräzise und machten es schwierig, bestimmte Entscheidungen zu treffen. Sie hatte überdies die Neigung, auf Dinge mit Überreaktionen zu antworten. Sie schenkte den Details oft nur flüchtige Aufmerksamkeit. Manchmal war es sogar noch schlimmer: sie konnte entscheidende Punkte einfach total vergessen. Einer ihrer Kollegen hatte sogar den Schluß gezogen, daß manchmal klares, logisches Denken bei Anne Murphy aussetzte und sie die Komplexität der Situation nicht richtig beurteilte. Ebenso lästig war die Tatsache, daß sie dazu neigte, sich zu schnell auf andere zu verlassen und Verantwortungen zu übertragen, die in Wirklichkeit ihre waren. Außerdem schienen ihr allzuoft Dinge einfach so zu passieren, ohne daß sie den Eindruck hatte, Kontrolle über die Situation zu haben.

Aber trotz dieser negativen Aspekte schätzten sie die meisten Leute. In einer Umgebung von Aufregung und Glanz, wie sie die Werbung zu offerieren scheint, schien sie aufzublühen. Sie war immer sehr freundlich und schien schnell Freundschaften zu schließen. Was jedoch das letztere anbelangte, war es vielleicht besser, von Bekanntschaft zu sprechen, weil die meisten dieser Freundschaften nur oberflächlich zu sein schienen. Negativ daran war, daß sich einige männliche Manager durch ihre Neigung, sich manchmal verführerisch zu geben, angemacht fühlten. Sie schaffte es zweifellos, das Interesse der Männer zu erregen, ohne wirklich zu verstehen, wie und was sie da tat. Wenn aber irgendeine Reaktion darauf folgte, brach sie jede Annäherung auf ihren Flirt ganz schnell ab. Sie konnte ganz leichtsinnig sein. All diese Merkmale machten aus ihr eine sympathische Person, waren aber nicht die rechten Dinge für eine zukünftige Beförderung.

Menschen wie Anne Murphy sind durch das verzweifelte Bedürfnis angetrieben, um jeden Preis Aufmerksamkeit zu erregen. Ihr Verhalten wird auf diese Weise überdramatisch und überemotional. Individuen, die diesen besonderen Stil besitzen, neigen dazu, für äußere Reize anfällig zu sein, und beobachten die Wünsche und Stimmungen anderer immer genau. Häufig führt dies zu Konzentrationsunfähigkeit und zur Unfähigkeit, ganz genau aufzupassen. Das Urteil solcher Menschen ist folglich impressionistisch und flüchtig und basiert nicht wirklich auf den Tatsachen der Situation. Dieser Neigung, auf die Gedanken und Empfindungen anderer angewiesen zu sein, dieser Wunsch zu gefallen und sich einzuschmeicheln, ist symptomatisch für das zentrale Thema, das ihr inneres Theater einrahmt: Abhängigkeit und Hilflosigkeit. Solche Menschen neigen dazu, umgänglich zu sein und halten beständig Ausschau nach Beachtung, Bestätigung und Beschützung. Ihr Selbstwertgefühl scheint sehr stark von den Meinungen anderer abzuhängen. Dieses Verlangen nach anerkennenden Beziehungen macht sie leicht beeindruckbar und beeinflußbar. Sie bedienen sich der Verführung, in jeder Form, um diese Art von Beziehung herzustellen. Angesichts ihrer Bedürftigkeit können sie gegenüber den Bedürfnissen anderer gleichzeitig sehr egozentrisch, hemmungslos und rücksichtslos sein.

Eine Reihe anderer Merkmale sollte ebenso erwähnt werden. Diese Menschen sehnen sich nach Geschäftigkeit und Aufregung und haben folglich nur sehr geringes Verständnis für Verzögerungen, Frustrationen und Fehlschläge. Das kann ein positiver Zug sein, insofern es einen sehr aktiven Stil erzeugt und hilfreich dabei ist, Dinge zu erledigen. Die negative Seite daran ist, daß diese Menschen auf kleine Ereignisse überreagieren können und gefühlsmäßig und vom Eindruck her handeln. Diese emotionale Erregbarkeit kann zu irrationalem Verhalten, Wutausbrüchen oder schlechter Laune und auch zu kapriziösen Handlungen führen. Zudem können diese Leute oft als oberflächlich und mit einem Mangel an Echtheit verstanden werden, auch dann, wenn sie vordergründig als herzlich und charmant erscheinen. Für viele sieht es so aus, als wenn sie nur eine Rolle spielten und nicht wirklich mit wesentlichen Themen beschäftigt wären. Es scheint ein Mangel an Selbsteinsicht vorzuliegen. Irgendwie sind ihre Emotionen und Gedanken vom Bewußtsein getrennt, und dies führt zu einer Art Bewußtseinsspaltung.

Natürlich antworten Individuen, die sich so verhalten, auf jeden mit großer Autorität sehr positiv, also auf Leute, von denen sie erwarten, daß sie ihre Probleme auf magische Weise lösen. Dies und ihre Unfähigkeit zu anhaltender Konzentration, ihre Zerstreutheit oder Beeindruckbarkeit, bestimmt diesen Typ häufiger zu Angestellten als zu Führungskräften. Normalerweise fehlt ihnen das, was man braucht, um eine Führungsposition einzunehmen. Trotzdem können einige Elemente dieses Stils, und hier denke ich besonders an den dazugehörigen Grad an Tatkraft, gemischt mit einem anderen Stil, wie etwa dem Narzißmus, zu ganz erfolgreicher Führung beitragen.

Der Ursprung für solches Verhalten scheint die Schwierigkeit zu sein, als Kind die Aufmerksamkeit und Zuneigung der Eltern zu erlangen. Die Eltern beachten vielleicht die Bedürfnisse ihrer Kinder zu wenig oder sehen sie bloß als Verlängerungen ihrer eigenen an. Wenn das der Fall ist, entdecken Kinder schnell, daß nur ausgewählte Verhaltensformen die Zustimmung der Eltern finden. Dieses unregelmäßige Gewähren von Aufmerksamkeit kann zur lebenslangen Suche nach solchen Belohnungen werden. Um Aufmerksamkeit zu erreichen, wird ein Übertreiben der Bedürfnisse zur Notwendigkeit. Es wird zur Hauptaufgabe, irgendeine Reaktion der anderen zu erreichen, ein Verhaltensmuster, das nicht fest in Werten und Überzeugungen verwurzelt ist.

Die Veranlagung zur Distanz

Am 3. Februar 1975 schleuderte Eli Black – der Ausbildung nach Rabbi, und Geschäftsmann aus Leidenschaft, Chairman, President und Hauptgeschäftsführer von United Brands, einem zwei Milliarden Dollar schweren Unternehmen der Lebensmittelbranche – seinen Aktenkoffer aus seinem Bürofenster im vierundvierzigsten Stock des Pan Am-Gebäudes, mitten in Manhattan, und sprang selbst in den Tod. United Brands gab eine Erklärung heraus, wonach Black „während der letzten Wochen wegen geschäftlicher Probleme unter großer Belastung gestanden hatte. Er hatte 16-18 Stunden am Tag gearbeitet und war wegen dieser Anspannung äußerst niedergeschlagen gewesen."

Das Jahr 1974 war für das diversifizierte Bananen- und Fleischunternehmen schwierig gewesen. Sturmschäden, hohe Viehfutterpreise sowie ansteigende Exportsteuern für Bananen hatten in dem Jahr zu ernsten Verlusten geführt; aber das Schlimmste war nach der Meinung vieler Manager von United Brands vorüber. Eli Black hatte sein Unternehmen aus einer schweren Klemme geführt und es geschafft, die verschiedenen Katastrophen zu überwinden, die sich während des Jahres ereignet hatten. Einige Leute, die ihn kannten, deuteten jedoch an, daß er wegen Erpressungsforderungen und einem Bestechungsgeld in Höhe von 1 250 000 Dollar an einen hohen honduranischen Beamten, um die Bananensteuer zu senken, in Schwierigkeiten geraten war.

Als Nachkomme von zehn Generationen von Rabbis und Gelehrten war Black selbst zum Rabbi geweiht worden und hatte vier Jahre lang einer Kongregation in Long Island gedient. Aber nach Auskunft von Freunden hatte er sein Leben als Rabbi als unausgefüllt angesehen. Er hatte sich entschieden zu gehen; er hatte sich mit den Lehmann Brothers, der Investmentfirma, zusammengetan und war schließlich 1954 Chairman und

Hauptgeschäftsführer der American Seal-Kap Corporation geworden. Er hatte das sehr kleine Unternehmen durch eine Reihe von Aufkäufen erfolgreich ausgebaut und fusionierte schließlich 1970 mit der United Fruit Company. Das gigantische Unternehmen, das er geschaffen hatte, wurde in United Brands umbenannt.

Einigen Quellen zufolge führte Black seine Firma auf unberechenbare Weise. Manchmal regierte er mit eiserner Hand; zu anderen Zeiten erlaubte er den verschiedenen Tochtergesellschaften von United Brands anscheinend, selbständig zu handeln. Auf die Loyalität seiner Manager setzte er eine Prämie aus, konnte sie aber auch zurückweisen und sie alle gegeneinander ausspielen; er erlaubte niemandem, nicht mit ihm übereinzustimmen.

Sowohl Geschäftspartner als auch Freunde beschrieben Black als einen sehr reservierten und förmlichen Mann, „häufig lächelnd, aber nur selten lachend", ein Mensch, der nie „seine Ruhe verlor und kontrolliert genug war, um nicht vor Wut loszubrüllen". Black schien kein Mensch für Small Talk gewesen zu sein; er war in der Tat als jemand bekannt, mit dem es schwierig war zu reden. Er war ebenso jemand, der es vermied, im Rampenlicht zu stehen. Nur 1973 hatte er es nach wiederholtem Drängen seiner höheren Führungskräfte endlich erlaubt, daß im Jahresbericht ein Photo von ihm erschien.

Laut einem seiner hohen Manager aus seinem Bostoner Büro war er im Laufe des letzten Jahres zunehmend „desorientiert" geworden. Machtkämpfe nahmen bei United Brands überhand; das Bostoner Büro war Zentrum einer Revolte, die sich zum offenen Krieg entwickelte. Einige Quellen meinten sogar, daß heftige Fehden bei Vorstandssitzungen Black das Gefühl gegeben hatten, daß man ihn absetzen wollte.

Wir werden nie den Grund für Blacks bedauerliche Tat erfahren; aber an seinem Verhalten und in den Beschreibungen anderer können wir Elemente des distanzierten Stils erkennen und sehen, wie dieser Stil seine ganze Organisation beeinflußte.

Extremere Individuen als Black, die die reine Form einer distanzierten Persönlichkeit besitzen, stellen eine andere im DSM III-R beschriebene Kategorie dar. Solche Menschen können in zwei unterschiedliche Gruppen aufgeteilt werden: in Schizoide und Vermeider. Schizoide Individuen, der äußerst dysfunktionale Typ der beiden, haben emotionale oder kognitive Defizite, die es ihnen unmöglich machen, enge Beziehungen einzugehen; diese Menschen scheinen wirklich unbeteiligt gegenüber anderen zu sein. Im Gegensatz dazu sind Vermeider aktiv distanziert – das heißt, ihre Distanz ist eher selbstschützender Art. Sie ziehen es aus Angst vor zwischenmenschlicher Zurückweisung oder Geringschätzung vor, Distanz zu halten. Der Grund für diese Zurückhaltung ist wahrscheinlich das frühkindliche Erlebnis elterlicher Abwertung, Zurückweisung und von Niederlagen; das Gefühl, nicht erwünscht zu sein oder anderen keine Freude zu bereiten oder die Personen zu verletzen, zu denen man sich hingezogen fühlt. Eine andere Basis ist vielleicht die Angst davor, wegen der Beherrschung durch andere Personen die eigene Identität als ein besonderes Individuum zu verlieren. Das vordergründige Verhalten ist jedoch bei beiden Gruppen ganz und gar dasselbe. Beide Gruppen neigen dazu, sozial teilnahmslos zu sein. Sie neigen dazu, sehr zurückhaltend zu sein, und scheuen vor Vertraulichkeit zurück. Ausdrucksvolle Gefühle fehlen.

Beide Typen zeigen emotionale Kälte und Unnahbarkeit, ein Fehlen an offenen warmen, zärtlichen Gefühlen für andere. Obwohl sie an das Organisationsleben gut angepaßt zu sein scheinen, vermitteln solche Menschen den Eindruck, nicht beteiligt zu sein. Sie scheinen unfähig zu Kompromissen in wechselseitigen Beziehungen zu sein. Sie strahlen eine Atmosphäre aus, die ihren Wunsch nach Alleinsein ausdrückt. Ein höfliches Äußeres und die Neigung, emotionale Ereignisse einzuebnen, sind weitere Kennzeichen. Vermeidung und die Unterdrückung von Gefühlen sind ebenso dazugehörende Muster wie die Gleichgültigkeit gegenüber Lob, Kritik oder den Gefühlen anderer.

Normalerweise ist es für diesen Menschentyp schwierig, enge Beziehungen einzugehen. Sie zeigen nur geringes Verlangen nach sozialer Beteiligung und schränken soziale Beziehungen aus Angst davor ein, die Kontakte könnten zerreißend und schmerzhaft werden. Sie sind Einzelgänger und nur bereit, eine Beziehung einzugehen, wenn sie die seltene unbedingte Bestätigung haben, kritiklos akzeptiert zu werden.

Die Untergruppe der Vermeider ist überempfindlich gegenüber möglicher Zurückweisung, Demütigung und Schmach. Wegen ihres geringen Selbstvertrauens deuten sie harmlose Ereignisse schnell als Verspottung.

Aber angesichts ihres tiefsitzenden Verlangens nach Zuwendung und Anerkennung sind sie gleichzeitig unglücklich über ihre Unfähigkeit, eine positive Beziehung mit anderen aufzubauen. Sie sind jedoch viel zu ängstlich, zu stark gebunden und abhängig zu werden. Das macht eine Zurückweisung sogar noch vernichtender. Schließlich fühlen sich diese Menschen von sich selbst und anderen entfremdet. Als Flucht vor einer quälenden Wirklichkeit nehmen sie vielleicht Zuflucht in die Phantasie. Sie können sogar das Gefühl haben, daß ihr Verhalten eine mechanische Qualität hat: daß sie alles nur mechanisch tun und sich nicht wirklich lebendig fühlen. Der Außenwelt zeigen sie eine Maske und ein „falsches Ich". In zwischenmenschlichen Begegnungen tun sie manchmal so, als ob sie gar nicht anwesend wären. Sie haben oft einen Hauch von Unbestimmtheit um sich, ein Verhaltensmuster, das durch mangelhaftes, ängstliches und vorsichtiges Abtasten hervorgehoben wird.

Es ist vorhersagbar, daß Menschen mit diesen Eigenschaften ernste Schwierigkeiten, sowohl als Führungskraft als auch als Mitarbeiter, erfahren werden. Für einen Chef mit solchen Charakteristika zu arbeiten ist nicht einfach. Die Beziehung von Howard Hughes zum Hughes Imperium ist wahrscheinlich ein extremes Beispiel einer solchen Verbindung, abgesehen von den paranoiden Aspekten, die seinen Stil ebenfalls kennzeichneten. Während Eli Black bis zu einem gewissen Grad vielleicht noch die Rolle eines „Containers" übernehmen konnte, sind Menschen wie Howard Hughes dazu unfähig. Sie besitzen nicht die Fähigkeit, auf die Bedürfnisse anderer Rücksicht zu nehmen, was eine der Eigenschaften ist, die erfolgreiche Führung auszeichnet.

Die Mitarbeiter finden es sehr frustrierend, nicht zu wissen, was von ihnen erwartet wird, und keine Rückmeldung für ihre Leistungen zu bekommen. Der Mangel an sozialer Herzlichkeit und wirklicher Anteilnahme begrenzt normalerweise die Chancen einer distanzierten Person, eine Führungsposition zu erreichen. Nur gelegentlich, wenn es einen anderen leitenden Angestellten gibt, der bereit ist, sich um die emotionalen Bedürfnisse der Mitarbeiter zu kümmern, kann ein solcher Führungsstil Erfolg haben. Andernfalls kann nur eine Mischung von diesem mit einem anderen Stil einen gewissen Erfolg versprechen. In der Regel finden es solche Menschen einfacher, eine eher untergeordnete Position in einer Organisation einzunehmen; wegen ihrer sozialen Distanz sind sie sogar dann noch nur in speziellen Funktionen brauchbar.

Die Veranlagung zur Kontrolle

Gustav Krupp von Bohlen und Halbach, der Gemahl von Bertha, mit dem Spitznamen „Kanonen-Königin", fiel gewiß wegen seines äußerst ungewöhnlichen Verhaltens auf. Sein Managementstil bei der Leitung der gigantischen deutschen Waffenfabrik kann am besten mit einer Maschine verglichen werden. Er verhielt sich wie der allerletzte Zuchtmeister. Nach seiner Heirat mit Bertha Krupp, der einzigen Erbin des Krupp-Konzerns, war er jetzt für das Management der Firma verantwortlich geworden und „umarmte" den Generalregulativ, den sein mächtiger Vorgänger Alfred geschrieben und eingeführt hatte, wie einen langvermißten Freund. Was Gustav an Vorstellungsvermögen und Weitblick fehlte, fand er in dieser Verfassung, die in außergewöhnlichem Detail die Rechte und Pflichten all seiner Arbeiter, die „Kruppianer", beschrieb. Die Leidenschaft, mit der er den Generalregulativ zu seiner Bibel machte, war für einen Mann, dessen Urlaubsbeschäftigung die Lektüre von Eisenbahnfahrplänen war, nicht überraschend. Seine Liebe zur Buchführung schien ebenso unübertroffen gewesen zu sein wie seine Faszination für die Stoppuhr. Bei all seinen Handlungen stand die Erwartung von Gehorsam im Mittelpunkt: nicht nur Gehorsam der Kruppianer gegenüber den Buchstaben des Generalregulativs, sondern auch sein eigener blinder Gehorsam gegenüber der Idee davon, wofür das Haus Krupp stand. Das setzte sich in seinem später fehlgeleiteten Gehorsam gegenüber dem Führer des Dritten Reiches fort. Diese unhinterfragte Einstellung machte das Unternehmen wegen seiner Sklavenarbeit während des Zweiten Weltkrieges berüchtigt. Bei Gustav ersetzten Trivialitäten die Substanz, und das Ritual löste sich vom Inhalt.

Eine gute Illustration seiner Hauptanliegen ist in dem Buch *Die Waffen der Krupps* von William Manchester enthalten: „Besuchern war es nicht erlaubt, mit ihren eigenen Autos zu kommen; ihre Chauffeure könnten ja nachlässig sein. Nach genau geregelter Vorschrift holten Krupp-Fahrer sie am Haupteingang um 1.29 Uhr ab. Um 1.30 Uhr betraten sie die Empfangshalle, um sich bis 1.40 Uhr mit Gustav und Bertha zu unterhalten und dann in den Speisesaal geführt zu werden. In dem Augenblick, wo Krupp einen Gang beendet hatte, räumten die Diener alle Platten vom

Tisch; langsame und geschwätzige Esser blieben da hungrig auf der Strecke. Das Essen endete um 2.15 Uhr, Kaffee gab es um 2.29 Uhr. Punkt 2.30 Uhr wurden die Gäste in die wartenden Limousinen gesteckt und weggekarrt. Nichts war dem Zufall überlassen, nicht einmal die Temperatur des Kaffees, die alles hätte durcheinanderbringen können und der deshalb nie zu heiß war.

Kontrolle ist offensichtlich das zentrale Thema im Leben solcher Menschen wie Gustav Krupp von Bohlen und Halbach. Mehr als alles andere wollen sie alles kontrollieren, was ihr Leben beeinflußt. Sie wollen die Welt als einen geordneten und disziplinierten Ort, wo alles vorhersagbar ist. Ihre Sorge um die Kontrolle kann als ihre Art angesehen werden, ihre feindseligen Gefühle gegenüber denen, die sie kontrollieren, zu handhaben. Reaktionsbildung, Isolierung der Gefühle, wiederholendes Verhalten, Ungeschehenmachen und Intellektualisierung werden Abwehrmechanismen, um feindselige Impulse und entgegengesetzte Neigungen in Schach zu halten. Ihre Feindseligkeit kann zwei Wege einschlagen: in Richtung Gehorsam oder in Richtung Tyrannei. An solchem Verhalten ist oft übertriebene Kontrolle der Eltern schuld. Das heranwachsende Kind lernt, sich in den von den Eltern gesetzten Grenzen zu bewegen. Angesichts der angedrohten Sanktionen für ein Überschreiten der Grenzen hat es Angst, davon abzuweichen und Initiative zu ergreifen. Aber eine solche Erziehung hinterläßt ein Erbe von Verwirrung und Unmut.

Übermäßige emotionale Kontrolle und eine eingeschränkte Fähigkeit, warmherzige und zärtliche Gefühle auszudrücken, unterscheidet diese Menschen von anderen. Es fehlt ihnen an spontaner emotionaler Ausdrucksfähigkeit. Sie können sich nicht entspannen. Sie stellen ihre Gefühle unter strenge Kontrolle. In ihren zwischenmenschlichen Beziehungen sind sie übermäßig konventionell, ernst und formell.

Häufige Kennzeichen dieses Persönlichkeitstyps sind Ordentlichkeit, Geiz, Eigensinn, Unnachgiebigkeit und Beharrlichkeit. Ihr Perfektionismus beeinträchtigt ihre Fähigkeit, „das Ganze" zu sehen, so besorgt, wie sie um triviale Details, Vorschriften, Ordnung, Organisation, Zeitpläne und Verfahren sind. Ihre Wahrnehmungsfähigkeit scheint beeinträchtigt zu sein, weil sie in einer geregelten und hierarchischen Welt leben. Sie stimmen schnell den von anderen gesetzten Regeln und Strukturen zu. Obwohl sie von anderen als fleißig und fähig eingeschätzt werden können, fehlt es ihnen an Flexibilität und Spontaneität, die wirkliche Effektivität ausmachen. Bei der großen Sorgfalt, mit der sie die alltäglichen Routinen erledigen, verlieren sie sich leicht in den Details.

Kontrolleure bestehen darauf, daß die anderen sich an ihren Arbeitsstil anpassen. Weil sie sich selbst und anderen gegenüber übermäßig urteilend und moralisch sind, ist ihnen nicht klar, welche Gefühle sie durch ihr Verhalten hervorrufen. Beziehungen existieren für sie im Sinne von Herrschaft und Unterwerfung, oben und unten, und ihr Verhalten scheint sehr viel von ihrer Position in der Hackordnung abzuhängen. Sie können zu ihren Vorgesetzten ehrerbietend, einschmeichelnd und sogar unterwürfig und gleichzeitig zu ihren Untergebenen autoritär und ablehnend sein. Um ihren Weg zu machen, greifen sie oft auf Regeln und Autoritäten zurück, die höher stehen als sie. Ihre Ansichten sind autoritär. Diese Menschen zeigen auf Kosten von Freude und Spaß an zwischenmenschlichen Dingen eine übermäßige Hingabe zur Arbeit und Produktivität. Sie sind mit Fragen der Organisation und der Effektivität beschäftigt und beziehen sich auf andere nur nach deren Position in der Hackordnung.

Selbstverständlich haben wir damit den typischen Organisationsmenschen beschrieben, denjenigen, der die Korrektheit der Überzeugungen von Autoritätspersonen akzeptiert. Bürokrat wäre ein anderer Name für diesen Typus; also jemand, der sowohl in der Position des Vorgesetzten als auch des Untergebenen gut funktionieren kann. Aber wie bei den meisten Dingen hängt die Effektivität dieses Typus als Führungskraft vom Ausmaß der Balance zwischen gegensätzlichen Kräften ab. Ein gewisses Maß an Kontrolle ist für den erfolgreichen und rationellen Betrieb eines Unternehmens erforderlich, aber zuviel davon kann die Kreativität blockieren. Eine recht erfolgreiche Mischung von Stilen, die oft zu Führungspositionen führt, ist eine Kombination der kontrollierenden und paranoiden Veranlagung, wobei die erstere dazu dient, die inneren Operationen zu überwachen, die zweite, die äußere Umwelt abzutasten. Auf lange Sicht kann jedoch zuviel Kontrolle dysfunktional werden.

Kontrollorientierte Menschen können eine gewisse Unentschlossenheit zeigen. Wahrscheinlich aus einer unspezifischen Angst vor Fehlern heraus werden Entscheidungen manchmal vermieden oder vertagt. Insofern kann Hinauszögern das Handeln ablösen und die Fragen nach der allgemeinen Effektivität der kontrollierenden Person aufwerfen. Diese Typen können die Hamlets einer Organisation werden, weil sie nicht wissen, was sie tun sollen. Natürlich ist eine so übermäßige Unentschlossenheit völlig ungeeignet für eine Führungsposition.

Das passiv-aggressive Muster

David Post, der neue President und Hauptgeschäftsführer von Lotar – einer stark diversifizierten Kaufhauskette – fragte sich, was man mit Lawrence Neilson, einem seiner Vice Presidents, machen sollte, der, wie er selbst, relativ neu im Beruf war. David war nicht nur über Lawrences Art, seine Abteilung zu leiten, sondern auch wegen seiner Einstellung ihm gegenüber zunehmend verärgert. Zu oft waren Verabredungen in der letzten Minute abgesagt worden; zu viele Berichte waren trotz gegenteiliger Versprechungen nicht oder zu spät fertiggestellt worden. Schlimmer war noch, daß eine Reihe von Projekten ohne guten Grund auf halbem Weg abgebrochen wurden, was die Leute, die daran gearbeitet hatten, enorm demotivierte. David war es auch leid geworden, immer wieder Bitten nach Terminaufschub zu hören. Es kam einfach zu oft vor. Er dachte auch, daß Lawrence ein Meister darin war, den Schwarzen Peter weiterzugeben; irgendwie schaffte er es immer, die Verantwortung zu vermeiden, wenn etwas schiefging. Aber David hatte sie ihm anvertraut; er war wirklich gut im Erfinden von Entschuldigungen. Es war immer schwer, ihn zu beschuldigen. Was auch immer schief ging, jedesmal schien es einen plausiblen Grund dafür zu geben.

David fühlte jedoch, daß er an einem der nächsten Tage die Geduld verlieren würde. Er hatte genug davon. Daß er seinen Spitzenmann noch nicht rausgeschmissen hatte, grenzte beinahe an ein Wunder. Aber dann überlegte er immer noch einmal: könnte er das tatsächlich? Es war schwer, jemandem böse zu sein, der so ergeben war. Auf der anderen Seite zeigte Lawrence nie viel Begeisterung für irgendwelche Arbeiten. Darüber zu schimpfen schien eher sein Stil zu sein. Wie auch immer die Dinge lagen, David spürte, daß er das unkooperative, behindernde Verhalten von Lawrence nicht mehr aushalten konnte.

Nicht aus Neugier hatte David kürzlich um eine vorsichtige Nachforschung über Lawrences Vergangenheit gebeten. Und der Bericht, den er bekam, war alles andere als lobend. Lawrences frühere Arbeitgeber rückten nach einigem Nachhaken damit heraus, daß er aus seinen beiden Jobs geflogen war, weil er den Einzelheiten nicht genug Aufmerksamkeit geschenkt und kostspielige Fehler gemacht hatte.

Das Beispiel von Lawrence Neilson zeigt, daß der Widerstand gegenüber den Leistungsanforderungen in beruflicher als auch in sozialer Hinsicht das herausragende Merkmal dieses Typs ist. Sie folgen einer Strategie der Verneinung, des Trotzes und der Provokation. Sie sind unfähig dazu, sich zu entschließen, ob sie die Anforderungen anderer befolgen oder sich widersetzen sollen. Ihr Verhalten ist sowohl durch Passivität als auch durch Aggressivität gekennzeichnet. Sie scheinen über alles eine ambivalente Meinung zu haben und können sich nicht entscheiden, ob sie abhängig oder unabhängig sein oder ob sie auf die Ereignisse aktiv oder passiv reagieren sollen. Sie kämpfen mit der Frage, ob sie nachgeben oder sich durchsetzen sollen. Sie neigen dazu, ihren Widerstand indirekt durch Zaudern, Bummeln, Sturheit, Leistungsschwäche und Vergeßlichkeit auszudrücken. Ihr Widerstand spiegelt oft Feindseligkeit wider, die sie nicht offen zu zeigen wagen und stattdessen verdrängt haben. Eine Aura von Zustimmung und Höflichkeit kaschiert häufig negativistischen Widerstand.

Die Wurzel dieses Verhaltensmusters liegt wahrscheinlich in der kognitiven und emotionalen Unfähigkeit, klar einzuschätzen, was von einem erwartet wird. Wir können annehmen, daß diese Menschen in dieser Hinsicht die oft unberechenbaren, launischen und widersprüchlichen Anforderungen, Handlungen und Einstellungen ihrer Eltern imitieren. Vielleicht sind sie während ihrer Erziehung daran gescheitert zu lernen, welche Art von Verhalten sich auszahlt. Vielleicht haben Stetigkeit und Kontrolle von außen gefehlt. Deswegen wirken sie oft ängstlich gegenüber Verpflichtungen, unsicher gegenüber ihren eigenen Wünschen, Fähigkeiten und den Reaktionen anderer, und sie scheuen sich, Gefühle direkt auszudrücken. Unentschlossenheit, widersprüchliches Verhalten und schwankende Einstellungen werden zu häufigen Mustern. Diese Menschen wechseln schnell und unberechenbar von einem Verhaltenstyp in den nächsten; sie lehnen es ab, ihre eigene Verantwortung für ihre

Schwierigkeiten einzusehen. Solche Menschen können häufig gereizt, beleidigt, schlechtgelaunt und unnachgiebig sowie sehr negativ in ihrem Verhalten sein. Sie haben die Neigung dazu, sich immer zu beklagen, und machen anderen das Leben schwer. Ihr unzusammenhängendes und unzufriedenes Selbstbild führt dazu, daß sie sich im Leben unverstanden, betrogen und nicht geschätzt fühlen. Konsequenterweise übernehmen sie manchmal die Rolle des Märtyrers, um ihre Verzweiflung zum Ausdruck zu bringen.

Ein vorrangiges Merkmal der passiv-aggressiven Menschen ist ihre pessimistische Einstellung gegenüber der Welt, der Glaube, daß ihnen nichts gelingt. Gleichzeitig scheinen sie ärgerlich und neidisch auf das mutmaßlich leichte Leben der anderen zu sein. Wenn die Dinge zu gut laufen, sorgen sie dafür, daß es ganz schnell anders wird. Sie stellen ihre erwarteten Enttäuschungserlebnisse dadurch wieder her, daß sie die Niederlage den Klauen des Sieges entreißen.

Ihr unvorhersagbares, widersprüchliches und schwankendes Verhalten in sozialen Beziehungen führt häufig zur Verärgerung bei anderen. Sie machen sich vorhersagbar dauernd Feinde statt Freunde und beschuldigen andere für einen Mangel an Vollkommenheit. Sie neigen dazu, zwischenmenschliche Beziehungen zu ruinieren. Trotz einer oft netten Fassade – denn sie wissen, daß es besser ist, Feindseligkeit nicht direkt zu zeigen – sind sie im Grunde unangenehme Leute, um für sie oder mit ihnen zu arbeiten. Wegen ihres Negativismus und ihrer subtilen Trotzigkeit haben sie eine bewegte Berufsgeschichte in Organisationen. Schwache Leistung, verursacht durch selbstzerstörerische Äußerungen von Verärgerung, kommt häufig vor. Ihre Fähigkeit, in Organisationen erfolgreich aufzusteigen, ist fraglich. Normalerweise erstickt ihre Unfähigkeit, sich an so zentralen Aktivitäten wie Bündnisbildungen zu beteiligen, ihren Aufstieg in Organisationen. Mischungen dieser Disposition mit den schauspielernden, paranoiden oder distanzierten Mustern ergeht es im Organisationsleben auch nicht viel besser.

Die Veranlagung zur Abhängigkeit

Obwohl es Chris Simmons, Chairman der Medex Corporation, nichts ausmachte, wenn Leute zu ihm kamen, um ihn um Rat oder Bestätigung zu fragen, so dachte er doch, daß das Grenzen hätte. Die schwierigen Zeiten, die er im Umgang mit seinem Personalassistenten Tom Kramer hatte, hatten zu dieser Meinung geführt. Letzterer schien klug genug zu sein, um gute Reports zu schreiben, und hatte eine Reihe schwieriger spezieller Projekte zur Zufriedenheit vollendet; aber irgendwie fehlte etwas. Es verging kein Tag, ohne daß Tom ins Büro von Chris kam, um ihn zu sehen und ihm über den neuesten Stand seines letzten Projektes Bericht zu erstatten und ihn danach zu fragen, ob es zufriedenstellend sei. Chris schätzte Toms Offenheit, meinte aber, daß ein Mensch in Toms Position fähig sein sollte, diese Dinge selbständig zu entscheiden. Mit Tom immer wieder die Korrektheit seiner Handlungen nochmals zu prüfen, beanspruchte seine Zeit zu viel. Und welche Unterstützung er auch immer gab, es schien nie genug; Tom schien unersättlich zu sein, und Chris meinte, daß er so schon genug zu tun hatte.

Chris hatte Tom wiederholt erklärt, daß er die Dinge für sich selbst auszuknobeln und seine eigenen Probleme zu lösen hätte. Aber ohne Erfolg. Zugegeben, er hatte vielleicht dieses Verhalten anfänglich dadurch unterstützt, daß er Tom erklärte, daß er ein Manager sei, der mit anpackt und informiert werden möchte. Aber was Chris damit erreichte, war mehr als er erwartet hatte. Es gab nämlich einen Unterschied zwischen informiert sein und Kindermädchen spielen. Die Frage war jetzt, was man Tom über seine Zukunftspläne sagen sollte. Obwohl er seine Sache als Personalassistent gut machte, schien es riskant, Tom mit dieser Art, sich zu verhalten, auf eine leitende Stelle zu setzen – was der logische nächste Karriereschritt gewesen wäre.

Dieses Beispiel zeigt, wie Menschen mit dieser Vorveranlagung von anderen wegen ihrer eigenen Unfähigkeit, unabhängig zurechtzukommen, die Verantwortung für Hauptbereiche ihres eigenen Lebens verlangen. Sie scheinen ihre eigenen Bedürfnisse denen der Menschen unterzuordnen, von denen sie abhängig sind, um die Möglichkeit zu vermeiden, auf sich selbst angewiesen zu sein. Sie betrachten sich selbst als machtlos und ziehen es vor, eine untergeordnete Rolle zu spielen, und verleugnen dabei aber ihre eigene Individualität. In zwischenmenschlichen Beziehungen sind sie nicht von Konkurrenzdenken geprägt, halten sich zurück, sind sogar unterwürfig, immer einverstanden, gefällig und schmeichlerisch. Es fehlt ihnen an Bestimmtheit und sie sind konfliktscheu. Jedoch ist ihre Nettigkeit teilweise eine Schutzmaßnahme und verbirgt eine beträchtliche Menge an Feindseligkeit. Wegen ihrer übermäßigen Abhängigkeitsbedürfnisse und weil sie Isolation und Einsamkeit vermeiden wollen, wollen sie unter allen Umständen loyal sein, trotz Beschimpfung und Einschüchterung.

Diesen Menschen fehlt anscheinend Selbstvertrauen; sie haben ein unzulängliches Selbstbild. Ihr Verhalten ist hilf- und hoffnungslos. Sie leiden an Selbstzweifeln und fragen sich, ob sie je den Erwartungen der anderen gerecht werden können. Sie erniedrigen sich selbst und betrachten sich als erfolglos, inkompetent und sogar dumm und behaupten, keine Fähigkeiten und keinen Wert zu haben. Wegen ihres Hungers nach sozialer Anerkennung und Zuwendung wird bei ihrer Suche nach Hilfe Kritik zum verheerenden Erlebnis.

Abhängigen Persönlichkeiten fehlt es an Initiative. Sie sind davon überzeugt, auf Gedeih und Verderb den Umständen ausgeliefert zu sein. Weil sie unfähig sind, sich selbst durchzusetzen, ziehen sie einen passiven Lebensstil vor und klammern sich an andere. Sie neigen dazu, auf Verantwortung zu verzichten. Stattdessen suchen sie nach einer allmächtigen, fast magischen Gestalt, die die Kontrolle übernimmt. Wenn sie jedoch einen unterstützenden Partner finden, dann machen sie ihre Sache überraschend gut. Aber sogar wenn das der Fall ist, sind Führungspositionen offensichtlich nichts für sie. Noch ist Führung etwas für Leute, die folgende Stilmischungen zeigen: Aspekte der schauspielernden, distanzierten, masochistischen oder kontrollierenden Veranlagung. Abhängige haben nicht das notwendige Maß an Selbstvertrauen und Konkurrenzgeist.

Diesem Verhaltensmuster liegt normalerweise elterliche Überbehütung zugrunde. Die Unfähigkeit der Eltern, ihrem Kind die selbständige Entwicklung zur Einzelperson zu erlauben, erstickt die Entwicklung des Individuums zum autonomen Wesen. Insofern wird es diesen Kindern nicht erlaubt, weniger abhängig zu werden, ihre eigenen Wünsche zu befriedigen und für sich selbst zu sorgen. Zusätzliche Faktoren können eine überängstliche Mutter sein, der Gedanke, daß das Kind alles ist (ein Verhalten, das sich vielleicht während einer Krankheit des Kindes herausgebildet hat), oder die Angst der Eltern davor, „das Baby zu verlieren", was für sie selbst mit dem Älterwerden und der Einsamkeit verbunden ist.

Eine andere mögliche Erklärung für diese Veranlagung ist, daß die Abhängigkeitsbedürfnisse der Person stark frustriert worden waren, weil sie in einer Familie aufwuchs, in der nicht genug Liebe für jeden da war. Wir sehen hier, wie ein Mangel an Liebe, Zurückweisung statt Zuneigung, den Grundstein für eine lebenslange Suche legt, dieses Defizit zu beseitigen.

Die Veranlagung zum Masochismus

Niemals würde ich durch die erste Volksschulklasse kommen, dachte ich, aber es gelang, ich bekam sogar eine Prämie; aber die Aufnahmeprüfung ins Gymnasium würde ich gewiß nicht bestehen, aber es gelang; aber nun falle ich in der ersten Gymnasialklasse bestimmt durch, nein, ich fiel nicht durch, und es gelang immer weiter und weiter. Daraus ergab sich aber keine Zuversicht, im Gegenteil, immer war ich überzeugt – und in Deiner abweisenden Miene hatte ich förmlich den Beweis dafür –, daß, je mehr mir gelingt, desto schlimmer es schließlich wird ausgehen müssen. Oft sah ich im Geist die schreckliche Versammlung der Professoren (das Gymnasium ist nur das einheitlichste Beispiel, überall um mich war es aber ähnlich), wie sie, wenn ich die Prima überstanden hatte, also in der Sekunda, wenn ich diese überstanden hatte, also in der Tertia und so weiter, zusammenkommen würden, um diesen einzigartigen, himmelschreienden Fall zu untersuchen, wie es mir, dem Unfähigsten und jedenfalls Unwissendsten gelungen war, mich bis hinauf in diese Klasse zu schleichen, die mich, da nun die allgemeine Aufmerksamkeit auf mich gelenkt war, natürlich sofort ausspeien würde, zum Jubel aller von diesem Alpdruck befreiten Gerechten.

Diese Passage ist Kafkas berühmten Briefen an den Vater entnommen. Sie gibt einen Einblick in seine Neigung, sich in Schuldgefühlen zu suhlen, und in sein Bedürfnis nach Selbstgeißelung, oder wie er selbst geschrieben hat, seinen „Todeswunsch". In seinem ganzen Handeln und Schreiben können wir einen starken Hang zum Masochismus finden. Leiden war immer sein zentrales Thema; das Leben war für ihn eine Art Martyrium. Und niemand als Kafka war talentierter darin, Sympathie durch Krankheit zu erzwingen.

Als ein Angestellter der Arbeiter-Unfallversicherungsanstalt, eine Position, die er sechzehn Jahre innehatte, war er ziemlich erfolgreich, obwohl er selbst seine Arbeit als Möglichkeit ansah, die Zeit totzuschlagen. Seine Beziehung zu seinen Eltern und zu Frauen war eine Geschichte für sich. Weil er im Selbstmitleid schwelgte, kam er nie zu irgendeiner Entscheidung und strengte sich sehr an, Glück zu vermeiden. Aufgrund seiner Lebenseinstellung war ihm seine spätere Entdeckung, daß er Tuberkulose hatte, beinahe wie eine Art rettender Engel willkommen.

Das Beispiel von Franz Kafka zeigt, daß ein beachtliches Maß an Ähnlichkeit zwischen dieser Disposition und der Disposition zur Abhängigkeit besteht. Diese Dispositionen passen oft gut zusammen. Der Unterschied ist die unharmonische, das Gegenteil bewirkende Eigenschaft des Verhaltens der Menschen, die unter die Kategorie der Masochisten fallen. Selbstentwertendes und sogar selbstzerstörerisches Verhalten sind ganz häufig. Leiden steht im Mittelpunkt und kann an der häufigen Neigung zu klagen erkannt werden.

Wie die Gruppe der Abhängigen neigen Masochisten dazu, sich selbst in eine untergeordnete Position zu setzen. Sie strengen sich besonders an, um zu beweisen, daß sie unliebenswert sind, betonen die schlechtesten Bilder von sich und liefern Gründe für Erniedrigungen. In ihrer Beziehung zu anderen ermuntern und laden sie Menschen in einer selbstopfernden Art dazu ein, sie auszunutzen. Sie akzeptieren bereitwillig die Schuld für Dinge, für die sie in Wirklichkeit nicht verantwortlich sind, und beziehen scheinbar aus Schmerz, Leid und Unglück Befriedigung. Ihr emotionales Leben ist insofern dramatisch, als es sich selbst und anderen gegenüber schnell zwischen Gefühlen von Liebe, Wut und Schuld oszillieren kann. Durch Provokation fordern sie Aggression heraus, werden böse auf sich selbst und fühlen sich nachher schuldig.

Sie leiten ihre Befriedigung aus der Zurschaustellung ihres Elends ab. Masochisten machen aus dem „Exhibitionismus ihrer schlechten Charaktereigenschaften" und der „Freude am Leiden" eine Lebensart und eine Form des Einschmeichelns. Diese Lebensart kann sogar eine sexuelle Dimension annehmen. Solche Menschen haben nie wirklich das Gefühl, den Erwartungen anderer gerecht zu werden, und können sich folglich vorweggenommene Selbstvorwürfe machen. In ihrer inneren Welt scheinen keine Erinnerungen an Leistung und Erfolg zu existieren. Stattdessen scheint ihre innere Vorstellung aus Erniedrigung und Entwertung zu bestehen. Unter diesem Typus finden wir die „Kriminellen ohne Schuld", Individuen, die in der Hoffnung Straftaten begehen, daß irgendeine Strafe Hilfe bringt.

Einschmeicheln durch Aufopferung kann dazu führen, daß Masochisten die Opfer unbewußt arrangierter Zufälle werden. Symbolisch kann man dies als einen Weg deuten, ihre Schuld dafür zu bezahlen, weil sie „schlecht" sind; beinahe so, als ob dies auf der Basis von Abschlagszahlungen gemacht werden könne. Natürlich bringt diese Neigung, sich vom Pech verfolgt zu fühlen, keinen Erfolg in einer Führungsposition. Die selbsterniedrigende Eigenschaft ihres Verhaltens, ihr Mangel an Selbstvertrauen, ihre Angst oder ihre Hemmung davor, herauszuragen und ihr relativ passiver Modus operandi spricht dafür, Masochisten in einer Mitarbeiterposition zu belassen.

Die Entstehung dieser sinnlosen Konstellation scheint der verzweifelte Wunsch des Kindes zu sein, um jeden Preis irgendeine Form von Kontakt zu erreichen. Das Kind hatte vielleicht gelernt, daß nur „Schlechtigkeit" eine Reaktion der Eltern erfährt. Einige Eltern scheinen nur schmerzhafte, unausfüllende Kontakte zu bieten, und das Kind paßt sich an. Von der Verinnerlichung der Schlechtigkeit abgesehen, verinnerlicht das Kind auch den Vorwurfscharakter des elterlichen Verhaltens ihm gegenüber und wird so sich selbst zum schlimmsten Feind. Schuldgefühle, weil es in dieser Situation Angst hat und den Erwartungen der Eltern nicht gerecht wird, sind wesentlicher Bestandteil dieser Konstellation.

Hybriden

Helene Fewings, die Chefin eines schwankenden Unternehmens in der Bekleidungsindustrie, schien zunehmend unwillig, die sinkende Profitlage ihres Unternehmens zur Kenntnis zu nehmen. Sogar noch zwei Wochen, bevor unter Umständen die Bank die Kontrolle übernommen hätte, hielt sie Treffen ab, während derer sie nichtexistierende Aufträge, die Entwicklung revolutionär neuer Maschinen und die Einführung innovativer Produkte diskutierte. Diese neuen Entwicklungen sollten das Schicksal des Unternehmen wenden und seine Position in der Industrie gewaltig verändern. Fewings ignorierte das düstere Gewinn-Verlust-Bild, die Ineffizienz in der Produktion und die niedrigen Verkaufszahlen und schrieb dies alles den unfairen Industriepraktiken der Konkurrenz oder sogar Sabotage zu. Sie versicherte ihren Managern, daß eine Veränderung kurz bevorstehe und das Unternehmen sehr bald aus den roten Zahlen sein werde.

Traurig genug, diese ruhmreichen Ideen waren weit von der Realität entfernt. Zu dieser unglücklichen Entwicklung kam Fewings zunehmende Isolation hinzu. Obwohl sie vorher auch kein „offener Typ" war, wurde sie infolge der Streßsituation jetzt noch distanzierter. Es wurde immer schwieriger, sie zu sehen. Nur diejenigen Mitarbeiter, die ihrer Art der Sicht der Dinge zustimmten, durften ihr nahekommen. Vorboten schlechter Nachrichten – was widersprechende Ansichten meinte – waren nicht willkommen. Aber sogar die Kriecher mußten vorsichtig sein. Es brauchte nicht viel, um ihren Verdacht zu erregen, daß man gegen sie konspirierte. Der seltene Typ von Mitarbeiter, der die Vorstellungen der Chefin hinterfragte, wurde mit Verachtung gestraft und sah sich schnell gefeuert. Erst als die Bank die Kontrolle übernahm, war der Bann gebrochen.

In dieser Schilderung sehen wir ein Beispiel für eine Mischung von Stilen. Helene Fewings zeigt in der Art, wie sie unfairen Praktiken der Konkurrenz oder Sabotage die Schuld an ihren Problemen gibt, Elemente des paranoiden Stils; ihre zunehmende Isolierung ist gleichzeitig Ausdruck eines distanzierten Persönlichkeitsstils. Hybriden oder die Mischungen von Stilen sind, wie früher dargestellt, tatsächlich eher die Regel als die Ausnahme. Die „normale" Persönlichkeit wird in ihrem Verhalten Elemente aus vielen Stilen besitzen. Wenn man die eigene Persönlichkeit oder die einer Führungskraft analysieren will, dann muß man sich darüber im klaren sein, daß die „reinen" Typen, die ich beschrieben habe, ziemlich selten sind. Die Situation wird sogar noch dadurch komplizierter, daß differentielle Diagnosen allzuoft sehr schwierig zu machen sind.

Einen Überblick über die verschiedenen Persönlichkeitsstile (einschließlich des narzißtischen, den ich in Kapitel 5 beschreiben möchte) und die Wahrscheinlichkeit ihres Vorkommens in Führungssituationen und unter Mitarbeitern gibt Tabelle 1.

Tabelle 1: Überblick über das Persönlichkeitsspektrum

Disposition	Wahrscheinlichkeit für Führung	Wahrscheinlichkeit für Mitarbeiterschaft
Narzißtisch	sehr hoch	niedrig
Aggressiv	hoch	niedrig
Paranoid	hoch	durchschnittlich
Schauspielernd	durchschnittlich	hoch
Distanziert	durchschnittlich	durchschnittlich
Kontrollierend	hoch	hoch
Passiv/Aggressiv	niedrig	hoch
Abhängig	sehr niedrig	hoch
Masochistisch	sehr niedrig	hoch

In der Diskussion habe ich auch darauf hingewiesen, daß bestimmte Kombinationen auf Führungspositionen zustreben, während bestimmte andere für die Rolle als Mitarbeiter prädestinieren. Bestimmte Stilmischungen können manchmal eine erfolgreiche Kombination sein, während andere Formen sehr dysfunktional sein können, eher anfällig für die V-Dimension. Wie das Exposé über Narzißmus im nächsten Kapitel zeigen will, ist es oft das sine qua non von Führung, Elemente dieses besonderen Stils zu besitzen. So schafft zum Beispiel eine Kombination von Narzißmus mit Kontrolle eine Art von Komplementarität, die sehr erfolgreich sein kann. Wie man aus dem vorangegangenen Beispiel lernen kann, ist im Gegensatz dazu die Kombination von Paranoia und Distanz für erfolgreiche Führung ganz ungeeignet.

Und so können wir zu vielen anderen Kombinationen für Führungs- oder Mitarbeitertypen kommen, zu erfolgreichen oder erfolglosen. Die Bündelung von Abhängigkeit und Masochismus steuert zum Beispiel auf einen problematischen Mitarbeitertyp zu. Der schauspielernde Stil, der als einziger häufiger unter Mitarbeitern anzutreffen ist, kann in Verbindung mit Narzißmus sehr positiv für erfolgreiche Führung sein. Obwohl – wie der

Tabelle entnommen werden kann – Elemente bestimmter Stile wahrscheinlicher zu erfolgreicher Führung beitragen als andere, ist es auch hier wie meistens eine Frage des Ausmaßes. Während ein ausgewogenes Maß an Stilmischung nicht schlecht ist, führt Übertreibung in der Regel zu Erfolglosigkeit. Und dieses Problem der Übertreibung führt uns zum Thema Narzißmus.

Kapitel 5

Persönlicher Ruhm und Macht: Führung in einer narzißtischen Epoche

Es ist schon eine verrückte Sache mit Psychopathen. In normalen Zeiten überweisen wir sie an Experten, in Zeiten politischer Unruhe regieren sie uns.

Ernst Kretschmer

Die Situation im Iran und in Lybien zeigt beispielhaft die Zeitlosigkeit dieser Aussage eines deutschen Psychiaters, die während der Zeit gemacht wurde, als Hitler an die Macht kam. Die Fälle von Ayatollah Khomeini und Moammar Gadhafi illustrieren drastisch die Veränderungsmacht von Führung, weil sie die Kräfte von Traditionalismus und Modernität nebeneinander stellen. Die Entwicklungen in diesen Ländern sind auch gute Beispiele für die Fortdauer regressiver Kräfte bei den Menschen, wie ich sie vorhin beschrieben habe, sowie die leichte Erweckung von Leidenschaften durch charismatische und messianische Führer. Mit großer Klarheit demonstrieren sie unsere ständige Suche nach Führern und Idolen, die uns ein stellvertretendes Gefühl von Ruhm, Prestige und Macht vermitteln, uns aber auch in den Untergang führen können.

Der Kulturhistoriker Christopher Lasch hat diese Aspekte zeitgenössischer Führung, die als „Ich-Jahrzehnt" beschrieben worden waren, in seinem Buch *The Culture of Narcissism* untersucht. Er macht die Vermutung stark, daß aufgrund des Anstiegs des Narzißmus ein neuer Führungstyp entsteht. Er behauptet, „der Narzißmus scheint realistischerweise die beste Art zu sein, mit den Spannungen und Ängsten des modernen Lebens umzugehen. Deswegen tendieren die vorherrschenden sozialen Bedingungen dazu, narzißtische Charakterzüge hervorzubringen, die in unterschiedlichem Ausmaß bei jedem vorhanden sind.

83

Lasch stand mit seiner Meinung nicht allein. Hinweise auf den Anstieg von Narzißmus kommen aus verschiedenen Richtungen. Therapeuten haben ebenso ihre zunehmende Sorge über den Rückzug der Menschen aus den öffentlichen Anliegen sowie ihre Hinwendung zu einer hauptsächlichen Beschäftigung mit ihrer eigenen Gesundheit und Psyche und über die Zunahme narzißtischer Persönlichkeitsstörungen geäußert. Und nach meiner Erklärung sehen viele Menschen den Narzißmus als den allerwichtigsten Persönlichkeitsstil für Leute in Führungspositionen.

Die Ausnahmen

Mit bemerkenswerter Voraussicht schrieb Freud anfangs des Jahrhunderts über die verschiedenen Charaktertypen, die er in seiner klinischen Praxis getroffen hatte. Eine Gruppe davon nannte er „die Ausnahmen". Damit bezog er sich auf die Menschen, die aus einem speziellen Anspruchsgefühl heraus nicht bereit waren, sich unangenehmen Notwendigkeiten zu unterwerfen. Sie sind davon überzeugt, daß sie schon genug erlitten haben; sie sollten also gefälligst vor zukünftigen Opfern verschont bleiben. Solche Menschen denken zudem, daß sie das Recht dazu haben, mit ihren phantasierten Peinigern abzurechnen. Um diesen Persönlichkeitstyp zu illustrieren, zitiert Freud den Eingangsmonolog aus Shakespeares Richard dem Dritten. Richard, der behindert geboren wurde, beansprucht besondere Privilegien und meint das Recht zu haben, eine Ausnahme zu sein. Er bedenkt nicht, wie sehr die anderen sich zusammenreißen müssen, um sich zurückzuhalten. Er darf schlecht sein, weil ihm Schlechtes widerfahren ist. Richard scheint mit seinen Gefühlen von Wertlosigkeit und geringer Selbstachtung nur fertig zu werden, indem er seiner Wut, seiner inneren Ohnmacht freien Lauf läßt, Rache nimmt und sich dadurch in einen Schurken verwandelt.

Die Suche nach persönlichem Ruhm und persönlicher Macht, in Verbindung mit rachsüchtigem Handeln, ist ein zeitloses Phänomen, und ist oft als die „Krankheit" von Königen, Diktatoren und Propheten beobachtet worden. Bei der Untersuchung von Führungspersonen erkennen wir bald, daß ein kritischer Punkt ihrer Orientierung die Qualität und Intensität ihrer narzißtischen Entwicklung ist. Freud stellte in seiner Untersuchung über die Beziehung von Führern und Untergebenen fest, daß „der Führer selbst niemanden anderen zu lieben braucht und von gebieterischer Natur, absolut narzißtisch, selbstvertrauend und unabhängig sein kann." In seinen späteren Schriften führte er die Kategorie einer narzißtisch libidinösen Persönlichkeit ein; ein Individuum, dessen Hauptinteresse die Selbsterhaltung ist, das unabhängig und unmöglich einzuschüchtern ist. Es kann zu deutlicher Aggressivität kommen, die sich manchmal in einer dauernden Aktivitätsbereitschaft manifestiert. Menschen, die zu diesem Typ gehören, beeindrucken andere als starke, aggressive, unabhängige und handlungsorientierte Persönlichkeiten. Nach Freud sind sie angesichts dieser Merkmale ideal zur Führung geeignet.

Diese ständige Sorge um das eigene Ich ist jedoch nicht das ausschließliche Anliegen ausgesprochen charismatischer und messianischer Führer. Wir können sagen, daß narzißtisches Verhalten tatsächlich demokratisiert worden ist und nun einen wesentlichen Bestandteil des Alltagslebens bildet. Einige Beobachter dieses Phänomens gehen sogar soweit zu sagen, daß die narzißtische Persönlichkeit in der modernen Gesellschaft das Rückgrat des Daseins einer Organisation und von Führung geworden ist.

Lasch behauptet zum Beispiel, daß der Narzißt „in bedeutende Positionen nicht nur in den Bewußtseins-Bewegungen und anderer Kulte, sondern in Wirtschaftsunternehmen, politischen Organisationen und Regierungsverwaltungen aufgestiegen ist". Für all sein inneres Leiden hat der Narzißt viele Charaktermerkmale, die für einen Erfolg in bürokratischen Institutionen sorgen, die die geschickte Handhabung zwischenmenschlicher Beziehungen prämieren und die Ausbildung einer tiefen persönlichen Bindung verhindern. Gleichzeitig versorgen sie den Narzißten mit der Anerkennung, die er für seine Selbstachtung braucht. Das Management des persönlichen Eindrucks fällt ihm leicht, und seine Beherrschung kniffliger Situationen nützt ihm sehr in politischen Wirtschaftsorganisationen, wo heute Leistung weniger zählt als „Gesehen-werden", „Schwung" und ein Rekordgewinn. So wie der „Organisationsmensch" dem bürokratischen „Taktiker" weicht – und die „Loyalitätsära" der amerikanischen Wirtschaft dem Zeitalter des „Führungserfolgspiel" weicht – verselbständigt sich der Nazißmuß.

Um ein Beispiel aus der Geschäftswelt zu geben: Es hatte immer so ausgesehen, als würde Jim Munro immer Erfolg haben, egal, was er auch anpackte. Und bis vor kurzem hatte er sicherlich auch alles ganz tadellos gemacht. Aber jetzt hatten die Dinge begonnen, ihm Kopfzerbrechen zu bereiten. In letzter Zeit hatte er mehr und mehr Zeit mit dem Nachdenken über seine Probleme verbracht. Früher war er immer abgeneigt, daran viele Gedanken zu verschwenden. Zugegeben, auch früher war er schon einmal aus der Fassung geraten. Ärger und Unmut waren ihm nicht fremd, wenn etwas nicht so lief, wie er es wollte, und bestimmt hatte er auch seine schlechten Launen gehabt. Aber jetzt schien es irgendwie anders zu sein. Gefühle von Ratlosigkeit, Sinnlosigkeit und Unzufriedenheit begannen ihn zu quälen. Er konnte sie nicht mehr länger auf ein normales Maß beschränken, geschweige denn abtun.

Da war natürlich das Problem seiner Arbeit. Im Moment schien nicht viel zu passieren; die Dinge schienen tatsächlich zu stagnieren. Er hatte längst kein Heiterkeitsgefühl mehr, das Gefühl, das alles möglich war. Stattdessen fühlte er sich am Boden, leer, und manchmal hatte er sogar den Eindruck, nicht mehr ganz richtig im Kopf zu sein. Er fühlte sich total am Ende.

Was wirklich diesen ganzen Prozeß der Selbstbeobachtung ausgelöst hatte, war, daß seine Frau ihn plötzlich und unerwartet verlassen hatte. Er verstand immer noch nicht, warum sie das getan hatte. Sie hatte ihm gesagt, sie habe den Eindruck, daß sie keine sinnvolle Beziehung hätten. Tatsächlich hatte er sich ihr nie sehr nahe gefühlt, aber es war ganz nett, sie um sich zu haben. Er hatte ihr immer gegeben, was sie wollte. Soweit er es sagen konnte, gab es wirklich keinen Grund für sie, ihn zu verlassen. Er fühlte sich jetzt voller Groll und betrogen. Warum hatte er nie ein Warnsignal bekommen, daß etwas nicht stimmte? Warum hatte sie es ihm nicht gesagt? Sie schien immer voll Bewunderung für ihn, und dann plötzlich diese Bombe. Aber das war noch nicht alles; auch andere Dinge hatten ihn aus der Fassung gebracht. In der letzten Zeit war er wegen seiner körperlichen Verfassung in Sorge geraten. Er fühlte sich müde und hatte gelegentlich Schmerzen im Rücken. Manchmal fragte er sich, ob er nicht an einer mysteriösen, unheilbaren Krankheit litt. Je mehr er darüber nachdachte, desto mehr erkannte er, daß er sich immer als etwas ganz Besonderes gefühlt hatte. Und wirklich, die meiste Zeit seines Lebens hatte er es geschafft, im Rampenlicht, im Mittelpunkt von Lob und Bewunderung zu stehen. Solange er sich erinnern konnte, war das so. Sein gutes Aussehen hatte bestimmt mit dabei geholfen. Aber es war mehr als das, er hatte auch Talente. Er konnte sich noch lebhaft daran erinnern, wie seine Eltern ihn, als er noch ein Kind war, gebeten hatten, auf ihren Parties bekannte Melodien auf dem Klavier zu spielen. Wie sie geklatscht und gejubelt hatten! Aber trotz all dieser Aufmerksamkeit war er irgendwie nie ganz zufrieden gewesen.

Die meisten Menschen, die Jim trafen, waren der Meinung, daß er große Aussichten hatte. Er hatte manchmal seine Zweifel, aber das war ein flüchtiges Gefühl, das er schnell beiseite schieben konnte. Mit großer Zufriedenheit erinnerte er sich daran, wie er im Jahrbuch der Abschlußklasse seines Gymnasiums als die erfolgversprechendste Person erwähnt worden war. Und warum nicht – er war sehr beliebt gewesen!

Nach Abschluß eines Diploms auf einer berühmten Wirtschaftsschule im Osten fand er es schwierig, unter den vielen Stellenangeboten, die sich ihm eröffneten, zu wählen. Er war einer der erfolgreichsten Stellenkandidaten gewesen. Er erinnerte sich daran, wie leicht es für ihn gewesen war, seine potentiellen Arbeitgeber zu entzücken. Aufgrund seines Interesses an den Medien war die Werbebranche die logische Entscheidung gewesen. Er hatte immer schon den Glamour geliebt. Alle, die ihn kannten, waren der Meinung, daß er eine brillante Karriere angefangen hatte. Er rief sich ins Gedächtnis zurück, wie ansteckend sein Enthusiasmus und seine Selbstsicherheit in der Firma gewesen waren. Sie hatten sicher geholfen und erklärten die Abfolge schneller Beförderungen. Aber was war schiefgegangen?

Diejenigen, die näher mit Jim Munro verbunden waren, bekamen mit der Zeit ihm gegenüber gemischte Gefühle. Anfangs waren sie ehrlich von seiner Persönlichkeit beeindruckt, aber nach und nach weckten größere Enthüllungen seines Verhaltens Zweifel in ihnen. Fragen über ihn kamen aus vielen Richtungen.

Seine Mitarbeiter mußten einige Schattenseiten an seiner Persönlichkeit erkennen. Beziehungen zu Jim schienen immer einseitig zu sein. Er neigte dazu, die Bewunderung seiner Arbeit durch andere Menschen für selbstverständlich zu halten. Er selbst schien jedoch nie Zeit dafür zu haben, deren Bedürfnissen Beachtung zu schenken. Sie erinnerten daran, daß diejenigen Manager, die keine Begeisterung für seine Ideen zeigen wollten, schnell aus seiner Gunst fielen. Seine hohe Selbstwertmeinung war manchmal schwer zu ertragen. Darüber hinaus konnte es gefährlich sein, Mißgunst zu erwecken. Sie erinnerten sich an Gelegenheiten, wo er sich besonders darum bemühte, Rivalen in schlechtes Licht zu stellen; und er konnte sehr arrogant und rachsüchtig sein. Es wurde ihnen klar, wie wenig es für jemanden brauchte, um in Ungnade zu fallen.

Seine Vorgesetzten machten sich nachträglich Gedanken über ihn, obwohl sie anfangs von seinem Charme und seinen scheinbaren Talenten beeindruckt waren. Sie hatten bemerkt, wie gefühllos er in der Bewertung seiner Untergebenen sein konnte. Der Kontakt mit ihm schien immer sehr reibungslos – aber irgendwie zu reibungslos. Wenn sie sich tatsächlich einige Gedanken darüber gemacht hätten, dann hätten sie zugeben müßen, daß eine Beziehung zu ihm sie später mit einem Gefühl der Leere zurückließ. Es schien keine Tiefgründigkeit in den Austauschbeziehungen zu geben. Und der Mangel an Tiefgründigkeit spiegelte sich auch in seiner Arbeit wider. Es hatte eine lange Zeit gebraucht, um festzustellen, wo der Hase tatsächlich im Pfeffer lag. Aber jetzt erkannten sie, wie oberflächlich die meisten seiner Aktivitäten gewesen waren. Die Ziele wurden nie vollständig erreicht; irgendwie fehlte immer irgendetwas. Das ursprüngliche große Versprechen wurde nie erfüllt.

Die Person, die ich beschrieben habe, ist natürlich der Narzißt, ein Individuum, das, wie ich gesagt habe, in modernen Organisationen häufig anzutreffen ist. Der narzißtische Chef wird normalerweise als eine Person angekündigt, die im Besitz großer Fähigkeiten ist; aber mit der Zeit wird klar, daß es an etwas mangelt. Die Dinge scheinen nicht zu klappen. Obwohl viele dieser Individuen äußerst erfolgreiche Chefs sein können, erfüllen sie ihr ursprüngliches Versprechen nie wirklich. Am Ende stellen sich Probleme ein. Nicht nur schafft ihr dauerndes Bedürfnis nach Bewunderung und die ausbeuterische Art gegenüber ihren Beziehungen Verwirrung, sondern auch ihre Leistung im Beruf scheint nie ganz vollkommen. Ihr Verhalten ist irgendwie taktierend. Ohne Zögern manipulieren sie in ihrem Erfolgsstreben bereitwillig andere und tun sich in Machtspielen hervor. Leider sind sich diese Menschen oft nicht wirklich bewußt, warum sie sich so verhalten, wie sie es tun. Nur der Beginn des Alterns, Karriererückschläge, Eheprobleme und die zunehmende Erfahrung von Leere in ihren Beziehungen veranlaßt sie normalerweise zu der Frage, was ihnen passiert ist.

Was ist Narzißmus?

Narzißmus hat, wie Janus, zwei Köpfe. Etwas Selbstliebe ist zum Überleben nötig: ohne Sorge um das Selbst stirbt der Organismus. Zu starke Beschäftigung mit dem Selbst kann andererseits selbstzerstörerisch werden. Um zu verstehen, wie diese Balance erreicht wird und was passiert, wenn sie umkippt, müssen wir auf die Erfahrungen in früher Kindheit zurückblicken.

Ein Kind erreicht seine Identitätsgefühle nur nach und nach und durch Interaktionen mit der Umgebung. Das Kind muß zur normalen Charakterentwicklung dazu in der Lage sein, Einschränkungen zu ertragen, und ein notwendiger Teil dieses Prozesses ist, ein bestimmtes Maß an Frustrationen zu erfahren. Die Intensität der Frustration variiert jedoch. Beobachter der kindlichen Entwicklung haben behauptet, daß eine altersangemessene Frustration ohne Traumatisierung zu einer normalen Entwicklung führt. Das sich entwickelnde Kind möchte die ursprünglichen Erfahrungen von Vollkommenheit und Glück seiner ersten Lebensjahre bewahren durch die Schaffung eines sowohl allmächtigen, grandiosen, exhibitionistischen Selbstbildes als auch eines allmächtigen idealisierten Bildes von den Eltern, wobei die letzteren die Rolle als Erlöser und Beschützer einnehmen. Dies ist seine Art, mit den Unzulänglichkeiten der elterlichen Fürsorge fertig zu werden und Frustrationen abzuwenden. Diese beiden narzißtischen Konfigurationen können das grandiose Selbst und das idealisierte Elternbild genannt werden, und können, wie wir in Kapitel 3 gesehen haben, als Übertragungsreaktionen wiederbelebt werden.

Unter normalen Umständen werden die Grandiosität und der Exhibitionismus dieses grandiosen Selbst durch den Druck der Realität graduell gebändigt. Ursprünglich werden diese Aktivitäten wie durch einen Spiegel gesehen, ein Prozeß, bei dem die Eltern widergespiegelt werden und an der Grandiosität des Kindes teilhaben und seine spätere Selbstachtung bestätigen. Am Ende verändern die Eltern diese exhibitionistische Darstellung und leiten die grandiosen Phantasien über Macht und Ruhm in realistische Bahnen. Damit ist die Grundlage für gesunden Ehrgeiz, zielgerichtete Aktivitäten und ein sicheres Selbstachtungsgefühl gelegt.

Dasselbe kann über das idealisierte Bild der Eltern gesagt werden. Während anfangs im Entwicklungsprozeß eine vollständige Vereinigung mit der bewunderten und omnipotenten Figur nötig ist, um einem Gefühl von Erschöpfung und Hilflosigkeit vorzubeugen, wird in normalen Situationen die Beurteilung der anderen Person durch das Kind zunehmend realistischer. Das Kind fängt an, diese realistischeren Elemente des anderen als Teil seiner bleibenden Persönlichkeitsstruktur zu verinnerlichen und benutzt schließlich diese Elemente als Leitfaden seiner Ideale und Ambitionen.

Mit der Zeit entwickeln die meisten Menschen relativ stabile Formen, ihre Erfahrungen und die anderer darzustellen. Diese psychischen Vorstellungen in der persönlichen inneren Welt sind als geistige Objekte bekannt. Sie bestehen aus angenehmen und schmerzhaften Erfahrungen, Phantasien, Idealen, Gedanken und Bildern, die dabei helfen, eine kognitive und affektive Weltkarte herzustellen. Das sich entwickelnde Kind muß beim Erstellen dieser Karte die Beziehung zwischen realen, äußeren Menschen und den geistigen Bildern, die es von diesen Menschen bewahrt hat, auflösen. Unsere Interaktionen mit wirklichen Menschen hängen daher nicht nur davon ab, wie wir sie sehen, sondern auch von unserer Ansicht über ihr Inneres. Diese psychischen Vorstellungen beeinflussen zutiefst unseren kognitiven und affektiven Zustand, ebenso wie unser Verhalten und unsere Handlungen. Geeignete geistige Objekte haben eine fruchtbare und stärkende Funktion und dienen als eine Nahrungsquelle, um mit den Mißgeschicken des Lebens umzugehen. Sie bilden den Unterbau für ein normales Funktionieren. Aber ohne geeignete geistige Objekte können sich verschiedene Dysfunktionalitäten ereignen. Hierin liegt die Entstehung pathologischen Verhaltens. Natürlich sind die Eltern die frühesten Objekte, deren Erziehung verschiedene Formen geistiger Welten verursachen. Wenn die Eltern nicht immer konsistent im Umgang mit ihren Kindern sind, dann kann diese Welt stark konfus und turbulent sein.

In einigen Situationen können dann anhaltende Enttäuschungen infolge elterlicher Unterreizung, Überstimulierung oder uneinheitlicher, unzusammenhängender Interventionen während dieser verletzlichen frühen Entwicklungsperiode zu Problemen führen. Wenn wir diese Fälle betrachten, dann stellen wir fest, daß auf einer oberflächlichen Ebene viele dieser Eltern ihre Kinder gut zu behandeln scheinen. Genauere Beobachtung kann jedoch ein vollkommen anderes Bild ergeben, und wir können feststellen, wie gefühllos und unbeteiligt ihre Behandlung wirklich ist. Solche Eltern benutzen häufig bei ihrer eigenen Suche nach Bewunderung und Größe ihre Kinder als eine Verlängerung ihrer selbst. Diese Form der Ausbeutung wird durch die Tatsache erleichtert, daß diese Kinder oft wirkliche Fähigkeiten besitzen, die Bewunderung hervorrufen, so wie hübsches Aussehen oder spezielle Talente, Eigenschaften, die vielleicht in die Absichten der Eltern passen. Leider schafft eine solche Bewunderung jedoch nur die Illusion, geliebt zu werden, ohne den Bedürfnissen des Kindes wirklich Beachtung zu schenken. Wenn Eltern ihre Kinder als eine Möglichkeit der Kompensation ihrer eigenen Enttäuschungen benutzen, kann bei den Kindern die Suche nach Bewunderung ein lebenslanges Bemühen werden, ihre Gefühle auszugleichen, nur ausgenutzt und nicht um ihrer selbst willen geliebt zu werden. Infolgedessen kann Selbstliebe tatsächlich als Schutz vor Selbsthaß angesehen werden. In diesen Fällen sind sowohl das grandiose Ich als auch das idealisierte Elternbild nicht wirklich verändert und tatsächlich integriert, sondern bestehen in unveränderter Form weiter und jagen ihren archaischen Zielen nach. Es fehlt ein geschlossenes Selbstgefühl, und das führt zu einem Ungleichgewicht in der psychischen Struktur, zu unzusammenhängendem Verhalten und zu Problemen in der Regulierung der Selbstachtung.

So blickt ein Narzißt wie Jim Munro in die Welt wie in einen Spiegel, der reflektiert, was er sehen möchte. Er ist ständig auf der Suche nach einem bewundernden Publikum, das sein Bedürfnis nach Grandiosität unterstützt, und bekämpft seine Gefühle der Hilflosigkeit. Es ist eine Welt sofortiger Befriedigung, wo man niemals Wünschen begegnet und Wut eine primitive Qualität behält.

Obwohl der narzißtische Persönlichkeitstyp schon lange erkannt ist, wurde er erst relativ spät einer kritischen Prüfung unterzogen. Die letzte Version des DSM III zum Beispiel nennt die folgenden Kriterien, um narzißtische Persönlichkeitsstörungen zu beschreiben: ein beherrschendes Muster von Grandiosität (in der Phantasie oder im Verhalten), fehlendes Einfühlungsvermögen, Überempfindlichkeit gegenüber der Beurteilung anderer, beginnend im frühen Erwachsenenalter und in verschiedenen Kontexten gegenwärtig und durch mindestens fünf der folgenden Punkte gekennzeichnet:

1) reagiert auf Kritik mit Wut- oder Schamgefühlen oder mit Demütigung (sogar wenn sie nicht ausgedrückt werden);
2) ist ausbeuterisch im zwischenmenschlichen Bereich: zieht Vorteile aus anderen, um die eigenen Zwecke zu erreichen;
3) hat ein grandioses Gefühl der eigenen Bedeutung, überbewertet z. B. Leistungen und Talente, erwartet ohne entsprechende Leistung als jemand „besonderes" angesehen zu werden;
4) glaubt, daß seine Probleme einzigartig sind und nur von besonderen anderen Menschen verstanden werden können;
5) ist mit Phantasien über unbegrenzten Erfolg, Macht, Brillanz, Schönheit oder idealer Liebe beschäftigt;
6) hat das Gefühl, einen besonderen Anspruch zu haben: die unbegründete Erwartung ganz besonders bevorzugter Behandlung, nimmt z. B. an, nicht wie die anderen in einer Schlange warten zu müssen;
7) verlangt dauernd Aufmerksamkeit und Bewunderung, will z. B. Komplimente hören;
8) fehlendes Einfühlungsvermögen: die Unfähigkeit, zu erkennen und zu erleben, wie andere empfinden, ist z. B. verstimmt und überrascht, wenn ein Freund, der ernsthaft krank ist, eine Verabredung absagt;
9) ist von Neidgefühlen erfüllt.

In diesen Beschreibungen finden wir Anklänge geistiger Krankheit und ernsthafter Funktionsbeeinträchtigungen. Viele dieser Merkmale sind jedoch ebenso, wenn auch in geringerem Ausmaß, auf narzißtische Individuen anwendbar, die eher eine „normale" Funktionsmethode annehmen.

Wir können daran sehen, wie Narzißten meinen, zur Befriedigung der Bedürfnisse des Lebens sich eher auf sich selbst verlassen zu müssen als auf andere. Sie leben mit der Annahme, daß sie nicht zuverlässig von der Liebe oder Loyalität von irgend jemand abhängig sein können. Sie ziehen die Unabhängigkeit vor, aber sie erleben wegen der Zweifel an ihrem Dasein ein Gefühl von Verlust und Leere. Um mit diesen Gefühlen fertig zu werden und vielleicht zur Vertuschung ihrer Unsicherheit, werden narzißtische Menschen ausschließlich davon beansprucht, ihre Vorzüge wie Nützlichkeit, Macht, Schönheit, Status, Prestige und Überlegenheit zu etablieren. Gleichzeitig erwarten Narzißten von anderen, daß diese die hohe Wertschätzung, in der sie sich gerne sehen, akzeptieren und ihre Bedürfnisse befriedigen. Der Faktor, der folglich im Verhalten dieser Menschen kritisch wird, ist ihre Ausbeutung zwischenmenschlicher Beziehungen. Narzißtische Personen leben in der Illusion, daß sie das Anrecht darauf haben, bedient zu werden, und daß ihre eigenen Wünsche Vorrang vor denen anderer haben. Sie denken, daß sie im Leben eine besondere Beachtung verdienen.

Es muß jedoch betont werden, daß diese Merkmale in verschiedenen Intensitätsgraden vorkommen. Eine gewisse Dosis Narzißmus ist nötig, um erfolgreich zu funktionieren. Wir alle zeigen Anzeichen narzißtischen Verhaltens. Unter den Menschen, die nur mäßige narzißtische Neigungen besitzen, findet man diejenigen, die sehr talentiert und fähig sind und Großes für die Gesellschaft leisten. Diejenigen, die jedoch zu den Extremen neigen, geben dem Narzißmus seinen abschätzigen Ruf. Hier finden wir ein Übermaß an Unbeweglichkeit, Enge, Widerstand, Rachsucht und Unbehagen im Umgang mit der Außenwelt.

Vielfalt narzißtischer Erfahrung

Wegen ihrer Begierde nach Macht, Prestige und Glanz darf man erwarten, daß viele narzißtische Persönlichkeiten schließlich in Führungspositionen landen. Ihre Fähigkeit, andere zu manipulieren und ihr Vermögen, schnelle und flüchtige Beziehungen zu schaffen, hilft ihnen im Organisationsalltag besonders. Und sie können sehr erfolgreich sein, besonders auf Gebieten, die es ihnen erlauben, ihre eigenen Ambitionen nach Größe, Ruhm und Herrlichkeit zu erfüllen. In vielen Fällen neigen bedauerlicherweise Macht und Prestige dazu, für diese Menschen wichtiger zu werden als die Verpflichtung gegenüber Zielen und Leistung. Ihr Hauptanliegen bleibt normalerweise die Wahrung ihrer eigenen Größe und Besonderheit, mit einer verächtlichen Mißachtung der anderen.

Man kann sagen, daß Führungspersönlichkeiten verschiedene Positionen in einem Spektrum, rangierend von gesundem bis pathologischem Narzißmus, besetzen. Die Kategorien, die wir verwenden, sind keineswegs deutlich unterschieden. Die Faktoren, die die Gesundheit und Dysfunktionalität unterscheiden, sind die intrapsychischen und interpersonellen Dynamiken der Führungskraft.

Reaktiver Narzißmus

In seiner Beschreibung messianischer und charismatischer Führer behauptet der Psychoanalytiker Heinz Kohut, ein führender Vertreter der Analyse des Narzißmus, daß solche Führer an einer Pathologie der narzißtischen Entwicklung leiden. Die beiden wichtigen Sphären des Selbst – welche, wie wir gesehen haben, auf unsere Neigung, Bestätigung durch Spiegelung zu erhalten (das grandiose Selbst), und unsere Neigung, uns durch Identifikation mächtiger zu fühlen (das idealisierte Elternbild), gründen – sind in diesem Narzißmustyp nur schwach integriert. In ihren ersten Jahren kam es zu keiner phasengerechten Entwicklung. Die Frustrationserfahrungen wurden nur schlecht verarbeitet. Als Kinder erreichten sie stattdessen ein defektes, nicht gut integriertes Identitätsbewußtsein und waren später unfähig dazu, ein stabiles Selbstwertgefühl aufrechtzuerhalten. Um mit solchen Gefühlen fertig zu werden, entwickelten diese Individuen für sich selbst ein Selbstbild von Außergewöhnlichkeit. Das kann als eine kompensierende, reaktive Flucht vor einem allgegenwärtigen Gefühl, von den Eltern nicht geliebt worden zu sein, angesehen werden. Die innere Welt solcher Menschen ist wahrscheinlich mit feindseligen Vorstellungen bevölkert. Sie versuchen auf die eine oder andere Weise, mit dieser verwirrenden Vorstellung zurechtzukommen.

Eine Illusion von Einzigartigkeit zu schaffen, ist natürlich ein Weg, damit fertig zu werden, allerdings einer, der einer Seifenblase ähnelt. Diese innere Empfindlichkeit beeinflußt entscheidend den Umgang des Individuums mit der Außenwelt. Alle Diskrepanzen zwischen Können und Wollen werden wahrscheinlich die Angst hervorheben und den Realitätstest beeinträchtigen; die Person wird unfähig dazu, den Wunsch von einer Vorstellung oder, um es anders auszudrücken, „innen" von „außen" zu unterscheiden. Individuen mit dieser reaktiven Orientierung verdrehen häufig äußere Vorkommnisse, um ihre Angst zu managen, und ihrem Verlustgefühl und ihrer Enttäuschung vorzubeugen. Als extreme Beispiele aus der politischen Sphäre kann man Menschen wie Hitler, Stalin und Mussolini nennen.

Wenn solche Menschen in Führungspositionen sind, kann das schwere Folgen haben. Diese Führer fühlen sich zu kriecherischen Gefolgsleuten hingezogen. Sie wollen keine Information hören, die ihren Vorstellungen der Dinge entgegenläuft. Ein starker Zug Machiavellismus kann sich auch durch ihr Verhalten ziehen. In der Verfolgung ihrer eigenen Interessen können sie nur wenig Rücksicht darauf nehmen, daß sie anderen schaden. Ihr Verlangen danach, andere zu erniedrigen, um ihre eigene Überlegenheit zu unterstreichen, kann ernsthafte Konsequenzen haben. Einfühlungsvermögen scheint vollkommen zu fehlen. Projekte werden im großen Stil angegangen, sind aber oft mangels Urteilsfähigkeit und Realitätstest zum Scheitern verurteilt. Wenn etwas schiefgeht, beschuldigt der Narzißt natürlich andere.

Selbsttäuschender Narzißmus

Wir finden oft einen zweiten Typ narzißtischer Führer mit einem ganz anderen Muster frühkindlicher Entwicklung. Solche selbsttäuschenden Führer sind wahrscheinlich überreizt und überlastet worden. Wie Jim Munro in unserem früheren Beispiel, sind diese Menschen einst durch einen oder beide Elternteile zu dem Glauben veranlaßt worden, vollkommen liebenswert und perfekt zu sein, ungeachtet ihrer Handlungen und entgegen der Realität. Solche Kinder werden zu den Stellvertretern der Eltern. Sie sind mit der Aufgabe betraut, viele unerfüllte Hoffnungen der Eltern zu erfüllen. Sie sind verärgert wegen der Perfektionsideale, die die Eltern an sie gestellt haben. Tief innen fragen sie sich, ob sie den Idealen überhaupt gerecht werden können. Wir stellen fest, daß das, was auf Seiten der Eltern als Nachgiebigkeit erscheinen kann, in Wirklichkeit das Gegenteil ist. Sie benutzen ihre Kinder, um ihre eigenen Bedürfnisse zu pflegen, und überlasten sie mit ihren impliziten Sehnsüchten. Wenn Eltern ihren Kindern ihre unrealistischen Hoffnungen aufzwingen, erzeugen sie Selbsttäuschungen. Sie verwirren die Kinder über deren wahre Fähigkeiten.

Solche unrealistischen Vorstellungen können manchmal der ursprüngliche Anstoß dafür sein, was diese Individuen von anderen unterscheidet und sie erfolgreich macht. Vielleicht hatte Freud das im Sinn, als er meinte, daß „wenn ein Mann der unbestrittene Liebling der Mutter gewesen ist, er sein ganzes Leben hindurch das triumphierende Gefühl und das Vertrauen in Erfolg bewahrt, was dann nicht selten tatsächlichen Erfolg mit sich bringt." In denjenigen Fällen, wo eine solche Förderung gelingt, mag das Kind ausreichend talentiert sein, den übertriebenen Erwartungen der Eltern zu entsprechen. Eine Person, die unter normaleren Umständen ein gewöhnliches Leben geführt hätte, würde vielleicht die an sie als Kind gestellten Erwartungen als eine Grundlage für Exzellenz benutzen.

Im allgemeinen führt jedoch die selbstillusionierende Eigenschaft der durch die Eltern erzeugten unrealistischen Vorstellungen zu Problemen. Ein exaltiertes Selbstbild kann angesichts externer Umstände, wie Fehlschläge und Versagen, normalerweise nur schwer aufrechterhalten werden. Wenn auch die Vorstellungen im inneren Theater solcher Kinder positiv sind, geben ihnen beunruhigende zwischenmenschliche Beziehungen, wenn sie sich aus der beschützenden Umgebung der Familie herauswagen, ein Element von Instabilität und Schwäche. Das überbewertete Selbstbild, das von den idealisierenden Eltern erworben wurde, wird nach Kontakten zu aufrichtigeren und kritischen Gleichaltrigen realistischer. Die Traumata früherer Enttäuschungen können ein etwas zerbrechliches und verzerrtes Selbstkonzept hinterlassen. Sich selbsttäuschende Narzißten leiden wahrscheinlich an zwischenmenschlichen Beziehungen, was durch ihren Wunsch, den inzwischen verinnerlichten elterlichen Illusionen des Selbstwertes gerecht zu werden, verursacht wurde. Sie neigen dazu, emotionale Oberflächlichkeit und Affektarmut zu zeigen. Sie sind süchtig nach Idealen: sie suchen nach anderen, die ihnen Strukturen für ihr Leben verschaffen sollen, ein Resultat von Schwierigkeiten bei der Identitätsbildung.

Sich selbsttäuschende narzißtische Führungskräfte sind viel zugänglicher als ihre reaktiven Gegenstücke. Sie sind nicht annähernd so ausbeuterisch und viel toleranter gegenüber abweichenden Meinungen. Sie scheinen auch unsicherer zu sein. Sie sind vorsichtig gegenüber Bedrohungen aus der Umwelt und wollen es vermeiden, Fehler zu machen. In ihrer Haltung sind sie deswegen konservativer als die reaktive Gruppe und haben eine eher analytische Orientierung. Sie werten andere nicht so schnell ab, sind darauf erpicht zu gefallen und engagieren sich bereitwillig in Abmachungen und im Austausch mit ihren Anhängern. Ihr Führungsstil hat eher eine transaktionale Qualität. Im Gegensatz dazu ist der reaktive Typ mehr damit beschäftigt, wie er seine Anhänger verändern kann, so beschäftigt wie er mit der Verfolgung seiner grandiosen Bedürfnisse ist.

Konzeptionell können wir infolgedessen zwischen einem reaktiven und einem sich selbsttäuschenden Narzißmus unterscheiden. In der Praxis ist eine solche Unterscheidung jedoch viel schwerer zu treffen. Die Elternteile haben vielleicht jeder für sich unterschiedlich auf das heranwachsende Kind reagiert. Der eine Elternteil hatte vielleicht eine kühle, feindliche und zurückweisende Einstellung eingenommen, während der andere beschützend war. Demgemäß können verschiedene Stufen von positiven und negativen geistigen Objekten geschaffen worden sein, die für die Mischungen narzißtischer Stile verantwortlich sind. Statt frustriert zu sein, wenn ehrgeizige Erwartungen der Eltern nicht mit der äußeren Wirklichkeit übereinstimmen, können außerdem Kinder manchmal erfolgreich darum bemüht sein, ihre Fähigkeiten zu ihrer wahrgenommen Leistungsfähigkeit zu entwickeln. Darüber hinaus können, wie wir betont haben, spätere Erfahrungen puffernde und mildernde Wirkungen haben.

Konstruktiver Narzißmus

Konstruktive Narzißten verhalten sich nicht in einer reaktiven oder selbsttäuschenden Weise. Sie verspüren nicht dasselbe Verlangen, die Wirklichkeit zu verzerren, um mit den Frustrationen des Lebens umzugehen, noch sind sie so anfällig für Angst. Sie machen weniger oft Gebrauch von primitiver Abwehr, wie Splitting, Projektion und Idealisierung, und sind weniger von ihren Gefühlen, Wünschen und Vorstellungen entfremdet. Tatsächlich erzeugen sie oft den Eindruck von positiver Vitalität, die vom Vertrauen in ihren persönlichen Wert herrührt. Ihr inneres Theater besteht aus positiven Bildern, die sie angesichts der Mißgeschicke des Lebens aufrechterhalten. Sie sind dazu bereit, ihre Wünsche auszudrücken, und stehen hinter ihren Handlungen, ungeachtet der Reaktionen der anderen. Sie haben ein starkes Selbstvertrauen, das auf den Ermutigungen durch die Eltern basiert. Unabhängiges Denken war während des Heranwachsens unterstützt worden. Darüber hinaus wurden sie von den Eltern dabei unterstützt, die Dinge aus verschiedenen Perspektiven zu sehen, und die Suche nach Sündenböcken oder andere destruktive Handlungen zu vermeiden. Am wichtigsten ist, daß ihre Eltern sie nicht überfordert haben, sondern ihre Erwartungen im Gleichgewicht hielten und einen genauen Realitätstest zuließen. Solche Menschen handeln nicht boshaft, wenn sie enttäuscht sind, sondern sind bereit, andere aufzurichten, und beteiligen sich an der Wiedergutmachung. Das heißt, sie haben die Geduld, auf den Augenblick zu warten, zu dem ihr Talent gebraucht wird. Kühnheit im Handeln, Selbstbeobachtung und Rücksichtnahme kommen häufig vor. Führungspersönlichkeiten wie Nehru und John F. Kennedy sind gute Beispiele aus dem politischen Bereich. Beste Beispiele aus dem Unternehmensleben sind De Benedetti und Richard Branson.

Diesen Führungspersönlichkeiten ist Manipulation nicht fremd und jenseits einer gelegentlichen opportunistischen Tat. Aber sie sind im allgemeinen dazu in der Lage, mit ihren Mitarbeitern ziemlich gut auszukommen, und haben eine Beziehung des Gebens und Nehmens entwickelt. Konstruktive Narzißten besitzen ein hohes Maß an Vertrauen in ihre Fähigkeiten und sind äußerst aufgaben- und zielorientiert. Sie sind bereit, für ihre Entscheidungen letzte Verantwortung zu übernehmen und nicht anderen die Schuld zu geben, wenn etwas schiefgeht. Sie erscheinen manchmal so, als würde ihnen Herzlichkeit und Rücksichtnahme fehlen, wenn sie die Gegenseitigkeit von Beziehungen durch abstrakte Begriffe wie „das Wohl des Unternehmens", oder „zum Nutzen aller" ersetzen. Ihre innere Überzeugung vermittelt ihnen jedoch die Fähigkeit, andere zu inspirieren, und schafft eine gemeinsame Basis zur Überschreitung kleinlicher Eigeninteressen. Das verleiht ihrem Führungsstil sowohl eine transaktionale als auch eine transformierende Qualität.

Zusammenfassend: Reaktive Narzißten neigen zur Skrupellosigkeit, Grandiosität und zu Exhibitionismus. Sie zeigen eine Sucht nach Herrschaft und Kontrolle und sind extrem ausbeuterisch. Sich selbsttäuschende Narzißten sind etwas gemäßigter: sie wollen geliebt werden und sind viel weniger tyrannisch. Dennoch fehlt es ihnen an Einfühlungsvermögen. Sie sind hauptsächlich von ihren eigenen Bedürfnissen besessen, und es ist ihnen gegeben, einen besonnenen Machiavellismus zu praktizieren. Ihr Verhalten hat eine „als ob"-Qualität, weil es ihnen an einem starken Gefühl innerer Überzeugung und Identität fehlt. Der konstruktive Narzißt als Führungskraft schließlich ist recht ehrgeizig und kann manipulierend sowie überempfindlich gegenüber Kritik sein. Aber er hat genug Selbstvertrauen, Flexibilität und Humor, um wirkliche Leistungen zu betonen. Er kommt wegen seiner Einsicht in die Bedeutung von Beziehungen gut mit anderen zurecht.

Stärken und Schwächen

Eine bestimmte Portion Narzißmuß ist, wie ich gesagt habe, wesentlich für Führungserfolg, und in manchen Fällen kann Narzißmus eine Stärke einer Führungsperson sein. Wir sahen, daß Führung ein gewisses Maß an Abgebrühtheit verlangt, eine Eigenschaft, die nötig ist, um ausreichend unabhängig von anderen zu sein und um in der Lage zu sein, manchmal sehr schwierige Entscheidungen zu treffen. Diese Einstellung der Unabhängigkeit kann eine gesunde vorbeugende Funktion haben, weil sie als

Puffer für regressive interpersonelle Zwänge und Gruppendruck dient. Wie in den meisten Fällen ist alles eine Frage des Ausmaßes. Eine moderate Dosis Grandiosität und Idealisierung, umgesetzt in Selbstvertrauen in die eigenen Fähigkeiten und in dem Vermögen ausgedrückt, sich mit höheren Führungskräften und der Organisation zu identifizieren (wie es durch die konstruktive narzißtische Führungsperson belegt wird), trägt zu erfolgreichem Funktionieren in der Organisation bei. In solchen Fällen kann die durch eine narzißtische Führungskraft erzeugte Aufregung einen positiven Einschlag haben. Die Ausstrahlung von Selbstvertrauen und Entschlossenheit kann ansteckend wirken.

Solches Führungsverhalten wird für Organisationen in der Krise offensichtlich besonders effektiv, weil Begeisterung und Entschlossenheit gebraucht werden, um für Motivation und Schwung zu sorgen. In einer schwankenden Organisation kann es das lange benötigte Verlangen nach Zielorientierung und Gruppenzusammenhalt schaffen. Es kann eine größere Wachsamkeit gegenüber inneren und äußeren Warnzeichen erzeugen. Das sind die Zeiten, in denen man das Wort charismatisch hört. Eine übermäßige Dosis dieses Verhaltens kann jedoch zu psychologischer Verschlechterung und zu Destruktivität führen. An welchem Punkt konstruktive Kräfte in destruktive umschlagen, hängt von der Situation ab. Es ist nicht immer eine einfache Sache, den Umschlagpunkt zu bestimmen.

Das von narzißtischen Führungskräften erzeugte Aufregungsgefühl tendiert leider dazu, nur zeitweise zu wirken; es verliert sich leicht. Vielleicht zeigt sich die andere Seite des narzißtischen Führungsverhaltens. Der Mangel an Überzeugung, der so viele dieser Führungspersonen charakterisiert, und ihre Neigung, auf Kosten langfristiger Ziele auf taktischen Eigennutz zurückzugreifen, kann augenscheinlich werden. Darüber hinaus kann die Unfähigkeit solcher Führungspersonen, einen wirklichen Austausch von Ideen zu akzeptieren, sowie die Selbstgerechtigkeit, die viele von ihnen zeigen, das Funktionieren der Organisation beeinträchtigen und die organisatorische Anpassung an inneren und äußeren Wandel verhindern. Ihr Mangel an echtem Problemlösen, ihre Intoleranz gegenüber konstruktiver Kritik und ihre Kompromißunfähigkeit kann unvermeidlich ernste negative Wirkungen haben. Wenn es soweit kommt, dann ist die V-Dimension wirksam geworden.

Eine der wichtigsten Rollen einer Führungskraft ist, den emotionalen Bedürfnissen ihrer Mitarbeiter gerecht zu werden. Führungspersonen, die durch einen übermäßigen Narzißmus angetrieben sind, scheinen dazu nicht in der Lage zu sein. Sie mißachten die legitimen Abhängigkeitsbedürfnisse ihrer Mitarbeiter und nutzen stattdessen die Loyalität der Menschen aus, die von ihnen abhängig sind. Sie verhalten sich herzlos, sind übermäßig konkurrenzorientiert und würdigen andere herab. Dieses Verhalten fördert Unterwürfigkeit und passive Abhängigkeit und unterdrückt auf diese Weise die kritischen Funktionen ihrer Manager. Ihr Mangel an Verpflichtung gegenüber anderen, denen sie den Laufpaß geben, wenn sie sie für ihre Zwecke nicht mehr brauchen, und ihre Suche nach neuen Bündnissen fördern keine kreative Organisationskultur.

Mögliche Interventionen

Konstruktive Narzißten verursachen, wie gezeigt, wenig organisatorische Probleme. Aber was können andere Führungskräfte mit den beiden eher dysfunktionalen Führungstypen machen? In Situationen, wo die Organisation zentralisiert und die narzißtische Führungsperson dominant ist, kann seine Entlassung wegen schwacher Leistung durch den Vorstand der einzige Katalysator für Wandel sein. Sogar diese verändernden Einflüsse sind ausgeschlossen, wenn eine Führungskraft ein bedeutender Aktionär ist und keine andere Partei Hauptaktionär.

Es ist schwer, eine narzißtische Persönlichkeit zu verändern. Wenn eine solche Person dysfunktional wird, gibt es oft kein anderes Heilmittel, als sie auf sichere Entfernung zu versetzen oder ihren Einfluß zu beschränken. Eine Reihe von strukturellen Vorkehrungen können benutzt werden, um letzteres zu erreichen. Die Macht kann zum Beispiel in der Organisation breiter verteilt werden, so daß viele Leute in strategische Entscheidungen einbezogen und untere Manager dazu gebracht werden, Verantwortung für Routineaufgaben zu übernehmen. Funktionsübergreifende Ausschüsse, Projektgruppen, Parallelstrukturen und Exekutivausschüsse können Foren bereitstellen, in denen andere Manager ihre Standpunkte erklären können. Sie schaffen für die narzißtische Führungsperson Gelegenheiten, daraus zu lernen, und schwächen durch andere ihren Einfluß ab. Monolithische und unrealistische Perspektiven werden dadurch verhindert. Der Versuch, übermäßigen Narzißmus bereits bei der Einstellung und bei Beförderungen zu erkennen, sind darüber hinaus Formen der präventiven Aufrechterhaltung.

Wenn all diese möglichen Interventionen versagen und das narzißtische Verhalten einer Führungskraft extrem wird, dann braucht man externe professionelle Hilfe, sofern das Individuum bereit ist, diese Alternative zu akzeptieren. Der Schmerz, der viele dieser narzißtischen Verhaltensmuster begleitet, ist normalerweise die treibende Kraft. Das normale Anzeichen, daß eine allgemeine Aufnahmefähigkeit für Veränderung besteht, ist die Manifestation gewisser Streßsymptome. In solchen Fällen erkennt die Führungskraft letztlich vielleicht, daß etwas nicht stimmt. Was nicht stimmt, ist eher unklar, kann aber um vage Klagen über Unzufriedenheit mit dem Leben, Gefühle von Sinnlosigkeit, Mangel an Antrieb und sogar das Gefühl, betrügerisch zu sein, kreisen. Manchmal kann man Äußerungen über das Fehlen von sinnvollen Beziehungen, einen Mangel an Aufregung bei der Arbeit und die Tatsache, nur noch Routinetätigkeiten absolvieren zu können, hören. Stimmungsschwankungen, Depressionen, gefolgt von Aufregung und Wut sowie die hypochondrische Sorge können zum Vorschein kommen. Wie man am Beispiel von Jim Munro sehen kann, wird im allgemeinen ein durchdringendes Gefühl innerer Leere geäußert.

Es ist wichtig zu erkennen, was diese Beschwerden repräsentieren. Das ist der Eckpfeiler, auf dem das Individuum und die betroffenen Parteien ihre Veränderungsbemühungen aufbauen können. Es wird zur Aufgabe, die Fähigkeit auszubauen, ohne Angst vor Zurückweisung und Erniedrigung für andere zu sorgen. Das impliziert die Schaffung eines größeren Selbstvertrauens und die Verringerung des Bedürfnisses nach Grandiosität und Idealisierung durch die Bildung positiverer innerer Vorstellungen. Die Polsterung eines zerbrechlichen Ichgefühls erzeugt am Ende einen größeren Zusammenhang der inneren Vorstellungen: die verinnerlichten Vorstellungen verlieren ihren archaischen, feindseligen Inhalt und kommen mehr in Einklang mit der äußeren Realität. Ein sicheres Gefühl von Selbstachtung zähmt auch die Gefühle innerer Wut und den

Neid auf andere und führt zu Überzeugungskraft, Entschlußkraft und Kreativität. Vertrauensbeziehungen werden zu einem Baustein für die Entwicklung von Einfühlungsvermögen, Kreativität, Humor und Klugkeit und bilden die Grundlage für erfolgreiche Führung. Wenn narzißtisches Verhalten in diese Bahnen kanalisiert wird, kann Narzißmus der Motor sein, der jede Organisation antreibt.

Kapitel 6

Folie à deux:
Chefs, die ihre Mitarbeiter verrückt machen

> Das ist also die Hölle. Das hätte ich niemals geglaubt. Man erinnert sich an alles, was man uns über Folterkammern, Feuer und Schwefel, das „Fegefeuer", gesagt hat. Alles Ammenmärchen! Man braucht keinen rotglühenden Schürhaken. Die Hölle – das sind die anderen Menschen!

> Jean-Paul Sartre, No Exit

Ein Verständnis von den verschiedenen Persönlichkeitsstilen, die ich in den vorhergehenden beiden Kapitel beschrieben habe, soll uns dabei helfen, das zu verstehen, was andernfalls nur als Persönlichkeitstick einer Führungskraft beschrieben würde. Aber wir müssen darüber hinausgehen. Wir müssen uns bewußt sein, daß diese Stile auch diejenigen beeinflussen können, die Kontakt zu diesen Führungspersonen haben, und sie dazu bringen, sich vielleicht ebenfalls in einer offenbar irrationalen Weise zu verhalten. Die Dysfunktionalität eines obersten Chefs kann tatsächlich durch eine gesamte Organisation Wellen schlagen. Das Verhalten von Edgar J. Hoover, einst für das FBI verantwortlich, ist ein gutes Beispiel. Hoover schreckte viele als ein unberechenbarer Autokrat ab, verbannte aus den seltsamsten Gründen Agenten auf obskure Posten und terrorisierte sie mit so vielen Regeln und Vorschriften, daß die Befolgung aller eine Unmöglichkeit gewesen wäre. Hoover sah seine Leitung des FBI als unfehlbar an. Die Angestellten lernten bald, daß eine Meinungsverschiedenheit einer Untreue gleichkam. Keine von Hoovers Launen wurde als zu unbedeutend angesehen, als daß man sie hätte ignorieren können. Die Weigerung, an einem Abmagerungsprogramm teilzunehmen, konnte zum Beispiel seine Wut hervorrufen, und es ging das Gerücht, daß die Fahrer, wenn sie ihn chauffierten, es vermeiden mußten, linksherum zu fahren (offenbar war sein Auto einmal von einem anderen gerammt worden, als er eine Linkskurve fuhr).

Eine triviale und nebensächliche Anordnung änderte ihren Sinn, wenn sie von Hoover kam. Die Angestellten mußten eine Art beabsichtigter Handlung unterstellen, sogar wenn die Anordnung unklar war. Es wurde gesagt, daß Ärger zu erwarten war, wenn sie die Anordnung nicht ernst nahmen. Weil diejenigen in der Organisation, die sich daran hielten, diese Anordnungen auch pflegten, führten diese oft ein Eigenleben. Es zählte nur scheinbarer und tatsächlicher sklavischer Gehorsam gegenüber den Regeln sowie die Statistik, etwa die Summe der Strafgelder, die Anzahl der überführten Kriminellen oder festgenommener Flüchtiger. Wenn die Zahlen nicht jedes Jahr stiegen, dann gab es Probleme.

Natürlich konnten diejenigen Agenten, die das Konzept der Allmacht des Direktors guthießen, viel, viel eher aufsteigen. Es wurden Inspektoren in die Stabsbüros geschickt, um die Einhaltung der Regeln zu überprüfen und Übertretungen festzustellen (die Verletzung irgendeiner obskuren Regel oder Instruktion). Wenn mit einem Spezialagenten, der in der Dienststelle den Befehl führte, der „Vertrag aus war", wurde unvermeidbar eine „Übertretung" gefunden. Offenbar hing die eigene Zukunft des Inspektors beim FBI davon ab, ob keine Übertretung gefunden wurde. Erst dann wurde ihm vielleicht, der Reihe nach, ein Auftrag erteilt. Wollte man in der Organisation überleben, dann war die Teilnahme an vielen dieser Absurditäten oft unvermeidbar. Viele dieser bizzaren Aktivitäten schienen wie ganz normale Aspekte des Organisationsalltags behandelt worden zu sein, und sie wurden mit großer Überzeugung ausgeführt.

Während Hoover beim FBI, Hitler im Bunker kurz vor dem Zusammenbruch des Dritten Reiches und, in jüngerer Vergangenheit, Jim Jones bei den Massenselbstmorden in Guyana, extreme Beispiele dafür sind, was Führer ihren Anhängern antun können, wenn sie den Kontakt zur Realität verlieren, sind die Auswirkungen bestimmter persönlicher Ticks auch in weniger verbreiteten Geschichten sowie im Kontext von Unternehmen festzustellen.

An der Anekdote von Hoover ist bemerkenswert, daß die Wahnvorstellungen und unnormalen Verhaltensmuster vom Urheber dieser Aktivitäten auf einen oder mehrere andere, die eng mit ihm verbunden waren, übersprangen. Diese Verbündeten übernahmen nicht nur einen aktiven Part, sondern steigerten auch häufig diese Wahnvorstellungen und perfektionierten sie. Die Wahnvorstellungen schienen in der Intensität zu eskalieren, wenn die Beteiligten versuchten, die anstehenden Probleme zu lösen. Unvermeidbar verschärften sie die Situation, machten alles schlimmer und zögerten damit einhergehend mehr und mehr, sich der äußeren Wirklichkeit zuzuwenden. Weil sie sich in ihrer selbstgewählten, geschlossenen Umwelt ganz wohl fühlten, war ihnen die Meinung von Außenstehenden nicht willkommen. Sie sahen darin eine Bedrohung des Status quo und eine Zerstörung ihrer abgegrenzten Vision.

An diesem Beispiel ist gerade auch bemerkenswert, wie ansteckend das Verhalten eines Führers sein kann und wie verheerend die Wirkungen auf die Mitarbeiter und die Organisation. In Hoovers Fall verstärkte die Reaktion seiner Mitarbeiter ihn darin, mit seinem dysfunktionalen Verhalten weiterzumachen. Vielleicht hat die besondere Mission von Hoovers Organisation zu der Tatsache beigetragen, daß nur ganz wenige Mitarbeiter zur Ablehnung der Teilnahme an einigen dieser bizarren Aktivitäten bereit waren. Viele stimmten, aus welchem Grund auch immer, seinen Wünschen zu. Manche haben vielleicht tatsächlich an die Angemessenheit und Bedeutung seiner Handlungen geglaubt. Hier haben wir ein Beispiel für Übertragungstendenzen und können die Vorherrschaft des paranoiden Stils und von Abhängigkeit sehen und wie diese Stile sich wechselseitig ergänzen können.

In der psychoanalytischen und psychiatrischen Literatur war geistige Ansteckung – oder mit anderen Worten, die Art, wie eine Person eine andere verrückt machen kann – ein wiederholtes Thema. Dieser besondere Einflußprozeß, der normalerweise mit einer Form von Bruch mit der Realität einhergeht und unter Gruppen von Menschen vorkommt, ist allgemein als *Folie à deux* bekannt – das heißt: geteilter Wahnsinn.

Die Dynamiken der Folie à deux

Zwei französische Psychiater waren die ersten, die den Begriff Folie à deux prägten. Andere Bezeichnungen für dieses Phänomen waren doppelte Geisteskrankheit, mentale Ansteckung, kollektive Geisteskrankheit oder Assoziationspsychose. Eine Folie à deux schließt im Kern die Beteiligung von zwei oder mehr Individuen an einem Wahnvorstellungssystem ein. Normalerweise wurde dieses Phänomen an Familienmitgliedern, die ein Einzeldasein führten, erforscht. Das heißt jedoch nicht, daß es nicht auch in anderen Situationen vorkommen kann, etwa im Wirtschaftsleben oder in der Politik.

Wir wollen uns erneut der frühkindlichen Entwicklung zuwenden, um diesen psychologischen Prozeß besser zu verstehen. Eine nähere Untersuchung zeigt, daß ein zentrales Thema bei der Verursachung dieser Störung das Maß an Erfolg oder Versagen zu sein scheint, das ihr Verursacher bei der Herstellung von Gefühlen des Grundvertrauens zu anderen Menschen (ursprünglich zu den Eltern) erreichte. Eindringlichkeit und Überkontrolle durch andere können zu einem mangelhaften geschlossenen Ichgefühl, zu Enttäuschungsgefühlen und einer Wahrnehmung der Umwelt als feindselig führen, wie wir bei der Diskussion des paranoiden Typs gesehen haben. Die Persönlichkeit dieses Individuums entwickelt sich entsprechend.

Im Umgang mit anderen trifft deshalb diese Person ständig Vorsichtsmaßnahmen und paßt auf, um auf jede Bestätigung ihres Verdachts vorbereitet zu sein. In Machtsituationen ist diese Person sehr anfällig für grandiose Phantasien und neigt zu Wahnvorstellungen als einer reaktiven Möglichkeit des Umgangs mit einer Umwelt, die als feindselig angesehen wird.

Abgesehen vom Leiden an dieser entstehenden paranoiden Disposition kann eine Person auch an fehlender menschlicher Nähe leiden und hat folglich ernsthaft frustrierte Abhängigkeitsbedürfnisse. Für eine solche Person wird die Welt zu einem gefährlichen Ort, an dem man nur wenigen Menschen vertrauen kann. Wenn sich eine Gelegenheit ergibt, diese Abhängigkeitsbedürfnisse zu befriedigen, kann die Zuneigung zu anderen extrem groß werden und häufig alle anderen Verhaltensmuster überlagern. Weil Zuneigung dieser Person so wichtig ist, würde sie alles tun, um sie zu erhalten – sogar die Realität opfern. Individuen, auf die diese Zuneigung gerichtet ist und die nicht ohne ihre eigenen Abhängigkeitsbedürfnisse sind (obwohl diese vielleicht nicht von einer so intensiven Art sind), finden vielleicht Gefallen daran, wie die andere Person sich um sie bemüht und ihnen eine Form der Richtung und Führung im Leben vermittelt. Eine Folge davon kann sein, daß sie sich mit den Dingen, die die andere Person repräsentiert, stark identifizieren. Der Preis für diese Gefühle der Nähe ist jedoch die unkritische Akzeptanz des Verhaltens und der Handlungen der dominierenden Person, oft ohne große Bedenken über deren Realitätsgrundlage. Dieser Identifikationsprozeß scheint von besonderer Art zu sein und enthält Elemente des früher beschriebenen Abwehrmechanismus – die Identifikation mit dem Aggressor.

Man erhält vielleicht Einsicht in das, was häufig als ein exzentrischer Führungsstil beschrieben wird, wenn man emotional aufgeladene Führer-Anhänger-Beziehungen, die durch eine Art eingeschränkter Fähigkeit der Realitätseinschätzung gekennzeichnet sind, im Kontext der Folie à deux untersucht. Man erkennt vielleicht, daß das Phänomen, mit verschiedenen Graden von Intensität, eine normale Erscheinung in Organisationen ist und als eines der Risiken von Führung angesehen werden kann.

Führer sollten den Grad an Einfluß, den sie auf ihre Organisation ausüben, nicht unterschätzen. Idealisierende Übertragungsmuster sind immer im Spiel. Führungskräfte sollten sich der Abhängigkeit – dem Bedürfnis nach Orientierung – als eines unserer universalsten Kennzeichen bewußt und sich darüber im klaren sein, daß viele ihrer Anhänger die Realität ihretwegen opfern und sich sogar an irrationalen Entscheidungen beteiligen, ohne einen kritischen Standpunkt einzunehmen und in Frage zu stellen, was passiert.

Um diese Abhängigkeitsbeziehung zu bewahren, können sowohl Führer als auch Anhänger zum Nachteil der Funktionsfähigkeit der Organisation eine enge Gemeinschaft bilden, den Kontakt mit der unmittelbaren Realität der Organisationsumwelt verlieren. Dieses Phänomen ist jedoch nur schwer zu erkennen, wenn die Realität noch nicht vollständig preisgegeben ist. Aber es verdient angesichts seiner nachteiligen Folgen in Organisationen, sogar in einer eingeschränkten Form, ernste Aufmerksamkeit.

Mangelhaftes Realitätstesten in Organisationen

Nehmen wir an, daß eine hohe Führungskraft unter Führungsbelastungen versucht, außer mit den allgemeinen Zwängen der Geschäftsumwelt noch mit den verwirrenden Bildern von Macht und Kontrolle fertigzuwerden, und allmählich den Kontakt mit der Organisationsrealität verliert. Die charismatische Persönlichkeit des Individuums hat vielleicht einmal Personen in leitenden Positionen mit ganz unbefriedigten Abhängigkeitsbedürfnissen zu der Organisation gezogen, also Menschen, die anfällig für ein idealisierendes Muster waren. Oder es war vielleicht die Organisationskultur selbst, die für ein Wiedererwachen der Abhängigkeitsbedürfnisse und idealisierenden Übertragungsmuster bei diesen Personen förderlich war. Während ihrer Verbindung mit der Organisation sind diese Manager, aus welchen Gründen auch immer, vielleicht von ihrem Chef abhängig geworden. Diese Bedürfnisse überlagern zunächst nicht alle anderen Verhaltensmuster, obwohl sie sehr stark sind. Was verwandelt jedoch diese Abhängigkeitsdisposition in eine Folie à deux? Wann nimmt eine solche Beziehung dysfunktionale Formen an? Wenn sowohl Chef als auch Mitarbeiter in einer Situation voneinander abhängig werden, die wenig Befriedigungsmöglichkeiten von außen bietet, dann kann ihre vollständige Bindung aneinander als symptomatisch angenommen werden.

An irgendeinem Punkt, ausgelöst durch ein Ereignis, das normalerweise in Beziehung zu einer Erfahrung von Benachteiligung in der Vergangenheit steht, versteifen sich manche Führungspersonen auf verrückte Ideen (was nicht notwendigerweise ein bewußter Prozeß ist) zum Beispiel, daß ihre Angestellten einen unfairen Vorteil von ihnen haben. Das kann eine gewisse Verärgerung hervorrufen. Weil die Angestellten mit Äußerungen von Zuneigung letztlich aber die eigenen Abhängigkeitsbedürfnissse der Führungsperson befriedigen, die so lange unbefriedigt geblieben waren, verhalten sich manche Chefs gleichzeitig sehr ambivalent und fühlen sich wegen ihrer feindseligen Gefühle schuldig. Deswegen zögern solche Führungskräfte trotz des zurückbleibenden Ärgers sehr damit, ihre Beziehungen zu ihren Angestellten aufzugeben. Sie gehören vielleicht zu den wenigen engen Beziehungen, die sie aufbauen konnten. Um sich selbst vor ihrer eigenen auftauchenden Feindseligkeit gegenüber ihren Angestellten zu schützen, verlagern manche Führungskräfte ihre Feindseligkeit deshalb nach außen und schreiben sie anderen zu.

Eine solche Führungskraft schließt eng verbundene Manager von der Verantwortung für diese Gefühle aus: es sind „die anderen", die die Schuld haben. Diese Beschuldigung kann viele Formen annehmen und am Ende alles einschließen, was vielleicht in der Firma schiefläuft. Der Chef, Verursacher dieses Prozesses, braucht jetzt seine Angestellten zur Unterstützung dieser trügerischen Ideen und Handlungen. Führungskräfte brauchen diese Unterstützung nicht nur deswegen, weil diese Ideen ihre Abwehr der Feindseligkeit sind, sondern auch deswegen, weil sie das Gefühl der Nähe zu ihren Angestellten verlieren könnten, wenn ihnen die Unterstützung versagt wird. Es scheint nur eine Möglichkeit zu geben – nämlich ihre Angestellten dazu zu bringen, mitzumachen.

Wenn ein Angestellter sich widersetzt, werden solche Chefs offen feindselig und reihen ihn in ihre Vorstellung vom „anderen Lager" – dem Feind – ein. Natürlich steigt der Angstpegel des Angestellten. Er gerät in eine Zwickmühle: Er muß zwischen dem Verlust der Befriedigung seiner Abhängigkeitsbedürfnisse und dem Ausgesetztsein der Wut des Chefs einerseits und dem Verlust der Realität andererseits wählen.

In vielen Fällen lösen Angestellte diesen innerpsychischen Konflikt dadurch, daß sie sich in das psychologische Ultimatum, nämlich die Identifikation mit dem Aggressor, ergeben. Sie befriedigen damit ihre eigenen Abhängigkeitsbedürfnisse und lenken somit von der Feindseligkeit des Chefs ab. Die Trennung von der Person, die diesen Prozeß begonnen hat, wird als ein viel größerer, spürbarer Verlust angesehen als der Verlust der Realität.

Identifikation mit dem Aggressor impliziert normalerweise, daß man an dessen Verfolgungsphantasien teilnimmt. Die geteilten Wahnvorstellungen sind im Bereich des Möglichen normalerweise streng gehütet und basieren auf tatsächlichen früheren Ereignissen oder gewissen gemeinsamen Erwartungen. Weil die Beschuldigungen ein Element von Realität enthalten, ist die eventuelle Existenz dieses Prozesses nur schwer festzustellen. Die Mitarbeiter sichern sich durch die Partizipation an solchen Phantasien ihre Befriedigungsquelle, senken ihren Angst- und Schuldpegel und drücken ihren Ärger in einer umgelenkten Form dadurch aus, daß sie ihn auf andere richten. Der Prozeß ist spiegelartig: die Handlungen des Initiators dieses Prozesses spiegeln sich in den Mitarbeitern wider und umgekehrt; sie können als Folge einer Bemühung angesehen werden, die Allianz vor einem Bruch zu schützen.

In die Falle gehen

Folie à deux trägt in Organisationen zur V-Dimension bei. Oft wird diese Führungsdimension jedoch nicht als das angesehen, was sie ist, und ansteckende Verhaltensmuster werden häufiger als bloße Nebenprodukte eines exzentrischen oder autoritären Führungsstils akzeptiert und rationalisiert.

Um zu unserem Beispiel von Henry Ford I zurückzukommen: man kann die Beziehung zwischen ihm und seinen Leutnants Liebold, Sorensen und besonders zu Bennett im Zusammenhang mit der Folie à deux betrachten. Während an einem Punkt Fords Vorstellungen (zum Beispiel seine Meinung über die Macht der Gewerkschaftsbewegung) vielleicht einen Funken Wahrheit enthielten, ging dieser mit der Zeit verloren. Manager, die sich nicht an die persönlichen Eigenarten von Ford und seiner engen Verbündeten anpaßten, wurden entlassen. Wir hatten früher erwähnt, wie das Modell T, welches der Firma den ursprünglichen Erfolg brachte, am Ende zu einer Last wurde. Weil er in seinem Verhalten von seinen engen Mitarbeitern bestärkt wurde, verfolgte Henry Ford ohne Rücksicht auf Verluste seine ursprüngliche Idee von einem billigen Auto für die Massen und erklärte sogar die Vorschläge geringfügiger Veränderungen zum Tabu. Dabei demonstrierte er seine paranoide und kontrollorientierte Disposition. Erst 1927, nachdem das Modell T schon neunzehn Jahre produziert worden war, und erst nach einem unglaublichen Verlust des Marktanteils von General Motors – eine Entwicklung, die er geleugnet hatte – war Henry Ford für eine Modelländerung bereit.

Dieses Beispiel verdeutlicht, wie ansteckend das Verhalten einer hohen Führungsperson sein kann und wie einstmals funktionales Verhalten für die Organisation zunehmend schädlich werden und die Firma nahe an den Bankrott bringen kann. Die Angestellten Henry Fords ermunterten ihn in seinen Vorstellungen, obwohl es eine offene Frage bleibt, welche Angestellten sich nur anpaßten und welche tatsächlich daran glaubten, was sie taten.

Ein aktuelleres Beispiel zeigt das Verhalten einer hohen Führungskraft in einer isolierten Fabrik einer Montangesellschaft im Norden Kanadas, die den Glauben entwickelte, daß die Hauptverwaltung die Produktionsanlagen schließen wolle. Die Einführung eines neuen Kontrollsystem für die Betriebsanlage durch die Hauptverwaltung bestätigte ihr diese Idee. Regelmäßige Besuche durch das Personal der Hauptverwaltung, um das neue Kontrollsystems einzuführen, verstärkten nur ihren Eindruck, den sie ihren Angestellten mitteilte und der weit und breit geteilt wurde. Obwohl die Produktionszahlen mehr als gut waren, entwickelte sich ein geheimes Einverständnis unter dem Fabrikpersonal zur Absicherung ihrer Jobs. Am Ende fingen der Fabrikmanager und seine Mitarbeiter an, Informationen zu verfälschen, um die Fabrik in einem sogar noch besseren Licht darzustellen. Erst die Stichprobe eines internen Wirtschaftsprüfers der Hauptverwaltung brachte dieses Fehlverhalten ans Licht.

Eine Hauptfrage bleibt in vielen Fällen von Folie à deux bestehen. Wieviel des Verhaltens der Angestellten kann im Zusammenhang mit Folie à deux genau beschrieben werden, und wieviel ist bloßes Einverständnis mit einem exzentrischen Führungsstil des Vorgesetzten? Die letztere Situation wird durch folgendes Beispiel illustriert: Der Bereichsleiter einer Werkzeugmaschinenfabrik erwähnte für gewöhnlich gegenüber jedem Besucher des Unternehmens sowie in Gesprächen auf Versammlungen des Unternehmerverbandes die fortschrittliche Technologie, die in seinen Fabriken benutzt wurde. Auf seinen Werbetrips ins Ausland war er immer darum bemüht, Lizenzverträge für seine Technologie abzuschließen. Gelegentlich war er erfolgreich. Aber trotz der Tatsache, daß das Unternehmen Hochqualitätsprodukte produzierte, war da nichts Einmaliges an der Technologie. In Wirklichkeit benutzten die Konkurrenten vergleichbare oder sogar noch fortgeschrittenere Verfahren. Obwohl sich die meisten seiner Angestellten über den tatsächlichen Stand der Dinge im klaren waren, waren sie nicht bereit, den Bereichsleiter mit den Tatsachen zu konfrontieren. Einwilligung schien einfacher als Konfrontation.

Es lohnt sich, darauf hinzuweisen, daß bloße Einwilligung, wenn sie nur lang genug andauert, sich zu stärkeren Bündnissen entwickeln kann und möglicherweise zu aktiver Teilnahme an diesen irrationalen Handlungen führt. Wenn man lang genug mitmacht, kann man am Ende zum Gläubigen werden. Diese Beispiele verdeutlichen auch einige Kennzeichen von Folie à deux: zum Beispiel die relative Isolierung der Hauptpersonen, ihre Verschlossenheit, die Existenz eines dominanten Partners und das Entstehen von trügerischen Ideen. Die jüngste Iran-Nicaragua-Affäre ist nur das letzte, wenn auch eines der grandiosesten Beispiele in einer langen Serie solcher Vorkommnisse, wo die richtige Atmosphäre besteht, um das Unglaubliche wahr zu machen.

Die Suche nach dem Sündenbock

Interaktionen, die Elemente von Folie à deux enthalten, können zu einem geheimen Einverständnis zwischen den Untergruppen beitragen, um Organisationsmythen und -phantasien zu verstärken und zu erhalten, die oft nur entfernt auf die Realität der Situation bezogen sind. In diesen Fällen werden die allgemeinen Ziele und Strategien der Organisation für einige Cliquen weniger wichtig als taktische Überlegungen. Je mehr die Sorge um die Aufrechterhaltung verschiedener irrationaler Vorstellungen ihre Energie verbraucht, desto weniger Übereinstimmung besteht zwischen spezifischen Handlungen und der erhältlichen Information.

Die Mitglieder dieser Gruppen scheinen in einer polarisierten Welt zu leben, die Kompromisse oder die Akzeptanz von Unterschieden nicht mehr länger einschließt. Jedermann ist gezwungen, Partei zu ergreifen. Es ist ebenso eine Welt, in der man stets auf der Hut sein muß, um nicht als Zielscheibe unfreundlicher Handlungen herausgegriffen zu werden. In einer solchen Organisation wird es zu einer vorherrschenden Beschäftigung, einen Sündenbock zu suchen, und nicht nur unter den Individuen in der Organisation, sondern auch unter solchen Gruppen wie der Regierung, den Gewerkschaften, Konkurrenten, Lieferanten, Kunden oder Verbraucherorganisationen. Was einst ein gut ausgedachtes Programm war, wird dadurch vielleicht zerstört. Zum Beispiel kann die Aufmerksamkeit gegenüber der Umwelt, die vielleicht einmal eine Stärke der Organisation war, sich in ein Lauern auf drohende Attacken umkehren – eine Karikatur der ursprünglichen Absicht.

Wegen der strukturellen Anordnungen überlappen sich häufig Untergruppen mit Abteilungen oder anderen Einheiten. Wenn das der Fall ist, wachen die Leute eifersüchtig über die Verantwortungsbereiche, Territorialismus gewinnt die Oberhand. Die Festlegung der Grenzen zwischen den Abteilungen kann zu Auseinandersetzungen führen. Die Suche und Annahme von Hilfe von anderen Gruppen kann als Schwäche oder sogar als Verrat angesehen werden.

In einer großen Elektronikfirma fing zum Beispiel die Leiterin der Produktionsentwicklung an, sich einzubilden, daß zwei ihrer Kollegen, der Leiter der Forschungs- und Entwicklungsabteilung und der Leiter der Herstellungsabteilung, sie loswerden wollten. Sie bemerkte, daß ihre beiden Kollegen versuchten, ihre Abteilung aufzulösen und in ihren eigenen Zuständigkeitsbereich zu integrieren. Bei jeder möglichen Gelegenheit teilte sie diese Besorgnis ihren Mitarbeitern mit und erwartete von ihnen, daß sie ihren Verdächtigungen zustimmten. Mangelnde Übereinstimmung wurde nicht toleriert. Widerstand führte entweder zu Entlassung oder zur Versetzung in eine andere Abteilung. Nach und nach glaubten viele ihrer leitenden Mitarbeiter an ihre Äußerungen und entwickelten eine Belagerungsmentalität, die zu einem starken Gruppenzugehörigkeitsgefühl führte.

Die Beziehungen zwischen dieser Gruppe und Mitgliedern anderer Abteilungen wurden gespannt. Was einmal kleinere Reibereien zwischen den Abteilungen waren, weitete sich zu offenem Krieg aus. Ausschußsitzungen mit Mitgliedern anderer Abteilungen wurden zu öffentlichen Anklagesitzungen über das Vorenthalten von Information, ungenaue Daten, Einmischung in die Angelegenheiten anderer. Wegen ihrer ständigen Beschwerden über die schlechte Qualität der gelieferten Materialien und zu später Lieferungen verschlechterten sich außerdem die Beziehungen mit einigen ihrer Zulieferer. (Eine spätere Überprüfung durch einen neuen Vizepräsidenten ergab, daß die meisten dieser Beschuldigungen ungerechtfertigt waren.)

Schließlich mieden die Manager anderer Abteilungen den Kontakt zu den Leuten aus der Produktionsabteilung, bestätigten aber dadurch nur deren Verdächtigungen. Mit der Zeit baute der Rest der Firma eine Reihe getrennter, ziemlich informeller Informationssysteme auf, um jeden Umgang mit der Produktionsentwicklungsgruppe zu vermeiden. Nachdem dieser schließlich aufgrund von ungenauen Informationen eine Reihe von Budgetfehlern unterlaufen waren, versetzte der Präsident die Leiterin und reorganisierte die Abteilung.

An diesem Beispiel können wir sehen, wie übermäßige Rivalität und Verdächtigung Menschen dazu bringen können, eine beschränkte Perspektive der Prioritäten der Organisation einzunehmen und abwehrend und kontrollierend zu werden. Diese Einstellungen können ohne integrierende Mechanismen zum Ausbalancieren ihrer Wirkungen gefährliche Aufteilungen in einer Organisation verursachen. Verständlicherweise suchen die Mitglieder einer Organisation Zuflucht in Taktiken und Verfahren, in abgekarteten Spielen und anderen Formen organisatorischer Täuschungsmanöver. Die Kooperation geht verloren, und die Prioritäten werden verdreht.

Wo Elemente der Folie à deux in eine Organisation einsickern, kann es als ein Führungsversagen angesehen werden. Die Konflikte führen zu einer erstickenden Atmosphäre, die Kreativität wird entmutigt und Mißtrauen die vorherrschende Einstellung. Anstatt nach realistischen Handlungen zu greifen, reagieren leitende Mitarbeiter auf Notsituationen mit Rückzug oder der Suche nach Sündenböcken. Das ganze Organisationsklima ist von Angst durchsetzt. Wenn Zwecke und Mittel nicht mehr unterscheidbar werden, dann wandert die Organisation ziellos umher und verliert den Bezug zu den ursprünglich definierten Unternehmenszielen und -strategien.

Folie à deux managen

Was kann man tun, wenn ein Folie-à-deux-Muster in einer Organisation entdeckt wird, um damit fertig zu werden? Wie können Führungskräfte sich selbst davor schützen, sich in diesem eigenartigen zirkulären Prozeß festzufahren? Wie können sie die Symptome erkennen?

Bevor ich die Schritte darstelle, die eine Führungskraft unternehmen kann, möchte ich betonen, daß einige Aspekte dessen, was wie eine Folie à deux aussehen kann, nicht immer organisatorisch unerwünscht ist. In der Anfangsphase können zwischenmenschliche Prozesse, die zu einer Folie à deux führen können, eine Quelle von Stärke sein, zur Teambildung beitragen, zu Übereinstimmungen mit Zielen und Strategien oder sogar zur Bildung effektiver Mechanismen zur Abbildung der Umwelt. Leider werden auf die Dauer interpersonelle Beziehungen, die in extremer Form eine Folie à deux kennzeichnen, zur Gefahr für das Funktionieren der Organisation und sogar für ihr Überleben.

Führungspersonen, die zu diesen Verhaltensweisen neigen, zeigen normalerweise vor allem narzißtische und paranoide Persönlichkeitsmerkmale. Sie können zum Beispiel sehr charmant und verführerisch sein, Eigenschaften, die vielleicht anfangs zu ihrem Aufstieg in der Organisation beigetragen haben. Ein genauerer Blick zeigt jedoch, daß dieses Verhalten oft nur ein Deckmantel für Einstellungen wie Einbildung, Arroganz, demonstrative Unabhängigkeit und Selbstgerechtigkeit ist. Überalarmbereitschaft, Überempfindlichkeit und Verdächtigungen anderer sind andere häufige Merkmale. Die Individuen, die anfällig für eine Folie à deux sind, finden es überdies äußerst schwer, ihre Konzepte und Vorstellungen zu ändern; sie handeln oft sehr rigide.

Weil der paranoide Stil das manifestere Muster bei den Verursachern der Folie à deux ist, zeigen die von ihm Beeinflußten vielleicht ein ähnliches Muster, wenn sich dieser Prozeß zu entfalten beginnt, allerdings nicht so intensiv wie bei dem Verursacher. Für alle an dieser Form mentaler Ansteckung Beteiligten bleiben jedoch die stark unbefriedigten Abhängigkeitsbedürfnisse ein Schlüsselproblem. Es sind genau diese Bedürfnisse, die die Verursacher dieses Prozesses erfüllen. Durch Bestimmtheit, Selbstsicherheit und die Bereitschaft, die gesamte Kontrolle zu übernehmen, ziehen diese Führungspersonen Mitarbeiter an, die das Bedürfnis haben, so behandelt zu werden.

Die Warnsignale für eine Folie à deux können auch durch die Beobachtung der möglichen Besonderheiten der Organsiationskultur und Funktionsweisen entdeckt werden. Ein Symptom ist normalerweise das ungewöhnliche Auswahl- und Beförderungsverfahren, das in hohem Maße eher die persönlichen Eigenarten des Chefs widerspiegelt als ein Interesse an den gesamten Managementfähigkeiten eines Kandidaten. Merkwürdige, selektive und unsystematische Entscheidungsmuster, unberechenbare Informationssysteme, übermäßige Kontrolle und extreme Geheimnistuerei können häufig auch als Warnzeichen angesehen werden.

Andere Indikatoren können eine starke Beschäftigung einer Abteilung mit den Details auf Kosten der gesamten Firmeneffektivität sein sowie übermäßige Anzeichen für diverse Streßsymptome in der Organisation, wie etwa umfangreicher Wechsel der leitenden Angestellten und eine hohe Abwesenheitsquote oder Arbeiteraufruhr. Man kann ebenso häufige Veränderungen der Organsiationsziele und die Existenz grandioser, unrealistischer Pläne, ausgeklügelter Informationssysteme (die oftmals wesentliche strategische Probleme ignorieren) sowie das Insistieren auf unterstellten Verschwörungen – oder das tatsächliche Initiieren solcher – als weitere Anzeichen ansehen.

Was auch immer man als die genaue Natur dieses gestörten Verhaltensmusters oder -prozesses bemerkt, man sollte daran denken, daß eine Folie à deux die mögliche Ursache sein kann. Wenn die Symptome einmal erkannt sind, müssen die Chefs sowohl korrigierend eingreifen als auch Systeme und Verfahren entwickeln, um einer Folie à deux entgegenzuwirken.

In einem Fall war der Leiter einer kleinen Firma der Biogenetikbranche mehr und mehr in Sorge über die steigende finanzielle Belastung der Firma und entwickelte eine nicht ganz unbegründete Angst davor, abgesetzt zu werden. Er war selbst Wissenschaftler und hatte als erster den kommerziellen Wert einer Reihe erfolgreich abgeschlossener Experimente erkannt. Er hatte eine Gruppe ähnlich eingestellter Leute um sich geschart, um die Idee zu kommerzialisieren. Sein Einsatz bei der Gründung des Unternehmens und dabei, es in Gang zu bringen, war unschätzbar gewesen. In jüngster Zeit war er jedoch immer ängstlicher geworden. Über einen beachtlichen Zeitraum hinweg hatten Investoren Geld in die Firma gepumpt, und er spürte jetzt, daß deren Geduld am Ende war. Obwohl die Produkte der Firma im Labor vielversprechend aussahen, war es bis jetzt noch nicht zu einem kommerziellen Durchbruch gekommen. Es war mehr Arbeit an der Produktionstechnologie nötig, bevor die Produkte in die Massenproduktion hätten gehen können.

Der Wunsch, die Sache durchzuziehen und in die schwarzen Zahlen zu kommen, erwies sich als zuviel für den Chef dieser Firma. In seinem Verlangen nach Erfolg fing er ernsthaft an, daran zu glauben, daß sie endlich die Kurve gekriegt und die Produktionsschwierigkeiten überwunden hätten. Nach einer anfänglichen Skepsis fingen schließlich die meisten Leute in der Firma an, seinen Optimismus zu teilen. Dennoch warnten einige wenige Angestellte, daß sie noch weit von einem Durchbruch in der Produktion entfernt seien. Er lehnte es aber ab, daran zu glauben, und übte großen Druck auf diese Individuen aus, sich seinem Standpunkt anzuschließen.

Die wenigen leitenden Angestellten, die nicht mit ihm übereinstimmten, schafften es jedoch, einen der Hauptinvestoren auf diese Angelegenheit aufmerksam zu machen. Als der sah, was passiert war, setzte er den Unternehmensleiter unter massiven Druck, einen Fachmann zur Beratung bei der Produktionstechnologie hinzuzuziehen – während er ihn beruhigte und ihm sagte, wie sehr er seine Bemühungen schätzte.

Die Beraterin war sich der Situation ganz bewußt und ging sehr vorsichtig vor. Bei ihren Befragungen bestärkte sie die leitenden Angestellten der Firma darin, wirklich nach ihren Überzeugungen zu denken. Dadurch half sie ihnen, sich wieder auf realistische Zeit- und Produktionspläne zu konzentrieren. Genauso wichtig war die Möglichkeit für den Chef, seinen Kummer mit der Beraterin besprechen zu können, was viel Druck von ihm nahm. Ihm wurde auch klar, daß die Investoren sein Talent und seine Anstrengungen erkannten und wirklich seinen Erfolg wollten. Darüber hinaus erkannte er, daß sie gar nicht so ungeduldig waren, wie er angenommen hatte. Dieses Bewußtsein beruhigte ihn und führte zu einem neuen Element von Realismus in der Firma. Es war, als ob ein magischer Bann gebrochen worden sei. Obwohl die Situation noch für eine Zeit schwierig blieb, gelang der Firma mit Hilfe der Beraterin und der Unterstützung der Investoren endlich ein kommerzieller Durchbruch, und sie machte Gewinne.

An diesem Beispiel können wir sehen, wie ein ausreichender äußerer Einfluß existierte und der Unternehmensleiter noch genug Kontakt mit der Realität hatte, um wieder zurückgebracht zu werden. Beide Faktoren wirkten zusammen und machten eine Veränderung möglich. Wenn jedoch die Folie à deux in vollem Gang ist, kann sich der betroffene Chef vielleicht nicht mehr selbst helfen. Für die Person, die diesen Prozeß gestartet hat, kann der Rückweg zur Realität sehr schwierig werden: eine Disposition zu trügerischem Denken ist nicht leicht zu überwinden. Appelle an die Logik des Chefs und an die Realität helfen da nicht, das kann im Gegenteil kompromißlose, feindselige und aggressive Reaktionen hervorrufen. In diesen Fällen sollte man, wie in dem Beispiel, zunächst, wenn möglich, ein gewisses Maß an Vertrauen und Nähe zu dem betroffenen Chef herstellen, indem man gefühlserregende Themen vermeidet, aber kleine unwichtige Veränderungen diskutiert. Das kann dabei helfen, daß sie bereitwillig die Möglichkeit in Erwägung ziehen, daß ihre Annahmen über die Umwelt der Organisation unangemessen sind, und am Ende vielleicht helfen, größere und wichtigere Veränderungen zu akzeptieren.

Diese Einstellungsänderung ist nicht einfach zu erreichen, aber ohne sie ist es für einen betroffenen Manager unmöglich, zu einer realistischen Selbsteinschätzung der eigenen Stärken und Schwächen zu kommen. Das Ersetzen von Phantasien durch Wirklichkeit wird wahrscheinlich ein langsamer und schwieriger Prozeß und schließt die Wiedervereinigung und die Regulierung vieler tiefsitzender Verhaltensmuster ein. Aufgrund der Intensität der Wahnvorstellungen brauchen diese Menschen in vielen Fällen professionelle Anleitung.

Die Aussichten für die betroffenen Angestellten sind eher positiv und normalerweise wenig dramatisch. Ihre Disposition ist eher eine vom Typus Abhängigkeit. Häufig genügt schon die bloße Distanzierung zu der betroffenen höheren Führungskraft, um den magischen Bann zu brechen. Am Anfang kann es zu einigen Formen von Desorientierung kommen, aber eine richtige Anleitung durch andere nicht betroffene Führungskräfte hilft schon bald dabei, sie in normalere und realitätsorientierte Verhaltensmuster zurückzubringen.

In einer Organisation mit einer Folie à deux fertig zu werden, ist offensichtlich besonders dann schwierig, wenn der Verursacher eine mächtige hohe Führungskraft und gleichzeitig auch noch ein Hauptaktionär ist. Gelegentlich kann in solchen Fällen jedoch die Unterstützung durch eine ausgleichende Kraft, wie die Regierung oder eine Partei, es möglich machen, die Organisation von möglichen selbstzerstörerischen Risiken abzuhalten. Kunden, Lieferanten und Banker sind andere engagierte Parteien, die den Prozeß stoppen können. Die Situation ist etwas weniger problematisch, wenn der Chef kein Hauptaktionär ist, da der Vorstand und die Aktionäre eine aktivere Kontrollfunktion übernehmen können. Eine ihrer Verantwortungen ist es, auf mögliche Warnzeichen zu achten. Es besteht natürlich immer die Möglichkeit, daß Vorstandsmitglieder in illusionäre Aktivitäten einer hohen Führungskraft hineingezogen werden; mit einem Vorstand aus externen Direktoren mit unterschiedlichem Hintergrund ist so etwas sehr unwahrscheinlich. Ein solcher Vorstand kann vielleicht einen Folie à deux-Prozeß neutralisieren.

Organisatorische Lösungen einer Folie à deux werden leichter, wenn der Verursacher keine ganz hohe Führungskraft ist. Dann genügt die Konfrontation, Versetzung oder, in ernsten Fällen, Entlassung, um den Prozeß zu stoppen. Die Systeme und Verfahren in einer Organisation sind jedoch ebenso wichtig. Man kann die Organisationskultur und -struktur neu ausrichten. Zielinformationssysteme können die Manager dabei unterstützen, sich auf die Realität zu konzentrieren, ebenso wie der Gebrauch vieler verschiedener Quellen zur Sammlung und Verarbeitung von Informationen. Abteilungsübergreifende Ausschüsse und formale Kontrollsysteme können eine ähnliche Funktion erfüllen. Druck in Richtung auf mehr partizipatives Management ist ein anderer Weg, um der Entstehung oder Ausbreitung einer Folie à deux vorzubeugen oder sie wenigstens in Grenzen zu halten. Diese strukturellen Veränderungen können die Macht der Führungskräfte reduzieren und den Vorteil, den sie aus den Abhängigkeitsbedürfnissen ihrer Angestellten ziehen können, einschränken.

Die Unterstützung individueller Verantwortung und Meinungsfreiheit in der Organisation sowie die Auswahl und Unterstützung von Managern, die sich entsprechend verhalten, kann ein Puffer gegen eine Folie à deux sein. Eine Organisationskultur aus gegenseitiger Zusammenarbeit, Delegation, offener Konfliktlösung und Respekt vor der Individualität kann einen Prozeß geistiger Ansteckung entlarven, bevor sie sich ausbreiten kann. Solche organisatorischen Muster verringern die Abhängigkeitsbedürfnisse, erlauben offene Konflikte und wirken dadurch dem Einfluß des Circulus vitiosus auf das zwischenmenschliche Verhalten entgegen.

Eine Organisationsform, die empfänglicher für eine Folie à deux zu sein scheint – und die V-Dimension in voller Blüte zeigt – ist die von einem Unternehmer geleitete. Dieser Organisationstyp neigt zu einer hohen Machtkonzentration. Angesichts der oft dominierenden Unternehmerpersönlichkeit werden unter Umständen Menschen mit stark frustrierten Abhängigkeitsbedürfnissen angezogen. Deshalb verlangt diese Art einer Organisationskultur, die durch einen Unternehmer geprägt ist, besondere Aufmerksamkeit.

Kapitel 7

Die Schattenseite des Unternehmertums

> Willy war ein Handlungsreisender. Und ein Handlungsreisender hat keinen festen Boden unter den Füßen. Er fügt kein Brett in Nut und Feder, er spricht kein Recht und verschreibt keine Arznei. Er ist allein da draußen im Nichts, und sein Lächeln und seine blank geputzten Schuhe sind seine einzigen Waffen.
>
> Arthur Miller, Tod eines Handlungsreisenden

Karen Star war nach einer Periode intensiver Vorbereitung durch den Präsidenten Lester Milton als stellvertretende Geschäftsführerin zur Salar Corporation gekommen. Als ein Unternehmer mit ehrgeizigen Plänen für die Zukunft seiner Firma im Kopf, hatte Lester ein strahlendes Bild der Aussichten des Unternehmens sowie der Möglichkeiten gemalt, die Karen vorfinden würde, um ihre Managementfähigkeiten anzuwenden. Nur der Himmel schien die Grenze zu sein, wenn Lester Pläne schmiedete. Als Karen zum erstenmal zur Arbeit kam, hatte ihr Auftreten für eine Menge Aufregung und Erwartung gesorgt. Sie hatte hart gearbeitet, viele Überstunden gemacht und über drei Monate in fast täglichem Kontakt mit ihrem Chef gestanden. Aber plötzlich war das alles anders geworden. Nachdem sie anfangs wie die langersehnte Heldin behandelt worden war, mußte Karen plötzlich einsehen, daß die Flitterwochen vorbei waren – sie wurde links liegen gelassen. Lester hatte kaum noch Zeit für sie. Sie mußte zugeben, daß sie sich im Stich gelassen fühlte, und fragte sich, ob sie diesen Job überhaupt hätte annehmen sollen.

Ihre erste Aufgabe war es gewesen, ein neues System für die Budgetierung einzurichten. Diese Idee war ihr gekommen, nachdem sie sich das alte System angesehen und festgestellt hatte, wie veraltet es angesichts des gegenwärtigen Geschäftsbetriebs bei Salar war. Nachdem Karen Lester darauf aufmerksam gemacht hatte, wie wenig Information das alte System lieferte, und ihren Plan zur Revision ausgebreitet hatte, reagierte

Lester ganz begeistert, er hätte es am liebsten schon gestern eingeführt. Karen war zu der Erkenntnis gekommen, daß Lester kein geduldiger Mann war. Man mußte nie lange auf seine Antworten warten, er war ein Mensch, der auf der Basis von Intuition und Eindrücken handelte. Er liebte drastisches und sofortiges Handeln.

Karen sah nachträglich ein, daß das System, das sie eingerichtet hatte, für Salar vielleicht zu anspruchsvoll war, es war aber trotzdem ein gutes System. Natürlich war die Rückmeldung, die sie jetzt vom Präsidenten bekam, völlig anders. Paradoxerweise stellte Karen, nachdem sie das System installiert hatte, fest, daß die Salar Corporation tatsächlich Verluste machte. Ihr Chef nahm diese Information nicht leichtfertig hin. Er beschimpfte Karen als Überbringerin schlechter Nachrichten. Sie stellte zu ihrer großen Überraschung fest, daß von allen Verantwortlichen ihr die Schuld an den Verlusten der Firma gegeben wurde. Kurz, man sagte ihr, daß die Dinge deshalb außer Kontrolle geraten seien, weil ihr Systemwechsel „die Dinge durcheinandergebracht" hatte.

Karen wußte nur zu gut, daß die Umstellung wenig damit zu tun hatte. Ihr Vorgänger hatte einige ernste verkaufspolitische Fehler gemacht: seine Hauptfehler waren falsche Preisentscheidungen und umfangreiche Rohmaterialkäufe gewesen, die sich als unrentabel herausstellten. Den Gerüchten zufolge, die im Büro umgingen, hatte er zweifellos Lester mit seinen Vorhersagen, wie profitabel die verschiedenen Produktlinien sich entwickeln würden, getäuscht. Er schien einer der wenigen gewesen zu sein, die den Präsidenten um den kleinen Finger wickeln konnten. Die Folge aller Anstrengungen von Karen war auf alle Fälle, daß ihre Kompetenzen beschnitten wurden und sie von einem beträchtlichen Teil der Entscheidungen des Topmanagements ausgeschlossen wurde. Die Planung wurde ihrer Zuständigkeit abrupt entzogen und an einen Kollegen der alten Garde zurückgegeben. Um der Ungerechtigkeit noch eine Beleidigung hinzuzufügen: sie war die letzte, die darüber informiert wurde.

Während der fünf Monate, die sie bei Salar war, hatte eine Reihe von Dingen, die sie beobachtete, Karen beunruhigt. Die Organisationskultur stand in scharfem Gegensatz zu dem Unternehmen der öffentlichen Hand, in dem sie vorher gearbeitet hatte. Alle Unterschiede schienen sich um Vertrauen zu kreisen. Sie begann sich zu fragen, ob Lester Milton

124

überhaupt viel Zutrauen zu irgend jemandem hatte. Ein Ausdruck seines Mangels an Vertrauen in seine Leute war, daß er darauf bestand, über die kleinsten Details der Arbeiten informiert zu werden. Karen konnte sich darüber ärgern, ständig, wie die anderen Angestellten auch, in Lesters Büro beordert zu werden, um belanglose Entscheidungen zu erklären. Es störte den Arbeitsablauf im Büro. Aber man hatte kaum die Wahl: wenn man Lester nicht informierte, und es ging etwas schief, war der Teufel los. Schlechte Nachrichten waren, weil unerwartet, sicherlich nicht willkommen. Die Angestellten malten oft ein zu rosarotes Bild, nachdem sie verzweifelt überlegt hatten, wie sie Lester unerfreuliche Informationen präsentieren sollten. Das führte unvermeidbar zu Verzerrungen und zur Entstehung eines falschen Optimismus. Karen empfand, daß, obwohl Lesters Kontrollstil vielleicht einmal sinnvoll war, als die Firma kleiner war, jetzt fundierte Entscheidungen getroffen werden mußten. Wenn sie sich so umsah, fragte sich Karen, wieviel Toleranz ihr Chef eigentlich gegenüber selbständigem Denken hatte. Die Kollegen von der alten Garde schienen extrem unterwürfig zu sein, erpicht darauf, Lester zu gefallen. Wenn sie eigene Meinungen hatten, waren sie nicht bereit, sich dafür einzusetzen.

Anfangs hatte Karen Lesters Selbstbeschreibung als Workaholic nicht viel Beachtung geschenkt. Sie war von der Aufregung, mit ihm zu arbeiten, und von den Wachstums- und Expansionsmöglichkeiten, die sie für Salar sah, sowie von ihrer eigenen Karriere ganz vereinnahmt. Jetzt fragte sie sich, wie Lester angesichts der vielen Überstunden im Büro und der Unterbrechungen durch Geschäftsreisen irgendein Familienleben haben konnte. Und er erwartete von seinen leitenden Angestellten eine ähnliche Hingabe und ständige Verfügbarkeit. Wenn Karen es je ablehnte, verfügbar zu sein, wurde es als Gehorsamsverweigerung interpretiert. Sie lernte schnell, daß das Wutausbrüche hervorrufen konnte. Lesters Führungsstil – unberechenbar, impulsiv und extrem – stellte Karen vor die Frage, ob der Job der Mühe wert sei. Sie hätte sich ebensogut nach einem anderen umsehen können.

Das Dilemma von Karen Star ist nicht ungewöhnlich. Manche Unternehmer können eine Organisationskultur schaffen, die eine Anpassung sehr schwer macht. Man sollte jedoch solches Verhalten nicht als Norm ansehen. Viele Unternehmer sind gut ausgerüstet, um mit den verschiedenen

Umwelten des Unternehmens umzugehen. Aber trotzdem bleibt die Frage: Was für Typen sind Unternehmer? Was unterscheidet sie von anderen Geschäftsleuten? Obwohl sie eine Gruppe sind, kann man sie nicht einfach handhaben, einige Merkmale scheinen allen gemeinsam zu sein. Unternehmer scheinen zum Beispiel leistungsorientiert zu sein. Sie wollen Verantwortung für Entscheidungen übernehmen und hassen sich dauernd wiederholende und routinemäßige Arbeit. Kreative Unternehmer besitzen ein hohes Niveau an Energie und Durchhaltevermögen sowie Vorstellungskraft. Diese befähigt sie dazu, in Verbindung mit ihrer Bereitschaft, moderate und kalkulierte Risiken einzugehen, Dinge in etwas Konkretes umzuwandeln, die häufig mit einer sehr einfachen und ungenauen Idee beginnen. Unternehmer können in einer Organisation auch einen enorm mitreißenden Enthusiasmus verbreiten. Sie vermitteln das Gefühl von Entschlossenheit und überzeugen dadurch andere davon, daß sie dort sind, wo etwas geschieht. Unternehmer besitzen die Verführungskraft, die raffinierte Überzeugungskraft oder das Charisma, die notwendig sind, um eine Organisation zu führen und Impulse zu geben.

Unternehmer können jedoch in ihrem geheimnisvollen Nimbus auch persönliche Eigenarten haben, die es für die Leute kompliziert machen, mit ihnen oder für sie zu arbeiten. Zum Beispiel können sie wegen ihrer Vorliebe fürs Machen eher gedankenlos handeln, und das kann fürchterliche Konsequenzen für die Organisation haben. Einige Unternehmer haben zudem große Schwierigkeiten damit, Anweisungen anzunehmen. F. Derek du Toit, selbst ein Unternehmer, stimmt zu, daß „der Unternehmer, der sein eigenes Geschäft startet, dies im allgemeinen deswegen macht, weil er ein schwieriger Angestellter ist. Er nimmt nicht freudig die Vorschläge und Anordnungen anderer Leute entgegen und wünscht sich nichts mehr, als seinen eigenen Laden zu führen". Seine persönlichen Eigenarten schaden solange niemandem, wie das Geschäft klein ist. Wenn aber das Unternehmen größer wird und die Unterstützung und aktive Kooperation mehrerer Leute erfordert, ist er ein Risiko, wenn er seine Einstellung nicht ändert. Es ist mit Recht festgestellt worden, daß es die größte Belastung für eine aufsteigende Firma sein kann, einen Vollblut-Unternehmer als Besitzer zu haben.

Du Toit wirft die Frage auf, worauf man achtgeben sollte, wenn man beabsichtigt, für einen Unternehmer zu arbeiten, einen in den Vorstand aufzunehmen oder neue Geschäfte anzubahnen. Was kann Probleme verursachen? Gibt es Fallen, die zu vermeiden sind? Wenn ja, welche Möglichkeiten gibt es in solchen Situationen? Welche Vorkehrungen kann man treffen, um den typischen Unternehmer anzupassen? Haben Unternehmer mehr persönliche Probleme als andere Menschen? Kurz, was ist die Schattenseite des Unternehmertums? Warum sind Unternehmer besonders empfänglich für die V-Dimension?

Der Schauplatz des Unternehmers

Wir sollten bei der Beantwortung dieser Fragen daran denken, daß Unternehmer keine homogene Gruppe darstellen. Sie kommen in allen Formen und Ausmaßen vor, jeder mit seinen eigenen Charakteristika.

Ambivalente Einstellung gegenüber Kontrolle

Ein bedeutsames Thema im Leben und der Persönlichkeit vieler Unternehmer ist ihr ambivalentes Verhältnis zur Kontrolle. Manchmal beeinträchtigt ihre Sorge um die Kontrolle ihre Fähigkeit, die Leitung zu übernehmen oder sie angemessen auszuführen, und hat ernsthafte Auswirkungen darauf, wie sie mit anderen auskommen. Einige Unternehmer scheinen sich die Haare zu raufen, wenn ein Kontrollproblem auftaucht: sie sind voll von Phantasien über Großartigkeit, Einfluß, Macht und Autorität und fühlen sich dennoch hilflos. Sie scheinen zu befürchten, daß ihre grandiosen Wünsche außer Kontrolle geraten und sie endgültig in die Hände anderer spielt.

Einige Unternehmer haben folglich ernste Schwierigkeiten damit, Themen wie Dominanz und Unterwerfung anzusprechen, und sind skeptisch gegenüber Autorität. Diese Einstellung kontrastiert scharf mit der von Managern. Während Manager dazu in der Lage zu sein scheinen, sich in einer positiven und konstruktiven Weise mit Autoritätsfiguren zu identifizieren und sie als Rollenmodelle verwenden, mangelt es vielen Unternehmern an der Flexibilität des Managers, um aus einer übergeordneten in eine untergeordnete Rolle zu wechseln. Stattdessen erleben sie Strukturen oft als erstickend. Sie finden es ungeheuer schwer, mit anderen in strukturierten Situationen zu arbeiten, außer sie selbst sind diejenigen, die in erster Linie die Strukturen geschaffen haben, und die Arbeit wird in ihrem Sinn erledigt.

Larry Malcom, ein erfolgreicher Unternehmer in der Sportartikel-Industrie, ist ein typisches Beispiel. Larry hatte es immer schon als schwierig empfunden, für andere zu arbeiten. Nachdem er aus dem College ausgestiegen war, begann Malcom in einem Kaufhaus als Verkäufer für Sportartikel. Er schätzte diese Erfahrung (er war immer sehr sportbegeistert gewesen), aber ein Streit mit dem Abteilungsleiter über die richtige Art, die Waren auszustellen, beendete vorzeitig seinen Aufenthalt. Dann fand er einen Bürojob in einer Kleiderfabrik, die Freizeitkleidung herstellte. Obwohl er es schaffte, länger in diesem Job zu bleiben, war ihm die Arbeitsumgebung zuwider. Er fühlte sich erdrückt und kündigte schließlich.

In seinem dritten Job erging es ihm nicht besser. Aber diesmal kam Malcom zu der Einsicht, daß es nicht seine Stärke war, für andere zu arbeiten. Weil er nicht wußte, was er tun sollte, und Zeit brauchte, um über seine Zukunft nachzudenken, nahm er sein Gespartes und machte eine ausgedehnte Reise nach Europa. Auf einer Sportartikel-Messe in Deutschland traf er einen Designer, dessen Arbeit ihm gefiel. Er schaffte es, auf der Grundlage der Entwürfe des Mannes, ein paar Bestellungen von einem Kaufhaus und einer Reihe kleiner Einzelhandelsgeschäfte zu bekommen, als er wieder in den Staaten war. Ganz plötzlich sah sich Malcom sein eigenes Geschäft betreiben.

Larry Malcoms Geschichte ist nicht ungewöhnlich. Viele Unternehmer scheinen von einer gigantischen fixen Idee oder einem Traum besessen zu sein: irgendeine Idee, ein Konzept oder ein Thema, das sie dauernd verfolgt, und schließlich festlegt, in was für eine Art Geschäft sie einsteigen. Malcoms große Leidenschaft war der Sport und alles, was damit zu tun hatte. Diese Besessenheit erklärte zum Teil sein Talent dafür, ganz funktionale, aber ebenso gute wie attraktive Designs zu finden. Dieses spezifische Interesse ist jedoch nicht der einzige Faktor. Beim Anhören von Fallgeschichten einzelner Unternehmer habe ich viele Situationen entdeckt, wo es, ebenso wie für Malcom, die Unfähigkeit des Individuums war, sich einer Autorität zu unterwerfen und organisatorische Regeln zu akzeptieren, die es dazu veranlassen, Unternehmer zu werden.

Viele Unternehmer scheinen Eigenbrötler zu sein, die ihre eigene Umwelt erschaffen müssen. Der Respekt, den normalerweise ein Angestellter seinem Vorgesetzten schuldet, erstickt diese Menschen oftmals. Sie sagen selbst, daß sie auf keinen Fall auf Gedeih und Verderb anderen ausgeliefert sein wollen. Diese Sorgen bestehen fort, sogar wenn sie sich den alten Kontrolleinflüssen entzogen haben. Viele Unternehmer sind ständig mit der drohenden Unterwerfung unter eine externe Kontrolle oder mit der Verletzung ihres Willens beschäftigt. Wenn solche Menschen plötzlich in eine untergeordnete Position versetzt werden, sind Machtkonflikte unvermeidbar.

Menschen, die zu sehr darüber in Sorge sind, kontrolliert zu werden, haben auch wenig Toleranz gegenüber selbständig denkenden Angestellten. In Organisationen kann diese Sucht nach Kontrolle zu extremem Verhalten führen: zum Beispiel verlangte ein Eigentümer-Unternehmer, über die kleinsten Schritte des Unternehmens unterrichtet zu werden.

Um es zu illustrieren: Ein Unternehmer, der für einen Zwanzig-Millionen-Dollar-Konsumartikelbetrieb verantwortlich war, öffnete jeden Morgen nicht nur seine eigene private, sondern die gesamte an die Firma adressierte Post. Obendrein bestand er darauf, alle Bestellungen selbst zu bestätigen, egal wie klein sie auch waren. Er sagte, dies gäbe ihm ein Gefühl für das gesamte Funktionieren der Organisation. Das kann einmal so gewesen sein. Aber die übermäßige Sorge um das Detail, die in der Anlaufphase einer Firma vielleicht noch angemessen ist, wird in dem Maße zur Belastung für die Organisation, wie sie den Informationsfluß erstickt, Entscheidungen behindert und das Anziehen und Festhalten fähiger Manager hemmt. Obwohl seine Angestellten viele der Qualitäten dieses Unternehmers bewunderten, nahmen sie es ihm zutiefst übel, wie kleine Kinder behandelt zu werden. Gute Kräfte blieben nicht länger.

Weil eine echte Verantwortung fehlte, zirkulierte darüber hinaus die für Entscheidungen wichtige Information nicht. Im Ergebnis stagnierten Umsatz und Profit, und das zukünftige Wachstum des Unternehmens wurde gefährdet. Käufer von Unternehmer-Firmen, die durch solche Leute gegründet wurden, sollten darauf gefaßt sein, ein mittelmäßiges Management zu erben.

Gefühl von Mißtrauen

Eng mit dem Bedürfnis nach Kontrolle ist eine Neigung zur Skepsis gegenüber anderen verbunden. Einige Unternehmer fallen wegen ihres starken Mißtrauens gegenüber der Welt um sie herum auf. Sie leben in der Angst, hereingelegt zu werden. Sie wollen gewappnet sein, sollte das Unheil eintreten. Paradoxerweise scheinen sich einige von ihnen dann am besten zu fühlen, wenn es mit ihrem Glück am schlechtesten steht.

Auf der Spitze der Erfolgswelle stellen sie sich ebenso wie viele andere Führungskräfte auch vor, daß sie sich den Neid der anderen zuziehen, und werden ängstlich. Wenn die Leute sie fragen, wie die Dinge so stehen, antworten sie, daß die Geschäfte nur „so là là" oder „nicht so schlecht" gehen, gerade so als ob sie nicht den Zorn der Götter erregen wollten. Wenn sich aber ihr Schicksal wendet und sie nahe vor dem Bankrott stehen, empfinden sie, als ob sie ihren Preis bezahlt und für ihren Erfolg gebüßt hätten. Ihre heikle Lage kann einen positiven Effekt haben, weil sie ein Gefühl von Erleichterung produziert. Durch die Linderung der Angst haben sie die Energie, neu anzufangen, was sie mit Begeisterung und einem Gespür für das Ziel tun.

Menschen, die sich so verhalten, tasten ständig ihre Umwelt nach etwas ab, das ihren Verdacht bestätigt. Dieses Verhaltensmuster hat natürlich auch seine konstruktive Seite: es macht sie für die Schritte der Konkurrenz, der Lieferanten, Kunden oder der Regierung, die die Wirtschaft beeinflussen, sensibel. Die Vorwegnahme der Handlungen anderer bewahrt sie davor, überrascht zu werden. Aber eine solche Wachsamkeit kann sie ebenso dazu verleiten, jedes Gefühl für die Proportionen zu verlieren. Solche Unternehmer können belanglose Dinge aufblasen und den Blick für die Realität der Situation verlieren, wenn sie sich auf bestimmte Störungsstellen konzentrieren und andere ignorieren. Wenn sich ein starkes Mißtrauensgefühl in Verbindung mit einem Kontrollbedürfnis breit macht, dann hat das ernsthafte Folgen für die Organisation: die Kriecher geben den Ton an, die Leute hören auf, selbständig zu handeln, und taktische Täuschungsmanöver nehmen überhand. Solche Unternehmer können harmlose Akte als Bedrohungen ihrer Kontrolle interpretieren und sie als Rechtfertigung für vernichtende Gegenmaßnahmen ansehen. In Situationen, wo eine Unternehmer-Firma übernommen und der Unternehmer gefragt wurde, ob er nicht bleiben wolle, führt verständlicherweise ein solches Denken nicht zu einem gesunden Verhältnis zwischen Haupt- und Nebengeschäftsstelle.

In einem Fall schickte die Hauptverwaltung einen Berater, um dem Geschäftsführer einer frisch erworbenen Firma dabei zu helfen, Rentabilität durch Produktlinien zu erzielen sowie einen strategischen Plan zu entwickeln und zu implementieren. Als der Berater ankam, ließ ihn der Ex-Eigentümer nicht einmal in die Bilanzen blicken, weil (wie er der Hauptverwaltung erklärte), der Berater die Information dazu benutzen könnte, um der Konkurrenz zu helfen. Bei einer anderen Gelegenheit, als seine Maschinen stillstanden und er Angestellte entlassen mußte, lehnte es dieselbe Person ab, halbfertige Waren an ein Unternehmen zu verkaufen, das nicht zur Konkurrenz gehörte. Sein Argument war, daß er sich schon einmal die Finger verbrannt hatte, als ein Konkurrent seine halbfertige Ware dazu benutzte, um eine Produktlinie herzustellen, die mit seiner konkurrierte; und das wollte er kein zweites Mal zulassen.

In einem anderen Fall war einer der Direktoren einer Beratungsfirma über die Entdeckung erstaunt, daß ihr Klient Fernsehkameras hatte, um die Vorder- und Hintereingänge sowohl seiner Fabrik als auch seines Bürogebäudes zu überwachen. Um seine Angst zu beruhigen, daß die Angestellten ihn bestahlen, stellte der Unternehmer zwei Konsolen mit geteilten Bildschirmen auf seinen Schreibtisch und beobachtete sie ständig.

Das Problem, das man hat, wenn man solchen gestörten Formen des Denkens und Handelns entgegenwirken will, ist, daß hinter dieser Angst und Skepsis immer ein Funken Realität liegt. Wenn man genau genug hinsieht, kann man immer irgendwo irgendeine Bestätigung für die Verdächtigungen des Unternehmers finden – irgend jemand stiehlt immer irgendetwas. Die Person, die sich so verhält, vergißt bedauerlicherweise, was der Verfall der Moral, die geringe Zufriedenheit der Angestellten und sinkende Produktionszahlen das Unternehmen kosten.

Gier nach Applaus

Der normale Heldenmythos beginnt mit der bescheidenen Geburt des Helden, seinem schnellen Aufstieg zu Berühmtheit und Macht, seiner Eroberung durch die Kräfte des Bösen, seiner Verwundbarkeit durch die Sünde des Hochmuts und endet schließlich mit seinem Untergang durch heldenhafte Opferung. Die hier genannten grundlegenden symbolischen Themen – von Geburt, Eroberung, Hochmut, Verrat und Tod – sind für uns alle relevant. Und Unternehmer produzieren, wie wir gesehen haben, denselben Mythos – mit einem griechischen Chor im Hintergrund, der ihren Leistungen applaudiert, sie aber vor Hochmut warnt.

Der Mythos hilft uns zu verstehen, warum ziemlich viele Unternehmer unter sehr hoher Anspannung leben. Sie spüren, daß sie auf des Messers Schneide leben, daß ihr Erfolg nicht ständig andauern wird (ihr Bedürfnis nach Kontrolle und ihr Mißtrauensgefühl sind symptomatisch für diese Angst), aber sie haben auch eine vorrangige narzißtische Sorge darum, gehört, anerkannt, und als Helden gefeiert zu werden. Einige Unternehmer müssen anderen demonstrieren, daß sie etwas erreicht haben und daß man sie nicht ignorieren kann.

Ein sehr begnadeter Unternehmer, der unter schwerem Streß stand, als er darüber nachdachte, wie schnell er sein Unternehmen erweitern sollte, erzählte mir einen Traum, den er wiederholt hatte. In dem Traum stand er auf einem Balkon und blickte nach unten auf eine Gruppe Frauen, die bewundernd zu ihm hoch lächelten. Diese Szene verblaßte bald, und aus den Bewunderinnen wurden Hexen. Er glaubte zu ersticken und wachte schreiend auf. Er erinnerte sich auch an Träume, in denen er wie ein draufgängerischer Cowboy einen immer enger werdenden Pfad zur Spitze eines Berges hinaufsteigt. Aber kurz vor der Spitze versperrt ein Tor den Weg. Der Mann hätte einen Absturz riskieren müssen, um es zu übersteigen.

Wenn man diese Träume symbolisch deutet, wenn auch in vereinfachtem Sinne, dann kann man einige Sehnsüchte und Ängste in ihnen erkennen. Eines der bemerkenswertesten Kennzeichen beider Träume ist ihre Grandiosität: beide befassen sich mit hohen Positionen – Balkon und Bergspitze – und der Weg dahin ist von vielen Gefahren umgeben. Man würde gerne fragen: Warum will er überhaupt dahin? Wen will er beeindrukken? Was sind das für Gefahren? Welche Rolle spielen Frauen in dem Ganzen? Welches ist die Rolle der Männer? Warum schreit er, und was verursacht das Erstickungsgefühl? Welche Gründe liegen hinter dieser Überaktivität?

Man könnte das Verlangen nach Beifall als eine narzißtische Reaktion auf das Gefühl von Bedeutungslosigkeit, das Gefühl, ein Nichts zu sein, deuten. Einige Unternehmer hören eine innere Stimme, die ihnen sagt, daß sie niemals irgend etwas erreichen werden. Aber ungeachtet dessen, wer ihnen diese Ideen in den Kopf gesetzt hat, sind diese Leute keine zurückhaltenden Typen, die eine solche Zurückweisung passiv hinnehmen. Sie sind herausfordernd und reagieren kreativ durch Taten. Sie besitzen genug innere Stärke, diese Stimme vom Gegenteil zu überzeugen, und zeigen der Welt, daß sie etwas erreichen. Sie reiten trotz aller Ängste an die Spitze, sie bekommen ihren Beifall, und sie finden einen Weg, ihre Ängste zu überwinden.

Die Manifestation dieses Bedürfnisses ist das Interesse, das einige Unternehmer an der Errichtung von Denkmälern als Symbole ihrer Leistung zeigen. Manchmal ist das Denkmal ein imposantes Bürogebäude oder eine Produktionsanlage. Manchmal ist es ein Produkt, das symbolische Bedeutung annimmt. Zum Beispiel baute ein Unternehmer ein eindrucksvolles Hauptverwaltungsgebäude und eine neue Fabrik, weil er den Leuten aus dem Stadtteil, in dem er aufgewachsen war, zeigen wollte, daß er es zu etwas gebracht hatte. Der Kontrast zwischen seinem Gebäude und der heruntergekommenen Umgebung war bemerkenswert. Daß diese Aktion die finanzielle Lage der Firma gefährdete – es war während einer Periode wirtschaftlichen Rückgangs, und alle Berater befürworteten eine Produktion im Ausland – machte die Entscheidung noch bizarrer.

Angesichts dieser starken Bedürfnisse ist die Frage angemessen, ob es möglich ist, diesen Drang zu zügeln. Können Unternehmer auf ihr Bedürfnis verzichten, in gewisse Organisationssymbole zu investieren? Können sie unter den Einschränkungen des Unternehmensetats leben, Ausgaben kontrollieren und auf lange Sicht planen? Können sie ihre narzißtischen Bedürfnisse verändern? Können sie die zweite Geige spielen?

Abwehrprozesse

Splitting – die Neigung, im Umgang mit anderen die Dinge im Extrem zu sehen – ist ein häufiges Abwehrmuster unter Unternehmern. Sie idealisieren einige Leute, heben sie in den Himmel und diffamieren andere. Das Einstellungspendel schlägt allzu leicht um. Sehen wir uns ein Beispiel an: Ein Unternehmer legte Wert darauf, junge Diplombetriebswirte, die gerade mit dem Studium fertig waren, einzustellen. Er war von ihrer Beherrschung der neuesten Managementtechniken fasziniert und hielt die neuen Manager seinen anderen Angestellten als Beispiel vor. Denen teilte er mit, daß dies die Sorte Manager sei, die er brauche. Sein verschwenderisches Lob erregte unvermeidbar enorme Verärgerung unter dem Rest des Personals (mit den vorhersagbaren boshaften Folgen). Aber die Vernarrtheit des Unternehmers in seine letzten Neueinstellungen erschöpfte sich bald selbst, und es stellte sich Enttäuschung ein. Keine der Neueinstellungen konnte die übertriebenen Erwartungen des Chefs erfüllen, und jeder zog es am Ende vor, wie die anderen vor ihm, zu gehen.

Als derselbe Mann seine Firma verkaufte, war er zunächst ganz angetan von dem Vorstandsvorsitzenden des Käuferunternehmens. Bei allen lobte er die Vollkommenheit seines neuen Chefs. Es machte ihm scheinbar viel Spaß, näher auf bestimmte Ereignisse einzugehen, die die Leistungen des Vorstandsvorsitzenden illustrierten. Aber diese Faszination hielt wie bei all den anderen nicht lange an. Eine Bitte der Hauptverwaltung nach mehr Information für eine neue Werbekampagne war der Wendepunkt. Der Ex-Eigentümer interpretierte diese Aufforderung als einen Ausdruck von Mißtrauen, als Versuch, Fehler in seinem Tun zu finden, ja sogar als Teil eines Planes, ihn loszuwerden. Auf andere Bitten der Hauptverwaltung reagierte er ähnlich. Der Vorstandsvorsitzende verwandelte sich über Nacht in seinen Augen vom Helden zum Hauptübeltäter. Weil der Unternehmer Information vorenthielt, hatte der Vorstandsvorsitzende schließlich keine andere Wahl mehr, als dessen Befürchtungen wahr werden zu lassen, und er entließ den Unternehmer.

Wir neigen alle dazu, wie vorher beschrieben, innere Probleme nach außen zu verlagern: wir projizieren unser Unbehagen und unsere Ängste auf andere. Wenn wir eine empfundene Bedrohung jemand anderem oder einem Umstand zuschreiben, ist sie leichter zu handhaben. Wenn diese Neigung zur Projektion aber übertrieben stark und zur vorherrschenden Reaktion auf Streßsituationen wird, kann es problematisch sein. Die Suche nach einem Sündenbock ist eine Methode, auf die Leute häufig zurückgreifen, um sich selbst als schuldlos hinzustellen und sich rechtschaffen zu fühlen. Wenn diese Art der Streßbewältigung ins Extrem getrieben wird, dann kann dies allerdings zu einer dysfunktionalen Persönlichkeitseigenschaft werden.

Leute, die sich so verhalten, empfinden nur wenig persönliche Verantwortung. Sie distanzieren sich von den Problemen, leugnen sie und rationalisieren sie weg, welche Verantwortung sie auch immer hatten. Sie sehen nicht, was sie nicht sehen wollen, und beschuldigen andere. Diese Art zu Denken führt in einer Organisation zu taktischem Hickhack, zur Leugnung von Verantwortung sowie zur Abgeschlossenheit und Cliquenwirtschaft.

Schließlich neigen ziemlich viele Unternehmer dazu, das Passive zum Aktiven zu wenden: diese Eigenschaft ist mit ihrer Schwierigkeit verknüpft, ihre Impulse zu kontrollieren und mit ihrer Angst und Depression fertigzuwerden. Solche Unternehmer bekämpfen ihre Angst (was durch ihre Unruhe und Reizbarkeit bewiesen ist) durch ihre Hinwendung zum Machen als Gegenmittel – ein manisches Abwehrverhalten.

So wie diese Unternehmer versuchen, zwischen ihrer Angst vor Erfolg und ihrer Angst vor Versagen zu steuern, und sich fragen, ob der Erfolg andauern wird oder ob sie das befürchtete Schicksal des mythischen Helden erleiden werden, können sie am Ende der Anspannung nicht standhalten. Sie flüchten sich ins Machen, sogar wenn es impulsiv und gedankenlos ist, und ohne Berücksichtigung der Tatsachen. Das heißt nicht, daß Warten keinen Reiz für sie hat, sondern nur, daß sie vielleicht Angst davor haben, daß Passivität sie überabhängig und letztlich durch andere kontrollierbar machen könnte, weswegen sie der Abhängigkeit entgegenwirken müssen.

Die meisten von uns bemühen sich ständig darum, eine Balance zwischen Abhängigkeitsbedürfnissen und dem Wunsch nach selbständigem Tun herzustellen, also unabhängig zu sein. Einigen Unternehmern scheint es ziemlich schwer zu fallen, diese Balance und ein stabiles Selbstbild aufrechtzuerhalten. Stattdessen schwanken sie hin und her und sind für starke Stimmungswechsel anfällig. Wenn die Dinge gut laufen, ist alles bestens. Aber wenn die Seifenblase platzt und etwas schiefgeht, schlägt das Pendel häufig total in die andere Richtung aus. Dann ist alles furchtbar, die Situation hoffnungslos, und der Bankrott steht vor der Tür.

Ein Unternehmer bekämpfte seine depressiven Gefühle dadurch, daß er zu manischem, überaktivem Verhalten griff. Weil er schlechte Nachrichten nur schlecht ertragen konnte, rückversicherte er sich ständig selbst, daß die Dinge gut liefen. Er beschrieb ausgiebig, wie sagenhaft erfolgreich und profitabel seine Firma war. Bei diesem Geisteszustand, der ihn nur sehen ließ, was er sehen wollte, und unter Verwendung all der Abwehrmuster, die ich gerade beschrieben habe, machte er sich beim Lesen der Verkaufs- und Finanzberichte keine Sorgen. Wenn ihn jemand danach fragte, antwortete er, daß seine Bilanzen ganz prächtig seien, alles war sagenhaft. Erst die Neuigkeiten seiner Buchhalter stellten klar, daß die Firma im letzten Quartal Verluste erlitten hatte, und rüttelten ihn schließlich aus seinem selbsttäuschenden Zustand auf. Man braucht nicht zu sagen, daß er diesen Bericht nicht mit Gelassenheit aufnahm. Seine Laune sank. Er hatte Angst, den Boden unter den Füßen zu verlieren und daß sein Betrieb am Ende sei. Es brauchte eine Weile, bis er sich wieder gefaßt hatte.

Folie à deux bei Unternehmern

Ich habe früher darauf hingewiesen, daß aufgrund der großen Intensität und Dichte, die sich in kleinen isolierten Gruppen entwickelt, Unternehmer-Firmen besonders für Verhaltensmuster der Folie à deux empfänglich sind. Wählen wir ein Beispiel: Die Unternehmerin und Gründerin einer mittelständischen Elektronikfirma artikulierte oft ihre Sorge über den Bedarf an professionellerem Management für ihre Firma. Sie pflegte zu sagen, daß die Unternehmensphase abgeschlossen und die Zeit gekommen sei, organisatorische Veränderungen vorzunehmen sowie Vorbereitungen zu treffen, sich in eine AG umzuwandeln und für die Nachfolge

zu sorgen. Zu diesem Zweck setzte sie sich für eine strenge Einstellungs-
politik ein. Ihre charismatische Anziehungskraft und ihr energisches Eintreten für ein professionelles Management zog eine Reihe neuer Manager
an. Deren Zustrom wurde jedoch durch eine ständige Abwanderung von
Managern ausgeglichen, die schnell erkannten, wie schwierig es war, den
Anforderungen der Unternehmerin nachzukommen. Sie glaubte, sich in
die privaten Familienangelegenheiten ihrer Angestellten einmischen zu
können, wenn sie die Firma „eine glückliche Familie nannte". Während
sie versprach, einen Großteil der Verantwortung an die Neulinge zu dele-
gieren, verkehrte sich dies in nicht näher bestimmte Verantwortungsüber-
tragungen ohne viel Autorität, und das führte häufig zu Fehlern. Die Kar-
rierevorteile einer Person hingen oft von ihrer Nähe zur Chefin, ihrer
Übereinstimmung mit ihren Wünschen und ihrer Bereitschaft ab, sich an
oft irrationalen Verhaltensweisen zu beteiligen. Der Preis für Widerstand
war die Verbannung in verschiedene obskure Verkaufsbüros. Die Firma
mußte schließlich ihren Tribut für diese Führung bezahlen. Aber die In-
haberin schob die Schuld für ständig sinkende Verkaufszahlen und Gewinne auf Regierungsinterventionen, Gewerkschaftsaktivitäten und Sabotage durch eine Reihe bestimmter Mitarbeiter.

Horten von Informationen, Favorit spielen, inkonsequentes Handhaben
der Unternehmensgeschicke sowie die allgemeine Erzeugung unklarer
Situationen scheinen verbreitete Probleme für Führungskräfte von Unternehmerfirmen zu sein. Weil das Überleben der Firma vom Unternehmer
abhängt, sind viele Angestellte leicht zu seiner Unterstützung bereit, sogar wenn es sich um irrationales Verhalten handelt. Diejenigen, die dabei
nicht mitmachen, gehen, während die Konformen und die, die für eine
Folie-à-deux-Beziehung empfänglich sind, bleiben.

Dieses Phänomen erklärt vielleicht, warum in Unternehmerfirmen eine
starke Schicht fähiger mittlerer Manager fehlt. In Folie-à-deux-Situa-
tionen verwenden diejenigen, die bleiben, einen großen Teil ihrer Energie auf taktisches Hickhack und unterstützen das irrationale Verhalten
und den irrationalen Glauben des Unternehmers. Diese Aktivitäten können sogar verstärkt werden, wenn Familienmitglieder des Unternehmers
in der Firma angestellt sind, so daß familiäre und organisatorische Prozesse eng miteinander verflochten werden.

Licht ins Dunkel bringen

Ich habe beschrieben, wie der Unternehmer Opfer der V-Dimension werden kann. Die Fälle, die ich geschildert habe, sind Extreme. Vor allem können viele ausgleichende Kräfte – Institutionen, Regierung, Banken sowie die Gesundheit und gute Urteilsfähigkeit eines Menschen – Exzessen vorbeugen. Das Realitätsgefühl der meisten Unternehmer bewahrt sie davor, daß ihnen die Dinge aus der Hand gleiten.

Unternehmer haben weder notwendigerweise mehr persönliche Probleme als andere Menschen, noch haben sie unvermeidbar Persönlichkeitsstörungen. Man kann aus der vorhergehenden Diskussion jedoch lernen, daß Unternehmer ihre eigenen speziellen Arten des Umgangs mit Streß und Spannungen des täglichen Lebens haben. Wenn ich das sage, möchte ich erneut betonen, daß die Grenzen zwischen sehr kreativem und abweichendem Verhalten verschwommen sein können. Normales und irrationales Verhalten sind keine getrennten Kategorien auf einer Skala. Es ist die Mischung von kreativem und irrationalem Verhalten, die hinter den Unternehmern steht und für ihre vielen positiven Beiträge verantwortlich ist. Unternehmer schaffen neue Industrien und Jobs und stimulieren die Wirtschaft. Ihre visionären Fähigkeiten und ihre Führungskompetenzen ermöglichen es den Menschen, die sie umgeben, kleine Sorgen zu übergehen und große Leistungen zu vollbringen.

In einem Fall arbeitete der Präsident eines Mischkonzerns hart daran, eine auf gegenseitigem Vertrauen basierende Beziehung zu einem Unternehmer aufzubauen, der eine Firma leitete, die er zu kaufen beabsichtigte. Die beiden unterhielten sich über Arbeitsorganisation und Betriebsabläufe, die jeder von ihnen akzeptieren könnte. Während der Unternehmer seine Bedenken hinsichtlich seiner Unabhängigkeit ausdrückte, beschrieb der Präsident die Information, die er von jedem Angestellten bräuchte, um beruhigt zu sein. Sie vereinbarten auch, daß der Unternehmer sich jederzeit an den Präsidenten wegen Unterstützung wenden könnte. Der Präsident hielt nach dem Kauf sein Versprechen, daß der Unternehmer seinen eigenen Weg gehen könne. Er beschränkte die Eingriffe der Hauptverwaltung auf ein Minimum. Das Arrangement über die Unterstützung entpuppte sich als kritisch. Der Unternehmer benutzte den

Präsidenten regelmäßig als Resonanzboden, was diesem nichts ausmachte, seit es ihm eine Atmosphäre gegenseitigen Vertrauens möglich machte, eine gesunde Portion Realität in die gelegentlichen geistigen Höhenflüge des Unternehmers zu bringen. Dieses lose-feste Arrangement entpuppte sich als sehr erfolgreich. Der Neuerwerb wurde eine der profitabelsten Firmen des Konzerns.

Geschichten über Unternehmer enden bedauerlicherweise nicht immer glücklich. Die persönlichen Marotten, die ich beschrieben habe, können eine Zusammenarbeit sehr aufreibend machen. Der letzte Fall enthält jedoch einen Hinweis darauf, wie Führungskräfte und die Risikokapitalgeber mit diesen einfallsreichen, aber manchmal schwierigen Leuten zusammenarbeiten können. Die Anforderung dabei ist, eine auf gegenseitigem Vertrauen basierende Beziehung zu entwickeln, die es dem Vorstandsvorsitzenden und dem Unternehmer erlaubt, sich offen und regelmäßig zu unterhalten, so daß für letzteren die Möglichkeit besteht, Ideen an der Realität zu prüfen.

Um diesen Prozeß zu erleichtern, sollten Risikokapitalgeber und Vorstandsvorsitzende das Verlangen des Unternehmers nach Unabhängigkeit respektieren und die Kontroll- und Informationssysteme entsprechend gestalten. Mit einem solchen Arrangement zu leben ist keine einfache Sache. Angesichts der unberechenbaren Art, mit der manche Unternehmer ihre Firmen leiten, kann eine lose gekoppelte Beziehung mit der Hauptverwaltung für viele Vorstandsvorsitzende vielleicht etwas zuviel werden, um sie noch zu handhaben. Ein solcher Ansatz erfordert es, daß die Führungskräfte im Hauptbüro eine Balance zwischen Überwachen der Leistung und Loslassen der Kontrolle aufrechterhalten. Eine Möglichkeit, die Autonomie erworbener Unternehmen zu garantieren, ist es, das Hauptverwaltungspersonal dazu zu bringen, übermäßigen Einmischungen vorzubeugen.

Topmanager sollten ein paar andere Vorsichtsregelungen beachten, bevor sie einen Unternehmer anheuern. Sie sollten, bevor sie eine Unternehmer-Firma kaufen, der Qualität des Managements, das sie mitübernehmen, strenge Aufmerksamkeit widmen. Man muß herauszufinden, ob der Personalpool der Firma, die gekauft werden soll, aus- und weitergebildet werden kann. Oder ist man mit einem solch mittelmäßigen Management konfrontiert, daß es sehr schwer sein wird, ein Team zu bilden, das zu der eigenen Unternehmenskultur paßt? Liegt eine antrainierte Unfähigkeit oder eine „decidophobia" (Entscheidungsphobie) vor, die es der erworbenen Managementgruppe unmöglich macht, die Firma vorwärts zu bringen, wenn der Unternehmer seinen Hut nimmt?

Vorstandsvorsitzende sollten im Falle eines Erwerbs ebenso darauf achten, wie gut die beiden Unternehmenskulturen zueinander passen. Werden die Dinge in der Hauptverwaltung anders als in der erworbenen Firma erledigt? Wie ähnlich sind sich die grundlegenden Werte in den beiden Organisationen – zum Beispiel hinsichtlich der Frage nach dem üblichen Verhalten, der normalen Struktur und den allgemein anerkannten Zielen? Die Unternehmenschefs sollten entsprechend offen für Veränderungen sein; kulturelle Anpassung entwickelt sich wechselseitig. (Ich denke hier nicht an drastische Veränderungen, sondern an einen graduellen Wandel.) In jedem Fall müssen Chefs darauf achten, ob die kulturellen Differenzen so groß sind, daß ein Konflikt unvermeidbar ist. Und wenn es zu Konflikten kommt, werden sie auch ausgetragen?

Jeder Angestellte, der für einen Unternehmer arbeitet, sollte einsehen, daß er in einer verwundbaren Position ist. Sehr oft scheinen sie nur zum Vergnügen des Unternehmers da zu sein. Es kann Zeiten geben, in denen der Angestellte eine Einstellungsänderung des Unternehmers bewirken kann, aber diese Veränderungen sind in der Regel bescheiden. Welche Verhaltensmodifikationen auch immer stattfinden, der Angestellte hängt von der Dynamik der Macht ab. Unternehmer kontrollieren auf mehr als nur eine Art ihr Unternehmen. Meistens sind sie Hauptaktionäre, und die Angestellten müssen die Konsequenzen aus deren Eigentümerposition ertragen. Die Vergegenwärtigung, daß sie die Kontrolle über ihre Firma verlieren könnten, wenn sie so ineffektiv weitermachen, kann die Unternehmer jedoch dazu motivieren, etwas an ihrem persönlichen Stil zu ändern und für Abhilfe zu sorgen.

Menschen, die sich zu Firmen unter der Leitung eines Unternehmers, wie ich sie beschrieben habe, hingezogen fühlen, tun das aus freien Stücken: vielen von ihnen macht es nichts aus, unter einem strengen Chef zu arbeiten. Wenn sie auf der Suche nach einer symbolischen Elternfigur sind, dann ist der Unternehmer da, um ihnen den Gefallen zu tun. Statt sich

140

zurückgehalten oder durch das besondere Verhaltensmuster der Unternehmer irregeleitet zu fühlen, identifizieren sich einige mit ihnen und schöpfen Stärke aus deren Führung. Diese Verbindung kann zu einer konstruktiven, synergetischen Beziehung beitragen, durch welche die Vision und der Pep des Unternehmers in ein effektives und leistungsfähiges Funktionieren der Organisation umgewandelt wird.

In den meisten Beispielen, die ich beschrieben habe, kann, wenn überhaupt jemand, normalerweise ein Außenstehender den Führungsstil eines Unternehmers beeinflussen. Jemand, der der Organisationskultur nicht massiv ausgesetzt ist, hat den größten Einfluß. Eine solche Person – ein Berater, ein Bankier, ein Mitglied des Beratungsausschusses oder, im Falle eines Erwerbs, die Topmanager des Käuferunternehmens – hat oft genug Distanz, um die Dinge sachlich zu sehen und das häufige Drama und die Spannungen in Unternehmer-Firmen mit Vorsicht zu genießen. Eine solche Person kann die Rolle eines Vertrauten spielen und die Ambition des Unternehmers dazu benutzen, konstruktiven Wandel zu bewirken.

Weil Unternehmer normalerweise reich an Produkt- und Marktwissen sind, sollte man nicht als erstes an eine Trennung denken. In den Fällen natürlich, wo es schnell offensichtlich wird, daß das Bedürfnis des Unternehmers nach Autonomie alles andere überschattet, mag es ratsam sein, den Gründer nur für eine kurze Übergangszeit zu behalten. Weil aber im Regelfall das Käuferunternehmen das Bedürfnis hat, seine Kultur den Tochtergesellschaften aufzudrängen, werden die Unternehmer-Eigentümer meistens von sich aus gehen. Wenn aber dieses allzu bekannte Szenario eintritt, entstehen normalerweise neue Probleme, die diesmal die Nachfolge betreffen.

Wozu auch immer man sich letztlich entscheidet, man sollte daran denken, daß die Marotten der Unternehmerpersönlichkeit eventuell zu ihrem Elan und ihrer Energie beigetragen haben und wichtige Faktoren für ihren großen Erfolg sind. Statt diese persönlichen Eigenarten zu bekämpfen, sollten hohe Führungskräfte zusehen, daß sie sie als eine Herausforderung entwickeln.

Wie ein chinesisches Sprichwort sagt, „Wer einen Tiger reitet, kann nicht herunterfallen." Das macht einen Unternehmer aus. Das gleichzeitige

Verlangen nach Gefahren und nach Gelegenheiten ist es, was den Unternehmergeist auszeichnet und letztlich der Lebensnerv einer jeden Gesellschaft ist.

Kapitel 8

Das Nachfolgerspiel

„Wenn der König zu altern beginnt, ist seine magische Stärke bedroht; sie kann schwächer werden, verschwinden oder durch böse Mächte ins Gegenteil verkehrt werden. Deshalb muß das Leben des alternden Königs genommen und seine magische Stärke auf seinen Nachfolger übertragen werden." Die Person des Königs ist nur so lange von Bedeutung, wie sie unbeeinträchtigt ist: nur als ein intaktes Gefäß ist sie fähig, die Kräfte der Steigerung zu fassen. Der kleinste Defekt macht ihn seinen Untertanen verdächtig, weil er den Verlust einer ihm anvertrauten Substanz bedeuten kann und somit eine Gefahr für die Wohlfahrt seines Volkes. Die Verfassung dieses Königreichs ist die Verfassung des Königs selbst. Er ist auf einen Zustand seiner Stärke und Gesundheit vereidigt, so wie er war. Ein König, der graue Haare bekommt, dessen Augenlicht nachläßt, der seine Zähne verliert oder impotent wird, wird umgebracht oder muß Selbstmord begehen; entweder nimmt er Gift oder er wird erwürgt. Das sind die gebräuchlichen Todesformen, weil Blutvergießen verboten ist. Manchmal ist die Dauer seiner Herrschaft von Anfang an festgelegt: die Könige von Jukun ... herrschten ursprünglich sieben Jahre. Bei den Bambaras bestimmte der neu gewählte König traditionsgemäß die Dauer seiner eigenen Herrschaft selbst. „Ein Baumwollstreifen wurde um den Hals gelegt, und zwei Männer zogen an den beiden Enden in entgegengesetzten Richtungen, während er selbst aus einer Kalebasse so viele Steinchen griff, wie er in seiner Hand halten konnte. Diese zeigten die Anzahl der Jahre, die er regieren und an deren Ende er erwürgt würde.

Elias Canetti, Masse und Macht

In der Geschäftswelt passieren so dramatische Ereignisse nicht, aber das heißt nicht, daß wir keine Parallelen finden können. Die Kontrolle der Pflichterfüllung und rituelle Hinrichtungen sind nicht auf antike afrikanische Königreiche beschränkt: die Nachfolge eines Unternehmensleiters ist nicht ohne eigenes Drama. Wir haben gesehen, wie besonders die Nachfolge von Unternehmern wegen ihrer emotionalen Beteiligung an ihrer Firma zu einem großen Drama werden kann. Aber Führungskräften in Unternehmen der öffentlichen Hand sind Nachfolgeprobleme auch nicht fremd. Die Nachfolge kann eine Periode großer Umwälzungen und

Konflikte sein, wenn die Emotionen für den Nachfolger, den Vorgänger und alle anderen Betroffenen heißlaufen. Die Nachfolge an der Spitze kann einen Welleneffekt durch die ganze Organisation haben und einige tiefgreifende und strukturelle Veränderungen nach sich ziehen.

Ed Nolan, Vorstandsmitglied einer diversifizierten Papierfirma, hatte sich gefragt, wie er das Ergebnis der letzten Vorstandssitzung interpretieren sollte. Der Hauptpunkt der Tagesordnung war der Bericht des Führungsauswahlausschusses von Bob Reed, Vorsitzender und Hauptgeschäftsführer. Ed schätzte, wie die meisten Vorstandsmitglieder, die Leitung der Firma durch Bob sehr. Bob hatte die Firma wirklich aufgebaut und war die treibende Kraft sowie mehr als alle anderen für den Erfolg verantwortlich. Aber seit Bob in die Jahre gekommen war, war die Frage, was nach seinem Weggang geschehen würde, für einige Vorstandsmitglieder eine zunehmende Beunruhigung geworden. Waren sie für eine Führungsnachfolge ausreichend gerüstet? Waren genügend Anstrengungen unternommen worden, um leitende Angestellte mit angemessenem Format und entsprechender Erfahrung heranzuziehen, damit sie Bob ersetzen könnten? Oder war der Vorstand durch Bobs hervorragende Leistung und gute Gesundheit eingelullt worden?

Vor vier Jahren hatte Ed unter großem Bangen, weil er wußte, wie sehr Bob an der Firma hing, das Thema Ruhestand in einer Vorstandssitzung angesprochen. Er erinnerte sich lebhaft an Bobs Reaktion: er war äußerst gereizt. Bob hatte die Angelegenheit schnell mit der Bemerkung beiseite geschoben, daß er natürlich schon darüber nachgedacht hätte und der Sache nachgegangen sei. Aber das schien auch schon das Ende der Geschichte zu sein, etwas anderes war nicht geschehen. Weil Ed und ein paar andere Vorstandsmitglieder darüber frustriert waren, hatten sie schließlich das Thema erneut auf den Tisch gebracht und Bob darauf aufmerksam gemacht, daß er bald das obligatorische Ruhestandsalter erreicht hätte. Es mußte also etwas unternommen werden. Diesmal sah es so aus, als hätten sie mehr Erfolg gehabt. Ihr gemeinsamer Druck hatte zur Bildung eines Auswahlausschusses unter dem Vorsitz von Bob geführt. Das war vor zwei Jahren gewesen.

Ed mußte zugeben, daß der Auswahlausschuß intensiv gearbeitet und anscheinend einen beachtlichen Aufwand getrieben hatte. Die Gründlichkeit seiner Suche hatte ganz offensichtlich keine Grenzen gekannt. Befragungen und geheime Treffen hatten stattgefunden. Berater und Headhunter waren konsultiert worden. Einen Berater hatte man behalten, und der hatte sogar eine ausgetüftelte Checkliste entwickelt, die auf eine komplizierte Weise die erforderlichen Qualifikationen potentieller Kandidaten auflistete. Schließlich waren ausführliche Persönlichkeitsprofile über fünf Kandidaten erstellt worden: von drei Insidern und zwei Outsidern. Trotz der Geheimhaltung waren diese Aktivitäten in der Firma nicht unbemerkt geblieben und hatten eine Menge Erwartung und Spannung unter den höheren Führungskräften hervorgerufen.

Die endgültigen Ergebnisse waren auf der letzten Vorstandssitzung präsentiert worden. Trotz der intensiven Suchanstrengung, so teilte man dem Vorstand mit, hatte sich kein einziger Kandidat qualifiziert. Der Auswahlausschuß war der Meinung, daß die drei Insider-Kandidaten mindestens noch vier bis sechs Jahre mehr Erfahrung bräuchten. Die Expertisen hielten die Kandidaten von außerhalb trotz hervorragender Führungszeugnisse für ungeeignet angesichts des zukünftigen Bedarfs der Firma. Der Vorstand schloß mit der Zustimmung, daß Bob für weitere vier Jahre seinen Rücktritt hinausschob.

Im Rückblick war Ed besorgt über diese Entscheidung. Etwas war daran nicht ganz in Ordnung. War die Zeit nicht reif für einen Führungswechsel? War es für ein Unternehmen gut, eine Person so lange im Amt zu halten? Waren wirklich keine anderen kompetenten Kandidaten greifbar? Und warum hatte sich niemand qualifiziert? Was war aus der Managemententwicklung in den letzten Jahren geworden? Außerdem mußte es doch kompetente Außenstehende geben, wenn es schon keine qualifizierten Insider gab. Gab es die Person überhaupt, nach der sie suchten, oder war sie nur das Produkt ihrer gemeinsamen Phantasie? Waren sie auf der Suche nach einer fiktiven Person, die die Qualitäten aller in Frage kommenden Führungskräfte in sich vereinte? War es vielleicht auch möglich, daß sich der Auswahlausschuß sowie der Vorstand unfreiwillig nicht mit dem Thema befaßt hatten, sondern stattdessen eine geheime Absprache mit dem Hauptgeschäftsführer getroffen hatten, weil sie um Bobs Zuneigung zu seinem Job wußten und seine Abneigung dagegen kannten, die Zügel abzugeben? Im Nachhinein fragte sich Ed, ob die Entscheidung tatsächlich im besten Interesse für die Firma war. Hätte der Vorstand früher oder anders handeln können?

Ed steht nicht allein mit seinen Sorgen. Das beschriebene Szenario ist gar nicht so ungewöhnlich. Einigen Geschäftsführern fällt es schwer, mit dem Thema Nachfolge und Ruhestand umzugehen. Obwohl sie in der Angelegenheit Lippenbekenntnisse machen mögen, vermeiden sie in vielen Fällen, tatsächlich zu handeln. Wie in diesem Beispiel können die Schlüsselpersonen (und das schließt den Vorstand ein), willentlich oder nicht, sogar in eine geheime Absprache mit dem Geschäftsführer treten und langwierige pseudowissenschaftliche Auswahlverfahren durchführen, die sich am Ende oft als nutzlos erweisen. Die Folge dieses Mangels an konkreten Schritten kann dann sein, daß die Nachfolgeentscheidung zu einem sehr späten Zeitpunkt getroffen werden muß, und oft unter Krisenbedingungen, wenn man plötzlich aufgrund von Tod, Krankheit, schwacher Leistung oder anderer dramatischer Ursachen vor vollendete Tatsachen gestellt wird.

Amtsnachfolge ist ein sehr heikles Thema, und wenn außerdem sogar eine wirkliche Aversion vorliegt, mit dieser Problematik umzugehen, bleibt ihre Planung bestenfalls eine ungenaue Wissenschaft. Und das ist ungünstig, da eine schlechte Nachfolgeplanung als ein wesentlicher Faktor für Unternehmens-Untergänge gilt. Die Art, wie die Nachfolge geregelt wird, hat einen großen Einfluß auf die zukünftige Lebensfähigkeit eines Unternehmens. Sie hat bedeutende Auswirkungen auf die Einschätzungen von Investoren und deshalb ernsthafte Implikationen für den finanziellen Zustand.

Vermeidung oder nur halbherziges Bemühen eines Geschäftsführers bei der Regelung der Nachfolgeplanung sind nicht das einzige Problem. Die Entscheidung, ob man für einen Insider oder einen Outsider plädieren soll, ist eine andere heikle Angelegenheit, die ernste Erschütterungen in einem Unternehmen hervorrufen kann. Eine logische Folge dieser Probleme ist die Frage, wie der Übergang in der Führung gemanagt werden kann. Welche Faktoren müssen während des Wechsels berücksichtigt werden? Was sind die kritischen Punkte?

Nachfolge ist, wenn es schließlich dazu kommt, normalerweise eine Zeit der Wandels. Traditionelle Normen werden aufgelöst. Es kommt zu gezielten Ersetzungen, die die Organisationsstruktur beeinflussen und die Weisungsbefugnisse verändern können. Nicht nur tatsächliche Nachfolge, sondern sogar das Gerücht, daß eine Nachfolge bevorsteht, kann wegen der Antizipationseffekte dramatische Folgen haben.

Das heißt nicht, daß Nachfolge immer problematisch sein muß. Viele Firmenleiter gehen mit dem Problem sehr erfolgreich um. In vielen Firmen sind sie durch Tradition oder Firmenpolitik daran gebunden, in einem bestimmten Alter zurückzutreten und entsprechend vorzusorgen. Viele Chefs haben genug Vorstellungsvermögen und Selbsteinsicht, um geringfügige Angelegenheiten und Eigeninteressen zu übergehen. Sie haben eine indirekte Freude daran, die nächste Managergeneration aus- und weiterzubilden. Aber was auch immer die endgültige Einstellung gegenüber der Nachfolge ist, ob geplant oder ungeplant, die Schlüsselpersonen müssen alle mit einer Reihe psychologischer Kräfte umgehen, die, wenn sie nicht vorsichtig gemanagt werden, den Nachfolgeprozeß zugrunderichten können. Und der zurücktretende Chef, der die zentrale Figur in diesem Drama ist, ist besonders empfänglich. Angesichts dieser psychologischen Kräfte hat der klinische Psychologe und Managementtheoretiker Harry Levinson dagegen argumentiert, daß ein Vorstandsvorsitzender seinen eigenen Nachfolger bestimmt, weil er seiner Meinung nach häufiger den Prozeß sabotiert und die falsche Wahl trifft.

Was macht dann die Nachfolge zu so einem heiklen Thema? Was sind die psychologischen Kräfte, von denen wir abhängen? Wie kommt die V-Dimension ins Blickfeld? Welche kritischen Entscheidungen muß man treffen? Wie können wir den Prozeß vereinfachen? Welche Rolle kann der Vorstand oder können andere Teilhaber in dieser Angelegenheit spielen?

Unbewußte Sabotage

Bei der Beantwortung dieser Fragen sollten wir daran denken, daß in Sachen Nachfolge der Mangel an konstruktiver Praxis auf seiten einiger Führungskräfte nicht notwendigerweise ein bewußter Prozeß ist. In den

Fällen, wo die Nachfolge mit Problemen belastet ist, können sich Führungskräfte sogar unklar darüber sein, was genau die Gründe dafür sind, daß sie sich so verhalten, wie sie es tun.

Die Verdrängung des Todes

Konrad Adenauer, ehemaliger Kanzler in Westdeutschland, fragte einmal seinen Enkel, was er einmal werden möchte, wenn er groß sei. Der kleine Junge antwortete: „Ein Kanzler wie Du", woraufhin Adenauer meinte: „Das ist unmöglich – es kann keine zwei von uns geben!". So lustig diese Geschichte auch sein mag, sie enthält ein ganz zentrales Grundproblem. Der Kern dieses Problems ist unser tiefsitzendes Verlangen, an unsere eigene Unsterblichkeit zu glauben. Trotz gegenteiliger Gegebenheiten ist es psychologisch sehr schwer, die Möglichkeit des eigenen Todes zu verstehen und zu akzeptieren. Wie Freud sehr scharfsinnig bemerkte: „Es ist in der Tat unmöglich, uns unseren eigenen Tod vorzustellen, und wann immer wir es versuchen, können wir feststellen, daß wir noch als Zuschauer anwesend sind ... Im Grunde glaubt niemand an seinen eigenen Tod, oder, um es mit anderen Worten zu sagen, ...jeder von uns ist im Unterbewußtsein von seiner eigenen Unsterblichkeit überzeugt."

Führungskräfte bilden hier keine Ausnahme. Über Nachfolge nachzudenken, ganz abgesehen von der tatsächlichen Planung, bringt das schmerzliche, am liebsten verdrängte Thema der eigenen Sterblichkeit auf. Die Abneigung, sich mit diesem Thema zu befassen, ist ansteckend. Wenn hohe Führungskräfte und Vorstandsmitglieder sich bewußt werden, daß der Ruhestand für ihren Vorsitzenden ein heikles Problem ist, dann sehen sie sich vielleicht gezwungen, das Thema zu vermeiden. Die Thematisierung der Nachfolge kann als feindseliger Akt, als ein Ausdruck unterschwelligen Verlangens nach dessen Abdanken interpretiert werden. Man fürchtet bewußt oder unbewußt Vergeltung. Es ist kein Wunder, daß in bestimmten Situationen jeder Vorwand dazu benutzt wird zu verhindern, daß dieses Thema angesprochen wird. Einige Vorstandsvorsitzende fahren in der Tat damit fort, so zu tun, als ob es den Tod nicht gäbe, und ihre Mitarbeiter tun es ihnen gleich. Dies ist besonders bei Unternehmensgründern der Fall, die zu einem zusätzlichen emotionalen Engagement für die Firma neigen, weil sie ein Symbol ihres Erfolgs und vielleicht zur Verlängerung ihrer eigenen Persönlichkeit geworden ist.

In einem Fall lehnte es der Gründer eines Verlags ab, seinen schlechten Gesundheitszustand zu akzeptieren. Trotz eines leichten Schlaganfalls blieb die Diskussion über seine Kondition und über den Bedarf nach einem möglichen Nachfolger ein Tabu in der Firma. Hohe Führungskräfte und Vorstandsmitglieder wagten es aus Angst vor seinem heftigen Temperament nicht, das Thema anzuschneiden. Die Situation wurde noch dadurch kompliziert, daß der Vorstand aus alten Freunden zusammengesetzt war, die sich ganz loyal gegenüber dem alten Mann verhielten und nicht dazu bereit waren, dieses Thema anzusprechen. Als schließlich ein zweiter Schlaganfall den Präsidenten arbeitsunfähig machte, war niemand im Unternehmen darauf vorbereitet, in seine Fußstapfen zu treten. Nach einer längeren Periode von Umwälzungen, die zu ernsthaften finanziellen Verlusten führten, wurde das Unternehmen von einem Konkurrenten zu einem Spottpreis aufgekauft.

Das Erbe

Eine andere mögliche Erklärung für diese Weigerung des Vorstandsvorsitzenden, sich mit seiner Nachfolge zu befassen, kann mit einem tiefsitzenden Verlangen, ein Erbe zu hinterlassen, zu tun haben. Eine naheliegende Möglichkeit, mit der Leugnung des Todes und dem Wunsch nach Unsterblichkeit umzugehen ist es, etwas Greifbares zu hinterlassen, eine Erinnerung an das eigene Werk, während man die Macht in Händen hatte. Dieses Erbe kann viele Formen annehmen, von räumlichen Strukturen, wie beispielsweise einem Bürogebäude oder einer Fabrik, bis hin zu ungreifbaren Dingen einer Unternehmenskultur, etwa eine spezifische Managementphilosophie, eine eigenwillige Interpretation der Unternehmenspolitik oder eine spezielle Art, die Geschäfte einer Organisation zu führen. Wenn die Zeit für einen Machtwechsel kommt, kann der scheidende Chef sich darüber Sorgen machen, ob sein Nachfolger das Erbe hüten oder das, was über Jahre mühsam aufgebaut wurde, zerstören wird. Kann man ihm trauen, daß er die alten Gewohnheiten weiter pflegt (wie ungeeignet sie auch immer angesichts des veränderten Umfeldes der Firma sein mögen), wenn er die Macht hat? Man kann nie sicher sein. Es ist kein Wunder, daß Führungskräfte nur ungern gehen, sogar wenn sie müssen, und insgeheim die Hoffnung hegen, daß ihr Nachfolger scheitert. Das Versagen wird dann als weiterer Beweis für ihre eigene Unabkömmlichkeit angesehen. Deswegen können sie, wenn auch nur unbewußt, sogar Schritte dazu unternehmen, daß ihr Nachfolger scheitert.

Nach langem Zögern entschied sich der Vorstandsvorsitzende einer großen Konsumartikelfirma endlich dazu, einen seiner Vizepräsidenten zum Vorsitzenden zu machen. Schon bald nach seiner Ernennung begann letzterer eine aktive, deutliche Rolle in der Firma einzunehmen. Aus seinen Handlungen wurde klar, daß die beiden Chefs einige fundamentale Differenzen in der Managementphilosophie hatten. Obwohl der Vorsitzende dies zu akzeptieren versuchte, wurde es zur zunehmenden Störquelle für ihn. Schließlich gab er seinem designierten Nachfolger einen Auftrag, der selbst unter günstigen Bedingungen kaum durchzuführen war. Zur Verschlimmerung der Lage trug noch bei, daß es in diesem Industriezweig zu einer plötzlichen Wirtschaftskrise kam. Schon bald verwendete der Hauptbetriebsleiter seine ganze Zeit für diese Abteilung, um Schlimmeres zu verhindern. Eine schnelle Abänderung war ganz ausgeschlossen. Sein Mißerfolg bei der Lösung einer unmöglichen Situation gab dem Vorsitzenden eine Handhabe, den Vorstand davon zu überzeugen, daß ersterer nicht die geeignete Person für diesen Posten sei. Die Folge war die Forderung nach seinem Rücktritt.

Führungspersönlichkeiten handhaben ihr Bedürfnis, etwas zu hinterlassen, ganz unterschiedlich. Sie versuchen ihr Ebenbild zu schaffen und halten nach Nachfolgern Ausschau, die ihnen sehr ähnlich sind, nach Menschen, die in exakt gleicher Weise weitermachen. Diese Suche nach Ebenbildern ist aber häufig der Samen für Versagen. Was für den Augenblick richtig ist, muß angesichts der zukünftigen Bedürfnisse des Unternehmens nicht der richtige Handlungskurs sein.

Die Illusion der Gleichheit

Wie ich in einem vorausgegangenen Kapitel erklärt habe, basieren die Bindungen zwischen Chef und Mitarbeitern auf einem Prozeß wechselseitiger Identifikation. Die Mitarbeiter identifizieren sich mit ihren Chefs und projizieren ihre Vorstellungen auf sie, gleichzeitig identifizieren sie sich untereinander. Dieser wechselseitige Identifikationsprozeß mit dem Chef und unter den Mitarbeitern ist das, was eine Gruppe erzeugt. Er bringt ein Gefühl der Einheit und Zugehörigkeit hervor und vermittelt einen Sinn für Orientierung, Ziel und Motivation. Die Vorbedingung für den erfolgreichen Verlauf dieses gegenseitigen Identifikationsprozesses ist die Illusion, daß der Chef seine Gunst gleich verteilt und alle gleich „liebt". Einige Chefs halten es für notwendig, diese Illusion aufrechtzuerhalten. Jemanden als Nachfolger auszuwählen, kann das Zusammengehörigkeitsgefühl verletzen und den Bann brechen. Ein weiterer Vorteil davon, keinen Nachfolger zu bestimmen, ist die mögliche Vermeidung von Schuldgefühlen wegen Begünstigung. Wenn nichts unternommen und der Status quo aufrechterhalten wird, muß der Chef keine schmerzhaften Personalentscheidungen treffen. Er muß sich dann nicht mit dem Ärger und der Enttäuschung der nichtgewählten Kandidaten herumschlagen.

In einem Fall hatte der Vorstandsvorsitzende einer Elektronikfirma sich mit einer Gruppe von leitenden Angestellten umgeben, die sehr unterschiedlich befähigt waren. Obwohl die Stars einfach zu entdecken waren, war der Vorsitzende nicht dazu in der Lage, oder nicht dazu bereit, eine angemessene Geste zu zeigen und sie entsprechend zu belohnen. Er nahm die Fehler der weniger Kompetenten hin, lobte aber auch diejenigen nicht, die hohe Leistungen erzielten. Das wurde als eine ungerechte Behandlung empfunden und zu einem Stein des Anstoßes. Schließlich verließ eine Reihe der besten Leute das Unternehmen. Warum das jedoch geschah, blieb dem Vorsitzenden ein Rätsel. Er konnte sich nicht vorstellen, warum die Leute so verstimmt waren: was ihn betraf, so hatte er sich korrekt verhalten und jeden gleich behandelt.

Nochmals, wir müssen daran denken, daß das, was wir beobachten, nicht notwendigerweise ein bewußter Prozeß ist. Dieser Vorsitzende hatte wahrscheinlich nur das Wohl aller im Sinn. Aber seine fehlenden Einsichten in sein eigenes Tun rächten sich am Ende.

Das König-Lear-Syndrom

Ein anderer Faktor, der zu einer unbewußten, oder sogar bewußten, Sabotage des Nachfolgeprozesses beiträgt, kann als das König-Lear-Syndrom bezeichnet werden, nach dem Stück von Shakespeare, in dem die Warnung vor den Gefahren einer Abgabe der Macht eines der Hauptthemen ist. In dem Stück hat die Entscheidung, abzutreten und sein Königreich aufzuteilen, verheerende Folgen für König Lear.

Im Leben einer Organisation ist diese Angelegenheit nur allzu real. Die Ökonomie der Macht und das Wissen, daß sie ein knappes Gut ist, sind allgegenwärtige Realitäten. Die Loyalitäten wechseln schnell, wenn bekannt wird, daß eine neue Person die Zügel übernehmen wird. In den Beziehungen beginnen sich feine Veränderungen abzuzeichnen. Es werden neue Machtnetzwerke geschaffen. In diesem Fall ist es vielleicht schwer für den ausscheidenden Chef, die Veränderungen der Machtgrundlage zu akzeptieren. Was anfangs vielleicht eine positive Einstellung gegenüber dem Kronprinzen gewesen war, kann sich in Ressentiments verwandeln. Schlummernde Rivalität kann zum Leben erwachen und ausagiert werden. Insofern ist es für manche, wenn sie schon einen Nachfolger haben, als hätten sie ihr eigenes Todesurteil unterschrieben.

Peter Lawrence, ein sehr erfolgreicher Leiter einer Supermarktkette, schien alles perfekt zu machen. Als er einsah, daß er in die Jahre gekommen war, stellte er Fred Pine als Leiter einer der Hauptabteilungen des Unternehmens ein und sah in ihm die logische Person, um das Unternehmen in das nächste Jahrzehnt zu führen. Jeder lobte ihn für diese weise Voraussicht. Nicht sehr lange nach Freds Ernennung wurde klar, daß sein Managementstil scharf mit dem des Vorsitzenden kontrastierte. Er dominierte die Produktionsausschußversammlungen und war verantwortlich für weitreichende Veränderungen der Struktur des Unternehmens. Er gab dem Unternehmen eine klare Linie, mit phantastischen Folgen für die Leistung. Die Produktivität und die Gewinne stiegen. Trotz dieser außergewöhnlichen Resultate wurde Peter jedoch zunehmend darüber befremdet, daß Fred die meiste Ehre für das Wiederaufblühen des Unternehmens bekam. Darüber hinaus war Fred bei seinem Versuch, Peters Job zu übernehmen, nicht clever genug. Die beiden begannen schließlich ein Tauziehen um die Kontrolle der Firma. Nach etlichen Rangeleien schaffte es Peter, den Vorstand davon zu überzeugen, daß Fred nicht der richtige Mann sei, um das Unternehmen zu leiten. Er behauptete, daß dieser eine Unternehmenskultur zerstöre, die über Jahre mühsam aufgebaut worden und eine Quelle der hauptsächlichen Stärken des Unternehmens gewesen sei. Als Beweis nannte er die Tatsache, daß nach Freds Einstellung eine Reihe von leitenden Angestellten gekündigt hatten. Fred wurde aufgefordert, zurückzutreten.

Führungskräften sind die Wege der Macht nur allzu gut bekannt. Das ist einer der Bestandteile ihres erfolgreichen Aufstiegs an die Spitze. Sie können sich unbewußt oder bewußt dagegen wehren, wie ein Ehemaliger behandelt zu werden, und tun sich oft schwer damit, die Veränderung ihres Status bereitwillig hinzunehmen. Sie sind oftmals tatsächlich unwillig, die Zügel abzugeben und können sogar, wie wir im vorherigen Kapitel gesehen haben, ihre Rücktrittsentscheidung neu überdenken. Artikel in der populären Wirtschaftspresse sind voll von Beispielen revidierter Überlegungen.

Für manche Führungskraft ist es schwierig, mit einem offiziell designierten Nachfolger zusammenzuarbeiten. Sie ziehen es vor, die Situation unklar zu lassen und ihre Machtbasis aufrechtzuerhalten. Ein Symptom dafür ist die rasche Aufeinanderfolge der Kronprinzen. William Paley von CBS, Peter Grace von W.R.Grace und Armand Hammer von Occidental Petroleum sind legendäre Beispiele für Leute, die eisern die Macht halten oder hielten.

Aus unseren Diskussionen wird klar, daß diese psychodynamischen Prozesse ein ernstes Hindernis für einen reibungslosen Nachfolgeprozeß sind. Wenn wir die Äußerung von Vorstandsvorsitzenden hören, daß sie keine Zeit hätten, einen Nachfolger auszubilden, oder daß, trotz des schlagenden Beweises des Gegenteils, sie sich um das Problem gekümmert hätten, können wir sichergehen, daß diese psychologischen Kräfte am Werk sind. Einmal mehr können wir das hartnäckige Überleben der V-Dimension beobachten. Dasselbe kann vielleicht über einen Firmenchef gesagt werden, der behauptet, daß im Unternehmen niemand mit den erforderlichen Qualifikationen verfügbar sei und daß es schwierig sei, geeignete Leute zu finden; oder daß Topmanager noch mehr Reife bräuchten; oder wenn wir langgezogene pseudowissenschaftliche Auswahlverfahren finden. Solche Bemerkungen und Verhaltensweisen sind häufig pure Rationalisierungen und kaschieren den Unwillen, zurückzutreten. Jemanden im Nacken zu wissen, der lauert, ist schon hart für einige Chefs.

Die Qual der Wahl

Wenn endlich eine Nachfolgeentscheidung getroffen werden muß, dann ist es eine zentrale Frage, ob der Nachfolger ein In- oder ein Outsider sein soll. Was ist die bessere Wahl? Was sind die Auswirkungen einer jeden Wahl? Leider gibt die Forschung über Nachfolgeschaft keine klaren Aufschlüsse. Das Verständnis einiger organisatorisch und psychologisch wirkenden Kräfte kann jedoch größere Klarheit in die Angelegenheit bringen, vor allem im Licht der vorangegangenen Diskussion.

Der Insider

Betrachtet man die Wahl zwischen Insider/Outsider, dann dürfen wir die bestehenden Traditionen in einem Unternehmen nicht aus dem Auge verlieren. Wenngleich die Nachfolgeentscheidung, wie die meisten Dinge in Organisationen, freilich kein demokratischer Vorgang ist, kann sie dennoch einigermaßen reibungslos über die Bühne gehen. In manchen Unternehmen, vor allem den größeren, besteht eine gute Möglichkeit, Nachfolger auszubilden und heranzuziehen. In diesen Fällen überlegt der Vorsitzende mit dem Vorstand, wer als Hauptbewerber in Frage kommt. Unter Berücksichtigung zukünftiger Bedürfnisse des Unternehmens suchen sie die passende Person aus. Solch ein relativ geordneter und geplanter Prozeß hat ganz klare Vorteile. Weil sich der Prozeß über längere Zeit hinzieht, ist es leichter für diejenigen, die nicht ausgewählt wurden, mit ihrer Enttäuschung fertig zu werden, was später die Wahrscheinlichkeit unkooperativen Verhaltens verringert.

Die politischen Kräfte innerhalb eines Unternehmens tendieren dazu, die Auswahl eines Firmenangehörigen zu favorisieren. Die interne Struktur eines großen Unternehmens kann sehr komplex sein, was es schwer macht, bestehende Koalitionen aufzubrechen. Wenn ein Firmenangehöriger ausgewählt wird, ist es eher wahrscheinlich, daß eine Organisation sich für die Beibehaltung ihrer Strukturen entscheidet. Die Loyalität mag in einem solchen Fall über den Wandel einer Organisation gestellt werden. Mit dieser Wahl ist ein offensichtlicher Vorteil verbunden: im allgemeinen wird es weniger Durcheinander geben. Mit einem Insider entsteht auch weniger Bedarf zur Bildung eines neuen Teams. Manchmal kann allerdings die Ernennung eines internen Kandidaten Probleme hervorrufen. Es könnte die Hackordnung stören, wenn eine Organisationseinheit vor einer andern begünstigt wird. Insofern kann das Fehlen eines neutralen Anschlußpunktes zu Instabilität und Konflikt führen.

Die Wahl Insider/Outsider ist häufig durch Eigeninteressen bestimmt. Hochkarätige Unternehmenschefs und sogar Vorstandsmitglieder können untereinander Absprachen treffen, um die Entscheidung zu beeinflussen, und wollen vielleicht sogar selbst den Posten. Diese Führungskräfte wissen, daß es eine interne Besetzung weniger wahrscheinlich macht, daß sie selbst ersetzt werden. Kompromisse, das Eindämmen von Gruppenkonflikten und die Aufrechterhaltung des informellen Netzwerkes können ihr primäres Interesse werden. Ob aber die Sorge um Stabilität und Erhalt die weiseste Entscheidung ist, hängt davon ab, was in der Umwelt des Unternehmens passiert.

Im Beispiel einer Firma, die schon einige Zeit stagniert hatte, wurde klar, daß eine radikal andere Einstellung notwendig war. Der Hauptmarktanteil des Unternehmens unterlag raschen Veränderungen. Trotz dieser gefährlichen Situation, die noch durch Eingriffe von Konkurrenten verschlimmert wurde, überzeugte eine Reihe von leitenden Angestellten den Vorstand davon, den Vizepräsidenten als neuen Hauptgeschäftsführer einzusetzen. Obwohl letzterer ein kompetenter Produktions- und Betriebsmanager war, war offensichtlich, daß es ihm an den entscheidenden Fertigkeiten in Marketing und Verkauf fehlte, die aber zu dem Zeitpunkt im Unternehmen gebraucht wurden. Eine Reihe von Vorstandsmitgliedern war sich darüber völlig im klaren, aber sie wollten auf Nummer sicher gehen und stimmten zu. Das Ergebnis war verheerend und machte es notwendig, ihn schon nach kurzer Zeit auszutauschen.

Der Outsider

Die Entscheidung für einen Outsider repräsentiert im Unternehmen oft ein Verlangen nach radikalem Wandel. Die Bedingungen müssen jedoch richtig sein, um das durchzuziehen. Es ist nicht überraschend, daß Outsider als Nachfolger in gescheiterten Firmen häufiger anzutreffen sind. In diesen Fällen kann der Druck aus anderen Kreisen, wie etwa der Regierung, den Banken und Aktionären, so stark werden, daß der Wunsch einiger Insider, das Unternehmen nicht zu erschüttern, ignoriert wird.

Die Entscheidung für einen Außenstehenden ist wahrscheinlicher, je länger der Vorgänger im Amt ist. Die Länge der Amtsdauer einer Führungskraft in einer Position ist häufig ein guter Indikator dafür, daß die fragliche Person keinen Austausch in Erwägung ziehen will. Häufig entsteht dann die Situation, daß am Ende aufgrund von Verzögerungen der Nachfolge die Lage im Unternehmen kritisch wird, wie ich es vorhin beschrieben habe.

Als Tom Lang die Leitung der finanziell angeschlagenen Concorde Corporation übernahm, straffte er die Kreditpolitik der Bank und verordnete stringente Kontrollen zur Erholung des Kreditvolumens, das seinem Vorgänger in der Überflußphase aus den Händen geglitten war. Toms Art, die Bank zu managen, erzielte phantastische Resultate. Aber Concorde verlor im Laufe dieses Prozesses hunderte von leitenden Angestellten. Tom fühlte sich nicht an soziale Verpflichtungen gebunden, noch machte es ihm etwas aus, als Vollstrecker zu handeln. In diesem Fall war der Vorstand der Meinung, daß sein Wunsch nach radikalem Wandel weitergegangen war, als es beabsichtigt war. Toms scharfer Stil, seine Unnachgiebigkeit und seine Besessenheit von der Verschärfung der Kreditbedingungen führte zu dem Verlust einer Reihe wichtiger Kunden. Dies und der Widerstand einiger überlebenden höheren Angestellten wurde zur Grundlage seiner endgültigen Absetzung.

Tom Lang ist ein extremes Beispiel. Oft kann die Anwesenheit eines Outsiders wegen seiner anfänglichen Neutralitätsposition die Wahrscheinlichkeit eines Konfliktes, während und nach dem Auswahlprozeß, zwischen den Unterabteilungen reduzieren. Wenn ein Wechsel in der Unternehmenspolitik oder ein grundsätzliches Veränderungsprogramm gebraucht wird, kann ein Outsider auch hartnäckiger sein und als Vollstrecker handeln. Er ist freier in seinem Tun. Es ist leichter für ihn, Aufgabenänderungen und Umverteilungen durchzuführen. Ein Outsider ist weniger durch soziale Verpflichtungen gebunden und deshalb eher dazu bereit, Mitglieder der alten Garde zu ersetzen. Die meisten Newcomer wollen ihren eigenen vertrauten inneren Zirkel von Leuten bilden, die sich auf ihre Meinung über die Organisation verpflichten. Diese strategischen Veränderungen befähigen den Nachfolger dazu, eine neue informelle soziale Einheit zu formen.

Die Nachteile, die mit einem Outsider entstehen, sind augenscheinlich. Es ist schwieriger für ihn, mit den bestehenden internen Machtstrukturen umzugehen. Er hat keine informellen Kontakte, auf die er sich verlassen kann. Viel Zeit und Mühe sind nötig, um feindselige Koalitionen zu brechen oder mit ihnen fertigzuwerden. Man kann von den alten Leutnants, die sich noch ihre Wunden lecken, weil sie übergangen wurden, keine aufrichtige Kooperation erwarten. Die Komplexität der Organisation und die vielen maßgeblichen Kreise können jede beabsichtigte Veränderungsanstrengung abblocken; die Verschanzung der herrschenden Interessen kann eine starke Gegenkraft sein.

Die Beobachtung der Übergangsphase

Was passiert, wenn ein Nachfolger endlich ins Amt gesetzt wird? Was sind die möglichen Konsequenzen? Wovor muß man auf der Hut sein?

Verklärung der Vergangenheit

Die Hindernisse für einen neuen Firmenchef können gewaltig sein. Sie stehen nicht nur vor den tatsächlichen Problemen der Organisation, sondern es müssen auch, nochmals, eine Reihe innerpsychischer Kräfte berücksichtigt werden. Unsere Neigung, die Vergangenheit zu verklären, ist dabei besonders stark. Wir neigen alle dazu, schmerzhafte, angsterzeugende Gedanken oder Ereignisse zu verdrängen, um Depressionen zu vermeiden. Angenehme Erinnerungen funktionieren oft wie ein Schild, um eine damit zusammenhängende schmerzhafte Erinnerung zu verdrängen. Eine Art Kampf scheint psychologisch zwischen dem Abwehrprozeß der Leugnung und den Kräften der Erinnerung stattzufinden. Der Industriesoziologe Alvin Gouldner hat das Phänomen den Rebecca-Mythos genannt: er bezog sich dabei auf den Roman von Daphne DuMaurier über eine junge Frau, die einen Witwer heiratete und die durch die idealisierten Erinnerungen an seine erste Frau, deren Tugend ständig in den Himmel gehoben wurde, verfolgt wurde. Mit einer abwesenden Person psychisch fertig zu werden, kann eine gewaltige Aufgabe sein. Es ist viel einfacher, mit einem Anwesenden umzugehen. Interaktion mit einer realen Person erlaubt den Realitätstest: über eine abwesende Person geht die Phantasie durch.

Eine stark konservative Kraft beeinflußt unser Verhalten. Besorgnis und Vorsicht gegenüber Neuem kommen oft vor. Shakespeares Worte über das unentdeckte Land, „das uns eher die bekannten Übel ertragen läßt, als sich unbekannten auszusetzen", sind sehr treffend. Wir hängen am Vertrauten. Das kann Rückwirkungen auf den Nachfolgeprozeß haben. Eine der Implikationen des Rebecca-Mythos ist, daß leitende Angestellte und Mitglieder des Vorstands die Exzesse des Regimes des alten Vorstandsvorsitzenden vertuschen, die Realität ignorieren und der Illusion nachhängen, wieviel besser es vorher war. Der Nachfolger steht vor einem harten Kampf, wenn er dieses Handikap überwinden will.

Das verlorene Paradies

Sogar im Falle einer gut geplanten Nachfolge ist eine gewisse Art von Krisenatmosphäre unvermeidbar. Zu viele Veränderungen mußten gehandhabt und Unklarheiten geklärt werden. Es ist kein Wunder, daß wir in solchen Situationen eine Zunahme an Abhängigkeitsreaktionen unter den Mitgliedern der Organisation finden können. Das macht die symbolische Rolle der Führungskraft noch wichtiger. Wegen all der Unsicherheiten drücken viele ihr Verlangen nach jemandem aus, der ihnen Richtung und Führung gibt. Diese Neigung zu idealisieren übt enormen psychologischen Druck auf die neue Führungskraft aus. Es ist schwierig, damit fertigzuwerden, plötzlich zu einer Art Messias gemacht zu werden, von dem man die Lösung aller Probleme erwartet. Die Erwartungen können extrem hoch sein. Bedauerlicherweise können nicht alle Führungspersonen diesen Perfektionsidealen gerecht werden. Otto Kernberg erwähnte bei seiner Diskussion über Gruppenprozesse in diesem Zusammenhang, daß „die 'abhängige' Gruppe den Führer als allmächtig und allwissend wahrnimmt und sich selbst als unangemessen, unreif und inkompetent. Die Idealisierung des Führers ist von den verzweifelten Versuchen getragen, Wissen, Kraft und Güte in einer habsüchtigen und ständig unbefriedigten Weise aus ihm zu ziehen. Versagt der Führer dabei, einem solchen Perfektionsideal nachzukommen, dann reagieren die Gruppenmitglieder zunächst mit Ablehnung und dann schnell mit seiner totalen Abwertung. Sie suchen Ersatz für die Führung."

Dieses menschliche Merkmal erklärt, warum Führungspersonen dazu neigen, in Krisenzeiten mehr Einfluß zu nehmen als in ruhigen Zeiten. Wie ich vorhin erwähnt habe, ist eine Krise die Zeit zunehmender Abhängigkeitsreaktionen. Die positive Seite dieses psychologischen Prozesses im Falle von Nachfolge ist, daß es zunächst zu einer Phase wie Flitterwochen kommt, wenn die Führungsperson Begeisterung und Zustimmung erfährt. Manche Führungspersonen nutzen diesen Schwung, der für gute Ergebnisse wie geschaffen ist. Angesichts dieser großen Erwartungen scheint die neue Führungskraft bereits sehr einflußreich zu sein, noch bevor sie die Leitung übernimmt.

Aber wie lange dauern die Flitterwochen? Die meisten Führungskräfte sind auch nur Sterbliche und finden es schwer, all diesen hochgesteckten Erwartungen zu entsprechen. Man kann die Folgen vorhersagen: es kommt zum Wandel in den emotionalen Einstellungen gegenüber der neuen Führungskraft. Was einmal Idealisierung und Leidenschaft war, schlägt aus Angst vor Enttäuschung schnell in Desillusionierung um – wenn die Führungskraft dabei versagt, den Perfektionsidealen gerecht zu werden. Und diejenigen, die bei der Besetzung des Postens übergangen worden waren, sind jetzt vielleicht diejenigen, die für die Organisierung des Stimmungswandels verantwortlich sind. Sie können einen Aufstand anzetteln und ihren zurückgebliebenen Groll ausagieren. Auf diese Weise wird die neue Führungsperson schnell abgewertet, und aus dem langersehnten Messias wird ein Sündenbock, dem man die Schuld an allen vergangenen und gegenwärtigen Schwierigkeiten des Unternehmens gibt. Paradoxerweise wird normalerweise gleichzeitig das Regime des Vorgängers glorifiziert.

Die Rolle des Vorstands

In Zeiten der Nachfolgeschaft kann die stärkste ausgleichende Kraft, mit der man den Vorstandsvorsitzenden auf den Boden der Tatsachen bringen kann, normalerweise der Vorstand selbst sein. Andere mögliche Gruppierungen können die Aktionäre und Banken sein. Weil aber der Vorstand der Wahl eines Nachfolgers zustimmen muß, hat er die besten Chancen, das Geschehen zu beeinflussen. Es lohnt sich deswegen, einen kurzen Blick darauf zu werfen, wie die Vorstandsmitglieder dabei helfen können, den Prozeß zu normalisieren und eine effektive neue Führungskraft auszuwählen. Es scheint zunächst offensichtlich zu sein, daß der Vorstandsvorsitzende nicht der einzige sein sollte, der an dem Auswahlprozeß beteiligt ist. Stattdessen sollte der Vorstand eine sehr aktive Rolle übernehmen. Tut er das nicht, dann besteht angesichts der psychologischen Kräfte, die dabei im Spiel sind, die Möglichkeit, daß die Nachfolgeentscheidung endlos verschoben oder auf eine solche Weise vollzogen wird, daß der Nachfolger wahrscheinlich scheitern wird.

Der Vorstand sollte ebenso eine Schlüsselrolle bei der Entscheidung darüber spielen, ob ein Insider oder ein Outsider die richtige Entscheidung ist. Wenn es gut organisiert ist, dann bringt die interne Rekrutierung weniger Überraschungen und ist für das Unternehmen weniger störend. Bedauerlicherweise ist die Planung einer geordneten Managementnachfolge nicht so üblich wie es sein sollte, besonders wegen der allzumenschlichen Neigung, die Fehler der Insider sehr genau zu registrieren und ihre Schwächen zu betonen, ihre Fähigkeiten allerdings für selbstverständlich zu halten. Sogar wenn fähige Insider vorhanden sind, werden sie aus diesem Grund nicht auserwählt.

Angesichts der möglichen Probleme während der Übergangsphase sollte der Vorstand auch besonders zu Beginn des Amtsantritts des neuen Vorsitzenden wachsam sein. Das ist normalerweise die Phase, in der der neue Vorsitzende die meiste Unterstützung braucht. Der Vorstand kann besonders dabei behilflich sein, mit der Enttäuschung der Hauptkandidaten fertig zu werden, die für den freigewordenen Vorsitz nicht gewählt wurden. In den Fällen, wo eine zukünftige Zusammenarbeit unmöglich scheint, kann er eine Rolle dabei übernehmen, das Ausscheiden dieser Leute zu erleichtern und dem neuen Vorsitzenden dabei zur Seite stehen. Der Vorstand sollte auch nicht zögern einzugreifen, wenn der neue Vorsitzende Fehler macht. Es ist nicht gut, wenn sich Fehler einschleichen, so daß später drakonischere Maßnahmen getroffen werden müssen. Die Übergangsphase ist eine Zeit, in der der Vorstand einen außerordentlichen Einfluß auf die Gestaltung der Zukunft des Unternehmens hat.

Zu viele Vorstände sind bedauerlicherweise zu eingefahren, inzestuös oder abhängig, um die Kontrollfunktion erfolgreich zu erfüllen. Parteipolitik beeinflußt häufig effektives Entscheiden, mit gravierenden Folgen für das Unternehmen. Aber das läßt sich ändern. Die jüngste Entwicklung, nach der von Vorstandmitgliedern eine größere Verantwortung gesetzlich verlangt wird, ist ein Schritt in die richtige Richtung. Die Androhung von Prozessen hat leider bei einigen Führungskräften dazu geführt, daß sie es sich zweimal überlegen, bevor sie sich an einem Vorstand beteiligen. Ein erfolgreicher Vorstand kann jedoch eine aktive Rolle bei kreativen Entscheidungen spielen und auch als eine Art Berater für scheidende und kommende Führungskräfte fungieren. Er kann ihnen bei der Bewältigung des Übergangsprozesses behilflich sein.

Eine Frage bleibt noch: Nach welchen Eigenschaften sollte man suchen, wenn man eine neue Führungskraft einstellt? Welche Charakteristika dienen als Gegengift für die V-Dimension? Was kennzeichnet für eine Organisation eine wahrhaft große Führungspersönlichkeit? Es ist schon viel darüber geschrieben worden. Auch auf die Gefahr hin, die bestehende Konfusion zu vergrößern, will ich im nächsten Kapitel versuchen, einige Hinweise zu geben.

Kapitel 9

„Ich folgte diesem Mann – überallhin – mit verbundenen Augen": erfolgreiche Führung

> Er war ein großes, kolossales Paradox von einem Mann, edel und unedel, anregend und abscheulich, arrogant und schüchtern, der beste der Menschen und der schlechteste von ihnen, der vielgestaltigste, lächerlichste und der erhabenste. Es gibt kein Rätselraten mehr, ein Soldat, der zum Verzweifeln ist, trägt immer eine Uniform. Farbenprächtig, gebieterisch und apokalyptisch trug er das Gefieder eines Flamingos, konnte keine Fehler zugeben und vertuschte sie durch schüchterne, kindische Tricks. Dennoch war er mit großem Charme ausgestattet, einem eisernen Willen und einem hochfliegenden Geist. Zweifellos war er der begnadetste Mann unter Waffen, den diese Nation hervorgebracht hat.
>
> William Manchester, American Caesar

So liest sich die Einleitungspassage von William Manchesters Biographie von General Douglas MacArthur. In dieser Passage sind die rätselhaften Eigenschaften seiner Persönlichkeit ganz gut eingefangen. Manchester beschreibt eine Person, die anders ist, ein Riese von einem Mann, den man nicht einfach übersehen kann. Wir sehen uns einem Mann gegenüber, der alle Tricks des Manipulierens kennt. Diese Führungspersönlichkeit spielte eine größere Rolle als das Leben. Es fällt schwer, von ihm unbeeindruckt zu sein. Diejenigen, die ihn kannten, bewunderten ihn entweder oder mochten ihn nicht. Welche Vorbehalte wir auch immer gegenüber MacArthurs Verhalten, seinen Exhibitionismus, seiner Überheblichkeit oder seinen Ungereimtheiten haben mögen, an seinen Führungsqualitäten besteht kein Zweifel. Wie einer seiner Offiziere sagte: „Ich folgte diesem Mann – überallhin – mit verbundenen Augen."

MacArthur ist, wie De Benedetti und Richard Branson, ein ungewöhnliches Beispiel einer äußerst erfolgreichen Führungspersönlichkeit. Diese Männer illustrieren, wie Führungskräfte einen Unterschied machen und gut funktionieren können, trotz aller regressiven Kräfte, die ich beschrieben habe. Nach unserer Diskussion einiger Schattenseiten der Führung bieten uns solche Führungspersönlichkeiten wegen ihrer Wirkungskraft die Gelegenheit, auch die andere Seite der Medaille zu betrachten. Was unterscheidet diese Führungskräfte von anderen? Was macht sie so wirkungsvoll? Welche Eigenschaften befähigen sie dazu, ihre Anhänger mitzureißen? Wie werden sie so erfolgreich mit der V-Dimension fertig?

Jede Beurteilung der Eigenschaften erfolgreicher Führung ist wegen der Interaktion dreier Variablen schwierig. Wie meine Ausführungen deutlich gemacht haben, ist Führung nicht nur eine Funktion der Führungsperson, sondern ebenso eine Funktion der komplexen Interaktion von Führer, Anhängern und des historischen Moments, in dem sie operieren. Obwohl ich natürlich um die Bedeutung der Interaktion von Führer und Anhänger weiß, will ich mich hier auf Führungsmerkmale konzentrieren.

Wenn man diesen Ansatzpunkt wählt, dann ist es schwer zu vermeiden, mit einem Katalog der Eigenschaften aufzuwarten. Offensichtlich besitzt nicht jede Führungskraft alle, sondern spezifische Eigenschaften in verschiedenen Kombinationen. Da die Liste selbstverständlich nicht vollständig ist, können Führungspersonen ebensogut auch andere Eigenschaften besitzen.

Wie ich es durch das ganze Buch hindurch getan habe, werde ich sowohl die Oberflächen- als auch die Tiefenqualitäten betrachten – also diejenigen, die die rationalen Fähigkeiten der Anhänger ansprechen, sowie diejenigen, die direkt auf das Unbewußte treffen. Man kann Führung natürlich nicht verstehen, ohne den psychodynamischen Aspekten Aufmerksamkeit zu schenken sowie den Elementen, die zur V-Dimension beitragen. Ich will ebenso untersuchen, wie die psychologischen Oberflächen- und Tiefenstrukturen auch die Führungskräfte beeinflussen, denn so wie sie die Vorstellungen von Macht in ihrem inneren Theater verwandeln, kann sie schließlich die gesamte Wirksamkeit ihrer Handlungen bestimmen.

Eigenschaften erfolgreicher Führungskräfte

Vor wenigen Jahrzehnten schrieb Charles de Gaulle, selbst ein großer Führer: „Es kann kein Prestige geben ohne Geheimnis, denn aus Vertrautheit erwächst Geringschätzung.... In der Form, im Auftreten und den Gedanken eines Führers muß es immer ein 'gewisses Etwas' geben, das die anderen alle zusammen nicht ergründen können, das sie perplex macht, sie aufwühlt und ihre Aufmerksamkeit erregt.... Wer die Gedanken anderer beeinflussen will, muß diese sorgfältig beobachten und klarmachen, daß jeder von seinen Gefährten bestimmt wurde. Diese Einstellung zur Zurückhaltung erfordert, als Regel, eine dazu passende Ökonomie der Worte und Gesten... Es kann sogar eine gewisse Verbindung zwischen der inneren Stärke eines Mannes und seinem äußeren Erscheinen geben... Die großen Führungspersönlichkeiten haben ihre Wirkung immer sorgfältig inszeniert."

Weiterhin listet de Gaulle als Merkmale von Führung auf: „eine Bereitschaft zum Start einer großen Unternehmung und eine Bestimmung, die Dinge bis an ihr Ende zu durchschauen." Er fügt hinzu, daß die Führungsperson „nach Höherem streben muß, zeigen muß, daß sie eine Vision hat und im großen Maßstab handelt." Und er führt weiter aus, daß der erfolgreiche Führer über die Details spezifischer Situationen gut informiert sein muß und nicht nur in abstrakten Begriffen und vagen, allgemeinen Theorien denken darf. Er sagt weiter, daß ein Führer „seine Rivalen im Selbstvertrauen überbieten muß."

Charles de Gaulle wußte, wovon er sprach. Er hatte reichlich Gelegenheit, seine Vorstellungen zu testen. Sein Führungskonzept erlaubte keine Mittelmäßigkeit: es war von einer grandiosen Art. Er war eine der Führungspersönlichkeiten, die eine fesselnde Macht über ihre Anhänger haben. Er war einer der Menschentypen, die zum Transformator werden, dazu fähig, die Motive, Werte und Ziele der Anhänger zu formen, zu verändern und zu erheben.

De Gaulle leitete seine Erfahrung aus seiner Rolle als Führer Frankreichs und als Staatsoberhaupt ab. Viele Jahre Ausbildung als Soldat und Widerstandskämpfer bereiteten ihn auf diese Rolle vor. Und als sich schließlich die Gelegenheit ergab, packte er zu. De Gaulle war ein Meister des Taktierens. Er wußte, wie er durch direkte, dramatische Appelle an das Volk seine Machtgrundlage aufrechterhalten konnte. Krisenmanagement, wie während der Algerienkrise, war seine Stärke. Trotz des Schadens, den die Selbstachtung der Franzosen durch den Verlust der lange gehegten Herrschaft genommen hatte, gelang es de Gaulle, die Nation unter sich zu vereinigen. Er verstand es, Aktion und Reflexion zu balancieren. Er war nie der bloße Spielball äußerer Zwänge. Er bezog seine Stärke aus inneren Vorstellungen, um seine Handlungen durchzuführen. Er fiel nicht in eine nur reaktive Art zurück. Sein Stil, sein schauspielerisches Können und seine Ausstrahlung von Selbstsicherheit bei öffentlichen Auftritten machten zudem viele seiner ansonsten unpopulären Aktionen erträglich.

Wenn wir seine Ausführungen sorgfältig analysieren, können wir deutlich eine Reihe von Themen erkennen, die sich bei anderen Führungskräften wiederfinden.

Der Traum

Wie de Gaulle zeigt, sind effektive Führungskräfte von einer Vision getrieben. Sie haben eine Vorstellung von der Zukunft, die auf andere anziehend wirkt. Als ein gutes Beispiel können wir Franklin Delano Roosevelts Konzept des New Deal nehmen, das sein Weg zur Bekämpfung der Großen Wirtschaftskrise wurde.

Hitler hatte eine dämonische Vision von einem neuen Deutschland, wie er es in seinem Buch *Mein Kampf*, in dem er das Tausendjährige Reich prophezeite, beschrieben hat. Gandhi stellte sich ein von den Briten befreites Indien vor, in dem Hindus und Moslems in Harmonie zusammenleben. Martin Luther King Jr.'s Traum von der Harmonie zwischen Schwarzen und Weißen war ähnlich visionär. Bei der Beschreibung ihrer Träume verwenden Führer sehr häufig das Bild einer Reise: ein Weg, dem sie folgen, oder eine Kreuzung, an der sie stehen.

Wir können sehen, wie diese enorme Besessenheit einen Fokus und eine Orientierungsrichtung vermittelt und Gefolgsleute dazu mobilisiert, einem Handlungskurs bis zu seinem erfolgreichen Abschluß zu folgen. Es scheint, daß Führer eine gemeinsame Vision der Zukunft schaffen. Sie scheinen dazu in der Lage zu sein, existierende Vorstellungen in ihrer inneren, privaten Welt so umzuformulieren, daß sie auf einer äußeren, öffentlichen Bühne annehmbar werden. Diese Menschen scheinen sich von anderen überdies durch den Besitz klar formulierter interner Szenarien, mentaler Codes zur Darstellung derjenigen Erfahrungen, die ihr Verhalten leiten, zu unterscheiden. Und wie ich bei meinen Beschreibungen von Führungsstilen gezeigt habe, können diese Szenarien positiv sein, wenn sie auf einem geschlossenen, gut integrierten Ich-Gefühl basieren, oder negativ; wenn sie zu einer reaktiven, kompensierenden Umgangsart mit wahrgenommenem Schmerz und Unsicherheit führen. Diese Szenarien werden so auf die Anhänger übertragen, daß sie eine gemeinsame Realität schaffen. Und wir kennen jetzt die Mechanismen, mit denen die Gefolgsleute ihre Phantasien auf die Führer übertragen. Deshalb werden diese Szenarien zum „tragenden Mythos" oder Set von Mythen, die den Menschen, die die Gesellschaften bilden, ein Gefühl davon vermitteln, was Zugehörigkeit bedeutet. Schließlich werden sie zu den Bausteinen des Handelns.

General Douglas MacArthur ist ein gutes Beispiel für eine Person, deren inneres Szenario konstruktiv und positiv war. Wenn man seine Erinnerungen liest, sieht man, in welchem Maße seine innere Welt aus den heroischen Bildern über seinen Großvater, Vater und seine älteren Brüder bestand. Es wurde zu seiner Lebensaufgabe, einem Vater nachzueifern, den dessen Kriegskameraden als „großartig...ohne jede Angst... (ein Mann) der es mit einer Horde Tiger im Dschungel aufnehmen konnte... der Held des Regiments" beschrieben. Solch übertrieben hohe Vorstellungen waren kombiniert mit einem durch die Mutter erzeugten Vertrauen. Die Mutter machte ihm klar: „Du wirst gewinnen, wenn Du nur nicht die Nerven verlierst. Du mußt an Dich selbst glauben... oder man glaubt nicht mehr an Dich. Sei selbstsicher, vertrau Dir, sogar wenn Du es nicht schaffst; dann hast Du immer die Gewißheit, Dein Bestes gegeben zu haben." Mit einer solchen Unterstützung, die ihm von vertrauenswürdigen und verläßlichen Bezugspersonen gegeben wurde, ist es kein Wunder, daß MacArthur zu dem Führer wurde, der er war. Überdies, und angesichts seines speziellen Hintergrundes nicht überraschend, war es Teil seines Schicksals, auf die Philippinen zurückzukehren, wo sein Vater Generalgouverneur gewesen war, und das Land von den japanischen Eindringlingen zu befreien.

In der Unternehmenswelt können wir vergleichbare Prozesse im Betrieb beobachten. Wir haben zum Beispiel gesehen, wie der erste Henry Ford in einer Zeit, in der die Autos immer luxuriöser und teurer wurden, von einem billigen Wagen für die Massen träumte. Wie vorher geschildert, war sein größter Wunsch, das Leben der Farmer zu erleichtern, was für ihn, so können wir annehmen, auf einer ambivalenten Einstellung gegenüber einem bestimmten Farmer, nämlich seinem Vater, beruhte.

Ein anderes Beispiel für die Verlagerung innerer Konflikte nach außen kann man im Leben von Walt Disney sehen, der den Traum von einer glücklichen Familie durch eine gesunde Unterhaltung hatte. In diesem Fall ist angesichts seines spezifischen Hintergrunds erneut die Quelle seiner ständigen Beschäftigung nicht schwer zu erkennen. Sein Traum stellt die Verwirklichung eines Wunsches dar, der in seiner häuslichen Umgebung nur selten erfüllt wurde. Obwohl seine Mutter während seiner Kindheit eine gutmütige Frau gewesen zu sein schien, war sie nicht stark genug, sich gegen seinen Vater zu wehren, der ein äußerst unnahbarer, strenger und sehr religiöser Mann war, nie lachte oder mit seinen Kindern spielte, absolut keinen Sinn für Humor hatte, sondern nur mißbilligend war. Vielleicht gab es gute Gründe für diese Haltung. Schwere Zeiten wegen Fehlern in der Landwirtschaft, finanzielle Probleme, Krankheit sowie soziale und geographische Entwurzelung können zu der schlechten Stimmung des Vaters beigetragen haben.

Zu Walt Disneys Sehnsucht nach einem glücklichen Familienleben kam vielleicht noch seine einsame Position in der Familie hinzu, denn seine Brüder waren viel älter und seine Schwester viel jünger als er. Ein anderes Kennzeichen eines familiären Unglücklichseins war die Tatsache, daß die drei älteren Brüder nach einem Streit mit dem Vater, weil sie sich ausgebeutet fühlten, von zu Hause weggingen. Vielleicht einer der wenigen glücklichen Momente in der Kindheit von Walt Disney war sein kurzer Aufenthalt auf der Farm seines Vaters; eine Zeit, in der er wilde und zahme Tiere beobachtete, mit ihnen spielte und zeichnen lernte. Ein Hase und ein Schwein waren seine ersten Zeichnungen; sie wurden später in seinen Cartoons verwendet.

Sinnmanagement

Ein wesentlicher Bestandteil erfolgreicher Führung ist das Managen von Sinn. Führungspersonen müssen ihre Träume artikulieren und sie für ihre Anhänger attraktiv machen. Sie tun dies durch den Gebrauch von Sprache, Zeremonien, Symbolen und Arrangements. Historische und mythologische Figuren werden heraufbeschworen und imitiert, indem man die kulturellen Wurzeln anzapft. Das sind alles strategische Manöver, um Anerkennung zu erlangen. Hier verbünden sich Führung und schauspielerisches Können. Effektive Führungspersonen inszenieren Theater. Sie besitzen große rednerische Fähigkeiten und wissen, wie man Humor, Ironie und Umgangssprache einzusetzen hat. Sie scheinen zu wissen, wie man das Unbewußte der Gefolgsleute direkt anspricht, und verwenden eine bildliche Sprache, wie etwa Lachen oder Metaphern, um den Identifizierungsprozeß ihrer Anhänger zu erleichtern. In der Präsentation ihrer Ideen scheint zudem ihr Gespür für den richtigen Zeitpunkt ganz enorm zu sein und ein Hauptfaktor für ihren Erfolg. Sie sind Meister darin, alles in der Schwebe zu halten.

Das unsichere emotionale Wesen dieser Kommunikationsmethoden legt den Grundstein für ihre fesselnde Eigenschaft und bewirkt die möglicherweise gefährlichen Abhängigkeits-, Regressions- und Übertragungsreaktionen. Tatsächlich hat Freud diese eigenartige psychologische Beziehung zwischen Führer und Anhängern mit der zwischen Hypnotiseur und Hypnotisiertem verglichen. Wie ich schon erwähnt habe, erzeugen Führungspersonen auf die eine oder andere Weise bei ihren Anhängern das Verlangen, daß man sich um sie kümmert. Angesichts der Erwartungen, die Führer erzeugen, scheinen sie auch zwangsläufig diejenigen zu sein, die die Obhut übernehmen. Die Idealisierung des Führers durch seine Anhänger ist Teil dieses Prozesses. Führer wiedererwecken vergangene Beziehungen von Herrschaft und Unterwerfung und wiederbeleben frühere Abhängigkeitsbeziehungen. Wie wir in der Diskussion über Übertragung gesehen haben, werden bedeutsame Bezugspersonen aus der Kindheit mit zeitgenössischen verwoben. Der Führer wird zum Depot der Phantasien der Anhänger. Und sogar Unfähige ziehen aus dieser Unsicherheit ihren Nutzen und profitieren von diesem psychologischen Prozeß. Insofern wird bis zu einem gewissen Grad jeder Führer zu einem Produkt unserer eigenen Phantasien.

Erfolgreiche Führer sind Meister im Manipulieren von Sinn. Ein Teil dieses Prozesses besteht aus der Suche nach dem Sündenbock: die Aufteilung der Welt in wir und die anderen oder gut und schlecht wird zu einem geläufigen Muster. In einem solchen Dialog werden Vereinfachungen, scharfe Kontraste und Extreme zur Normalform; Dramatisierung und Schauspielerei sind die Hauptsache. Damit es dazu kommt, wissen wirkliche Führungspersonen, wie sie die einfache Sprache zu verwenden haben, die ihre Botschaft leicht überbringt. Persönliche Angst, Aggression und Hoffnungen werden auf soziale Ursachen geschoben, die symbolische Lösungen ermöglichen. Im Anschluß an Le Bon, einem französischen Gruppentheoretiker, sagte Freud: „Eine Gruppe ist außergewöhnlich leichtgläubig und leicht beeinflußbar; sie hat keine kritische Fähigkeit, und das Unwahrscheinliche existiert für sie nicht. Sie denkt in Bildern, die sich gegenseitig hervorrufen (gerade so, wie sie bei einem Individuum im Zustand freier Assoziation entstehen), und deren Übereinstimmung mit der Realität nie durch irgendeine vernünftige Instanz geprüft wird. Die Gefühle einer Gruppe sind immer sehr einfach und sehr übertrieben. Insofern kennt eine Gruppe weder Zweifel noch Unsicherheit."

Mit diesem Wissen über das regressive Potential von Gruppenprozessen im Hinterkopf können wir nachvollziehen, daß ein politischer Führer wie Winston Churchill ein Drama inszenieren konnte, indem er eine Ansammlung von Menschen, die ihn in seinem Kampf gegen Hitler begleiteten, mit den Worten aufwühlte: „Ich habe nichts anderes zu bieten als Blut, Mühsal, Tränen und Schweiß." Douglas MacArthur erklärte feierlich: „Ich komme zurück" und machte aus diesen Worten ein Symbol des Sieges und der Freiheit gegenüber den Philippinos – ein magisches Versprechen, daß sie von den Japanern befreit werden würden. Rufen wir uns Franklin Delano Roosevelts Aussage in Erinnerung „Die einzige Sache, vor der wir Angst haben müssen, ist die Angst selbst." John F. Kennedy machte in seiner Eröffnungsrede die denkwürdige Aussage: „Fragen Sie nicht danach, was Ihr Land für Sie tun kann; fragen Sie, was Sie für Ihr Land tun können."

In einem weniger großartigen Stil benutzen auch Unternehmensführer vergleichbare Sinnbilder. Ich habe bereits erwähnt, wie das Management von Sinn auf der Jahresversammlung von Mary Kay Cosmetics inszeniert wird. Die Botschaft von Mühe, Hoffnung und Erfolg ist deutlich in diesem Theaterstück. Der Pink Cadillac wartet auf die Heldin, der es gelungen ist, alle Schwierigkeiten zu überwinden und das angestrebte Verkaufsziel zu erreichen!

Thomas Watson Sen. von IBM ist ein weiteres Beispiel für einen wahren Meister im Management von Sinn. Seine Fähigkeit zur Schauspielerei wurde von John Patterson, dem Geschäftsgenie von National Cash Register perfektioniert. Nachdem er von seinem Mentor gefeuert worden war, rappelte sich Watson Sen. schnell wieder auf, als er für CTR (der frühere Name für IBM) arbeitete. Als außergewöhnlich talentierter Verkäufer war er ein Meister im Benutzen von Slogans, mit denen er seine Auffassung von Respekt gegenüber den Angestellten, den Bedarf nach dem besten Kundendienst der Welt sowie den Imperativ der Unübertroffenheit verbreitete. Er sagte solche Dinge wie: „Verlorene Zeit ist für immer verloren"; „Es gibt kein Rasten; wir dürfen nie zufrieden sein"; „Ein Unternehmen ist bekannt durch die Menschen, die für es arbeiten"; „Du kannst in einem Unternehmen nicht erfolgreich sein, wenn Du nicht glaubst, daß es das beste der Welt ist" und „Business is fun". Und natürlich sein Lieblingsmotto: „Lies – Hör zu – Diskutiere – Beobachte – Denke."

Seine Reden sind legendär geworden. Auf Verkäuferversammlungen wurden Lieder über den Chef gesungen, die die Mythen unterstützten. Ein Lied endete zum Beispiel so:

Mr. Watson ist der Mann, für den wir arbeiten,
Er ist der Führer von CTR,
Er ist der fairste, anständigste Mann, den wir kennen,
Aufrichtig und ehrlich.
Er hat uns die Spielregeln beigebracht
Und wie man Kohle macht.

In den Ausbildungsprogrammen wurde Watson Sen.'s Art des Sinnmanagement institutionalisiert. Überall im Unternehmen sah man Bilder von ihm. Das Zitieren aus seinen Reden war bei den Ehrgeizigen von IBM Teil der täglichen Unterhaltung. Indem Watson Sen. alles so organisierte, verwandelte er sein Verkaufspersonal in eine gut ausgebildete Armee. Sie mußten korrekt aussehen, in guter körperlicher Verfassung und konservativ gekleidet sein.

Alkohol war bei Veranstaltungen von IBM verboten. Statt Medaillen zu bekommen, wurden die Männer oder Frauen, die ihre Quoten erfüllt hatten, in den Hundert-Prozent-Club aufgenommen. Jeder wußte, daß eine Verkäuferkarriere der Weg in die Chefetage war, aber natürlich via Club.

Netzwerke bilden

Erfolgreiche Führer besitzen große Fähigkeiten im zwischenmenschlichen Umgang. Sie sind nicht nur Meister der Kommunikation auf allgemeiner, sondern auch auf persönlicher Ebene. Schließlich hat sie die Unterstützung durch eine Kerngruppe engagierter Gefolgsleute zu dem gemacht, was sie sind. Diejenigen, die es zu Spitzenpositionen gebracht haben, verfügen über die Fähigkeit, ihre Anhänger zu beeinflussen, zu kontrollieren und zu manipulieren. Sie scheinen in der Lage zu sein, auch mit gefühlsmäßig harten Situationen fertigzuwerden. Es gelingt ihnen, eine tragende Umgebung zu schaffen und dadurch die Emotionen ihrer Anhänger zu beherrschen.

Erfolgreiche Führungspersönlichkeiten sind sehr einfühlsam gegenüber anderen Menschen, können zuhören und andere Standpunkte verstehen. Wie die Managementtheoretiker McCall und Lombardo in ihren Untersuchungen über erfolgreiche und erfolglose Führungskräfte herausgefunden haben, war „die häufige Entgleisung (auf dem Weg in die Chefetage) Unsensibilität gegenüber anderen Menschen." Nach ihrer Studie waren diejenigen Führungspersonen nicht erfolgreich, die sich aggressiv und einschüchternd verhielten und sich ungern an dem Wechselspiel von Geben und Nehmen beteiligten. Stattdessen verteidigten sie sich auf rigide Weise und wurden nur schlecht mit ihren Emotionen fertig.

Erfolgreiche Führungskräfte sind auch Könner im Erschaffen und Erhalten organisatorischer Netzwerke zur Interaktion mit ihren wichtigsten Mitarbeitern und um deren Aktivitäten zu überwachen. Sie sind sich sehr klar darüber, von wem sie abhängig sind, und umgekehrt. Sie handhaben ihre Verbindung zu ihrem Kernpersonal sehr vorsichtig. Einstellen, Entlassen und Befördern sind einige der Mittel, die sie zur Aufrechterhaltung ihres Beziehungsnetzes einsetzen. Ausgefeilte Kontrollsysteme sind eine andere Art, um diese Interdependenzen zu garantieren.

Franklin Delano Roosevelt war ein talentierter Führer im Umgang mit dieser speziellen Facette. Seine Fähigkeit in der Schaffung von Netzwerken und im Manipulieren war sagenhaft. Um es zu illustrieren: zu den ersten Dingen, die er nach seiner Amtsübernahme in Angriff nahm, gehörte die Errichtung eines Nachrichtendienstes in der Organisation, um sich selbst davor zu schützen, Opfer der Amtsbürokratie zu werden. Ein berühmter Analytiker dieser Präsidentschaft, der Politikwissenschaftler Richard Neustadt, berichtet: „Er hielt nicht nur seine Organisationen zusammen und teilte die Autorität unter ihnen auf, sondern er neigte auch dazu, Menschen unvereinbarer Temperamente, verschiedenen Aussehens und unterschiedlicher Ideen mit der Leitung zu betrauen. Konkurrierende Persönlichkeitsstile mit konkurrierenden Zuständigkeiten zu mischen, war Roosevelts Rezept, um sich selbst unter Druck zu setzen, seine Angestellten zu veranlassen, ihm die Entscheidungen zu übertragen, die sie selbst nicht treffen konnten. Es brachte sie dazu, ihre Aktionen öffentlich zu machen, aber ihre Auseinandersetzungen versorgten ihn nicht nur mit Aufregung, sondern auch mit Informationen."

Einer der Meister in der Bildung von Netzwerken in der Unternehmenswelt war Alfred Sloan, der ehemalige President von General Motors. Sein Talent, Informationsprozesse zu organisieren, machte ihn zu einem der Väter des modernen Unternehmens. Es gelang Sloan, die locker gekoppelten Unternehmenszweige, die William Durand, der Gründer von General Motors, angefangen hatte, zu konsolidieren. Die Aktionen Sloans wandelten General Motors um und machten es zu dem Unternehmen, das es heute ist. Er erkannte sehr früh den Wert allgemeiner administrativer Kontrollen und von Ausschußstrukturen. Sein Entwurf für die Umstrukturierung war seine „Studie über die Organisation", eine Analyse des Bedarfs bei General Motors und der Versuch, den Informationsfluß des damals kränklichen Riesen in den Griff zu bekommen. Seine Mitgliedschaft im Vorstand, Finanzausschuß und den verschiedenen Koordinationsausschüssen (die zur Koordination der Einkaufs-, Verkaufs-, Betriebs- und Technologieentscheidungen eingerichtet wurden) plazierten ihn ins Zentrum des Informationsnetzwerks und informierten ihn direkt über das Personal und die Hauptführungskräfte des Unternehmens. Angesichts der finanziellen Ergebnisse zu dieser Zeit scheint er diese Information positiv umgesetzt zu haben.

Muster erkennen

Studien über effektive Führungskräfte haben wiederholt deren Fähigkeit im Erkennen von Mustern zwischen scheinbar unzusammenhängenden Ereignissen hervorgehoben. Effektive Führungspersonen sind Meister im Sinnstiften und darin, Ordnung in das sie umgebende Chaos zu bringen. Sie können relevante von irrelevanter Information unterscheiden. Sie verstehen es, sich davor zu schützen, von sensorischen Überreizungen und zuviel Information überflutet zu werden. Sie sind das, was man Reduzierer (im Gegensatz zu Verstärkern) nennt, denn sie haben die Fähigkeit, das Ausmaß an Stimulation, mit dem sie konfrontiert sind, zu begrenzen. Sie können hohe Erregungsstufen verkraften. Sie behalten einen kühlen Kopf, wenn alle um sie den Kopf verlieren, um die Worte von Kipling zu benutzen. Sie engagieren sich erfolgreich in vielfältigen Aktivitäten, ohne ein Gefühl von Überbeanspruchung oder ein Gefühl von Unbehagen und Ermüdung zu erfahren. Diese Merkmale befähigen sie dazu, mit komplexen, neuen und interessanten Situationen umzugehen, ohne daß die Erfüllung der Aufgaben beeinträchtigt wird und ohne kognitive Desorganisation oder Gesundheitsprobleme.

Durch selektive Kombination und selektiven Vergleich verstehen es effektive Führungskräfte, Verbindungen zu knüpfen. Das befähigt sie besonders, isolierte Informationsstücke zusammenzufügen. Sie besitzen die Fähigkeit dazu, konzeptionelle Komplexität zu handhaben. Sie sind flexibel in ihren kognitiven Differenzierungen und bei der Integration von Informationen, so daß sie die Daten gemäß den Anforderungen der Situation behandeln können. Wenn eine einfache Informationsverarbeitung verlangt ist, dann blenden sie dissonante Informationen aus. Wenn die Situation es aber verlangt, dann integrieren und kombinieren effektive Führungskräfte die multiplen Standpunkte simultan und sehen sich nach neuen Lösungen um.

Die Vorstandsvorsitzende einer Finanzierungsgruppe bewies dieses Talent sehr deutlich. Der Informationsfluß in diesem multiplen, multinationalen Unternehmen war phänomenal. Die Masse an Daten, die auf dem Schreibtisch der Präsidentin landeten, schien größer zu sein, als Normalsterbliche würden bewältigen können. Dasselbe könnte über die Zahl der Sitzungen, an denen sie aufgrund ihrer vielen verschiedenen Funktionen teilzunehmen hatte, gesagt werden. Nichtsdestoweniger überraschte sie ihre Mitarbeiter immer wieder mit ihrer Fähigkeit, das Wesentliche herauszugreifen. Der Schlüssel zu diesem Informationsmanagement war ihr Talent, taktische (kurzfristige) Anliegen klar von strategischen (langfristigen) zu trennen. Bei all ihren Aktivitäten behielt sie eine Reihe langfristiger unternehmerischer Ziele im Hinterkopf. Angesichts der Myriade anderer Aktivitäten, in die sie involviert war, half ihr ihre Fähigkeit, Prioritäten zu setzen, sachlich zu bleiben.

Harold Geneen, der ehemalige President und Unternehmensleiter von ITT besaß ebenfalls dieses Talent, obwohl angesichts seiner besonderen organisatorischen Gestaltung das, was ursprünglich vielleicht eine Stärke war, nun irgendwie pervertiert worden zu sein schien. Er war der Meister der „harten Tatsachen": er war geschickt im schichtweisen Aufdecken falscher „Tatsachen", um die Wahrheit ans Licht zu bringen. Seine Fähigkeit, enorme Mengen an Information zu verdauen, war legendär. Bedauerlicherweise verwandelte sein Hunger nach Tatsachen das Unternehmen in eine Papierfabrik, einen Ort, an dem unangemessen viel Zeit mit der Produktion nur marginal brauchbarer Information verbracht wurde.

Befähigung

Charles de Gaulle bemerkte einmal, daß der wirkliche Führer nach Höherem streben und seine Gefolgsleute sorgfältig heranziehen sollte. In der Tat adressieren effektive Führungskräfte hohe Leistungserwartungen an ihre Mitarbeiter und zeigen Zuversicht in deren Fähigkeit, diese Erwartungen zu erfüllen. Indem sie ihnen das Gefühl von Bedeutung geben, schaffen sie es, sie zu motivieren. Ihre hohen Ansprüche scheinen das Gefühl von Selbstvertrauen und das Gefühl, etwas zu können, bei ihren Mitarbeitern zu steigern und dadurch deren Effektivität zu erhöhen. Effektive Führungskräfte wissen, wie sie Verbindlichkeiten erzeugen können. Durch ein Anspannen der Energien ihrer Mitarbeitern und die Umsetzung von Absicht in dauernde Realität ermutigen sie sie dazu, unerwartete Resultate zu erzielen.

Man muß nicht weit blicken, um Beispiele aus dem politischen Bereich dafür zu finden, wie Anhänger zu motivieren sind, ihre eher nichtigen

Voreingenommenheiten zu überwinden. Als er Präsidentschaftskandidat der Demokraten wurde, sagte John F. Kennedy: „Wir stehen heute am Rand einer neuen Grenze." Charles de Gaulle drückte dasselbe Vertrauen in seine Anhänger aus, als er zu Beginn des Zweiten Weltkrieges meinte: „Frankreich hat den Kampf verloren, aber nicht den Krieg." Vor über einhundert Jahren verkündete Napoleon Bonaparte zuversichtlich, daß jeder französische Soldat in seiner Patronentasche den Marschallstab von Frankreich trage. Was alle diese Führer gemeinsam hatten, war ihre Fähigkeit, eine Atmosphäre von Anregung, Begeisterung und Motivation unter ihren Gefolgsleuten zu verbreiten.

Tracy Kidder beschreibt, wie eine Gruppe von Computergenies bei Data General dazu gebracht wurde, das Unmögliche zu erreichen. Unter der Leitung von Tom West, der es verstand, Unmögliches möglich zu machen, bauten sie in einem Jahr einen neuen Computer, den sie symbolisch „den Adler" nannten. Wests Art, Verbindlichkeit und Motivation hervorzurufen, wurde zu dem Stoff, aus dem der Mythos gemacht wurde. Kidder zitiert einen von Wests Angestellten:

West war nie unvorbereitet bei irgendeiner Sitzung. Er sprach nie schnell oder wurde laut. Er vermittelte – es war nicht einfach Begeisterung, es war die Intensität von jemandem, der die Wogen glättete und nur zeigte, wo's lang geht. Er sagte immer: „Sieh mal, wir sollten es so machen." Wenn er erst die Zustimmung des Vizepräsidenten hatte, kontaktierte er einige Software-Leute und einige seiner eigenen. „Die Chefs haben der Sache zugestimmt", teilte er ihnen mit, „krieg ich Deine Unterschrift für Deinen Teil?" Er lief umher und feuerte alle einzeln an, um sie zu begeistern. Sie sagten dann, „Ah, das hört sich an, als wolltest Du einen Beutel an die Seite von Eclipse (der Name eines anderen Computers) kleben", und Tom antwortete mit seinem leichten Grinsen und sagte: „Es ist mehr als das, wir werden verdammt nochmal dieses Mistding bauen, und es wird so schnell wie ein geölter Blitz gehen." „Wir werden es bis April schaffen", teilte er ihnen mit. Das war weniger als ein Jahr Zeit, aber egal. Toms Botschaft ist: „Wollt ihr Jungs es schaffen oder Euch auf Eurem Hintern ausruhen?" Es war eine Herausforderung, die er ihnen stellte...Er brachte neues Leben in die Jobs einer Menge Leute.

Wir sehen, wie Vertrauensbeweise im großen, nicht im abstrakten Stil durch mehr individuelle und persönliche Erklärungen noch verstärkt werden. Und an den Ergebnissen kann man sehen, daß diese spezielle Behandlungsart großen Motivationswert hat.

Kompetenz

Technische Fertigkeiten sind im *Stogdill's Handbook of Leadership* als ein sehr wichtiger Faktor für effektive Führung aufgelistet. Wir sahen die Bedeutung, die de Gaulle diesem Führungsaspekt beimaß. Führungskräfte müssen mit dem Kern der Sache vertraut sein. Sie müssen wissen, wovon sie reden. Wenn nicht, verlieren sie schnell ihre Glaubwürdigkeit. Es reicht nicht aus, nur in abstrakten Begriffen zu denken. Führungskräfte müssen nicht nur den großen Zusammenhang erkennen, sie müssen ebenso mit den Besonderheiten der Situation vertraut sein. Das befähigt sie dazu, realistische Vorschläge zu machen. Deswegen müssen sie einige Vertrautheit mit der genauen Natur der Arbeit, die getan werden muß, besitzen.

Iacocca, Chef der Chrysler Corporation, ist diesbezüglich ein gutes Beispiel. Man braucht nicht zu erwähnen, daß sein Talent zur Dramatisierung wesentlich war, um das kranke Unternehmen zu retten. Jeder, der einen Fernseher besitzt, wird dem zustimmen. Ohne dieses Geschick hätte er nicht die finanzielle Hilfe der Regierung bekommen, nicht die Rückendeckung von den Gewerkschaften für Lohnkürzungen erhalten oder die Kunden dazu gebracht, seine Autos zu kaufen. Ein anderer Schlüsselfaktor war seine intime Vertrautheit mit den Einzelheiten der Automobilindustrie. Er wußte, was es heißt, ein Auto zu bauen. Er verstand, wie die verschiedenen Teile des Produktionsprozesses zusammenhängen. Er wußte, wie Kontrollsysteme einzusetzen waren, damit die getrennten Tochtergesellschaften zusammenarbeiteten, aus denen Chrysler zusammengesetzt war. Es war dieses spezielle Wissen, das ihn so erfolgreich dabei machte, wenn er seine Vision der Unternehmenserneuerung formulierte.

Widerstandskraft und Durchhaltevermögen

Führung erfordert ein gewisses Maß an Widerstandsfähigkeit. Es gehört viel Ausdauer dazu, um mit dem Streß und dem Druck einer sich rasant verändernden Umwelt fertigzuwerden. Effektive Führungskräfte verstehen es, den Streß zu bewältigen. Sie besitzen ein positives und stabiles

Selbstbild. Sie sind fest davon überzeugt, daß sie die Dinge, die ihr Leben beeinflussen, fest im Griff haben. In ihrem Verhalten strahlen sie ein Gefühl von Bedeutsamkeit aus, und sie interagieren dynamisch mit ihrer Umwelt; sie sind den Aktivitäten in ihrem Leben verpflichtet und sehen Wandel als eine Herausforderung an.

Zur Widerstandsfähigkeit gehört Durchhaltevermögen. Wahre Führungskräfte gehören zu einer Gruppe von Menschen, die nicht schnell aufgeben, die es immer wieder versuchen und darauf insistieren, daß ihre Ansprüche erfüllt werden. Sie bleiben trotz Schwierigkeiten ihren ursprünglichen Zielen treu. Ihre Hauptanliegen klingen manchmal wie verrückte Träume, aber sie sind davon überzeugt, daß dieses Verhalten am Ende Früchte tragen wird. Wenn nötig, verstehen solche Menschen es ebenso zu warten. Sie warten auf ihre Gelegenheit und passen den richtigen Moment ab. Effektive Führungskräfte glauben fest an ihre Idee und sind bereit, sie durchzusetzen, welche Rückschläge es auch immer geben mag. Sie hören nicht auf zu fragen, zu reden, zu erklären. Sie haben ein unglaubliches Stehvermögen, sie lassen nie nach. Ihr inneres Szenario mit seiner großartigen fixen Idee und ihre klare, deutliche Vorstellung treibt sie voran. Sie strahlen Integrität aus. Darüber hinaus sind ihre Handlungen durch ein bestimmtes Maß an Konsistenz gekennzeichnet, während sie gleichzeitig Platz für das Unerwartete lassen.

Wenn man die Lebensgeschichten vieler Unternehmer untersucht, findet man, daß Durchhaltevermögen immer wieder auftaucht. Der Architekt der Europäischen Gemeinschaft, Jean Monnet, ist ein gutes Beispiel dafür. In seinen Memoiren schreibt er: „Ich bin kein Optimist. Ich bin einfach hartnäckig. Wenn Handeln erforderlich ist, wie kann man dann sagen, es sei unmöglich, solange man es noch nicht versucht hat?... Ereignisse, die mich betroffen machen und meine Gedanken beanspruchen, führen mich zu einer allgemeinen Schlußfolgerung darüber, was getan werden muß. ...Ich kann lange Zeit auf den richtigen Augenblick warten. Beim Cognac sind sie hervorragend im Warten. Es ist der einzige Weg, einen guten Brandy zu machen."

Obwohl Walt Disney, der Gründer der Disney Corporation, heute für jeden ein Begriff ist und als der Welt erfolgreichster Schöpfer der Leinwandunterhaltung gefeiert wurde, fiel ihm der Erfolg auch nicht in den

Schoß. Nur beständige Beharrlichkeit gegenüber manchmal unmöglichen Umständen machte es ihm möglich, die Anerkennung zu bekommen, die er heute hat. Liest man seine Lebensgeschichte, dann kann man sehen, daß jeder Schritt auf diesem Weg ein anstrengender Kampf war: die Umstellung von Schwarz-Weiß auf Farbe, die Vertonung der Zeichentrickfilme, die Herstellung eines Hauptfilms. Wenn er nicht von Gaunern umgeben war oder seine Trickfilmzeichner nicht von anderen Studios beraubt worden waren, dann wurde er von seinem Bruder Ray blockiert, der Angst hatte, daß seine Ideen zu kostspielig wären und in die Brüche gingen. Sein Projekt *Snow White* wurde nicht freundlich aufgenommen. Es wurde als viel zu kostspielig angesehen, obwohl es sich als einer der erfolgreichsten Filme aller Zeiten herausstellte. Die Idee, klassische Musik und Cartoons zu mischen, die zu dem Film *Fantasia* führte, fand keine größere Resonanz und wurde als Unsinn abgetan. Sein Modell eines Freizeitparks, Disneyland, wurde ebenso abgelehnt. Disney wurde überall abgewiesen, egal wo er sich hinwandte und versuchte, eine Finanzierung für das Projekt zu erhalten. Dies führte bei ihm zu dem Entschluß, es allein anzugehen und selbst zu finanzieren. Er gründete ein neues Unternehmen, um die Einwände seines Bruders und anderer Aktionäre zu umgehen. Es ist nicht überraschend, daß die Kritiker angesichts einer solchen Beharrlichkeit schließlich ihre Meinung änderten.

Gestaltung

Beharrlichkeit und Widerstandskraft allein reichen nicht aus; diese Eigenschaften müssen mit Gestaltung verbunden sein. Viele Menschen haben eine Menge Ideen, aber das ist auch das Stadium, in dem die Dinge normalerweise verbleiben. Es kommt nie zur Umsetzung der Idee. Effektive Führungskräfte sind da anders. Sie gehen einen Schritt weiter, sind die Macher und bringen ihre eigene Umgebung zustande, sie gehen nach vorne. Solche Menschen haben eine große Fähigkeit, Interaktionen mit anderen anzufangen und aufrechtzuerhalten und ein Ambiente zu schaffen, damit ihre Ideen Wirklichkeit werden. Sie verstehen es, auf neue Ideen zu kommen und diese realisierbar zu machen.

Ein exzellentes Beispiel war das Verhalten von Akio Morita, Mitbegründer und Vorsitzender der Sony Corporation. Was einige abfällig Moritas

Impulsivität nennen, kann besser als eine Fähigkeit beschrieben werden, mutige Entscheidungen zu treffen, wo eher traditionelle Chefs zögern würden. Moritas Beteiligung an der Realisierung einer anfangs als eher verrückt angesehenen Idee, dem Walkman, ist nur ein kleines Beispiel für seinen Beitrag am Erfolg des Unternehmens.

Hohe Leistungsmotivation, das Bedürfnis, etwas besser zu machen, als es vorher gemacht wurde, hilft beim Gestalten. Das große Verlangen nach Leistung treibt effektive Führungspersonen an und ist sehr charakteristisch für sie. Solche Menschen kämpfen darum, daß Dinge möglich werden, und haben unternehmerische Talente. Sie sind bereit, kalkulierte Risiken einzugehen, sie erkennen jedoch, wenn das Risiko allzu groß wird.

Die Rolle des inneren Theaters einer effektiven Führungskraft

Große Führungskräfte sind also durch Eigenschaften gekennzeichnet, die auf der einen Seite äußerlich und rational und auf der anderen Seite innerlich und unbewußt sind. Externe, rationale Symptome sind Vision, Kommunikation und zwischenmenschliche Fähigkeiten, Kompetenz bei der Informationsanalyse, die Fähigkeit, andere zu motivieren, technische Kompetenz, Widerstandskraft, Durchhaltevermögen und die Fähigkeit, Ideen umzusetzen. Aber diese Oberflächenfertigkeiten basieren auf dem, was in der inneren Welt einer Führungskraft und seiner Gefolgsleute vor sich geht. Die großartige Obsession – die Vision der Führungsperson – wird für andere anziehend durch die Stabilität oder den Widerspruch der Vorstellungen in der inneren Welt einer Führungsperson sowie die Übertragungsreaktionen, von denen die Gefolgsleute beeinflußt werden. Wenn sich dieser Prozeß zum richtigen Zeitpunkt in der sozialen Umgebung einstellt, kann diese Verbindung eine extrem starke Kraft werden. Eine wirkungsvolle Kommunikation der Vision hängt zum großen Teil davon ab, wie die Führungsperson das Unbewußte ihrer Untergebenen anspricht und bei ihnen den Wunsch hervorruft, in Schutz genommen und an großen Dingen beteiligt zu werden. Sogar Widerstandskraft und Durchhaltevermögen stammen aus den unbewußten Kräften – dem positiven und stabilen Selbstbild der Führungsperson –, während die Fähigkeit, Dinge zu erreichen, auf die hohe Leistungsmotivation bezogen zu sein scheint, die durch starke innere Vorstellungen produziert wird.

Es wäre jedoch eine grobe Vereinfachung anzunehmen, daß die inneren Vorstellungen einer großen Führungspersönlichkeit immer fruchtbar sind. Wie wir bei einigen unserer Beispiele gesehen haben, können einige feindselige Kernthemen konfliktreicher Beziehungen bei Führern ebenso positive Resultate durch die Art erzielen, wie sie darauf reagieren und versuchen, sie zu kompensieren. Tatsächlich ist die erfolgreiche Bewältigung solcher regressiven Kräfte eines der Kennzeichen einer großen Führungspersönlichkeit.

Die Eigenschaften, die ich in diesem Kapitel beschrieben habe, haben wahrscheinlich eine Pufferwirkung gegenüber der V-Dimension und helfen der Führungskraft dabei, einige der Fallen in der Führung, die ich an anderer Stelle im Buch beschrieben habe, zu vermeiden. Die Fähigkeit, zum Beispiel dem Streß und den hohen Anspannungen standzuhalten, kann einer Führungskraft über die Zeiten unternehmerischer Krisen hinweghelfen und sie dazu befähigen, mit den gestiegenen Abhängigkeitsbedürfnissen ihrer Angestellten fertig zu werden. Ähnlich können Widerstandskraft und Durchhaltevermögen neuen Chefs von Nutzen sein, wenn die überzogenen Erwartungen ihrer Untergebenen sich in eine plötzliche Abwertung verwandeln, falls die Führungskraft dabei versagt, unmittelbar all das zu erreichen, was erhofft wurde. Interpersonelle und technische Fertigkeiten sowie die Fähigkeit, großen Informationsmengen Sinn zu geben, können Unternehmenschefs dabei helfen, auf dem Boden der Realität zu bleiben und es unwahrscheinlich machen, daß sie dazu verleitet werden, sich mit Jasagern zu umgeben, grandiosen Wunschträumen nachzujagen oder eine „Folie à deux" zu beginnen. Wenn eine Führungskraft eine klare Vision hat und sie auch mitteilen kann, dann kann die Tatsache, daß andere dabei mitmachen wollen, einiges von der Einsamkeit an der Spitze nehmen. Hohe Leistungsmotivation kann auch dabei helfen, dies zu kompensieren, sowie bei schmerzlichen persönlichen oder anderen Entscheidungen hilfreich sein.

Große Führungspersönlichkeiten sind im allgemeinen also diejenigen, die über besondere Qualitäten sowohl auf der Oberflächen- als auch auf der Ebene des Unbewußten verfügen, und denen es gelingt, diese beiden Ebenen bei ihren Mitarbeitern anzusprechen. Sie müssen gleichzeitig stark genug sein, bei sich selbst und bei anderen den regressiven unbewußten Kräften, die ihre Führungsposition weckt, standzuhalten.

Kapitel 10

Die Führungskraft als Symbol

Yatha Raja, tatha praja.
(Wie der Herr, so's Gescherr)
Hindu Sprichwort

Es ist ein wahres Sprichwort, daß Du,
wenn Du mit einem lahmen Mann zusammenlebst,
zu hinken anfängst.
Plutarch, Morals

Ein vielbeschäftigter Mann ändert nur selten seine Meinung.
Nietzsche, Menschliches, Allzumenschliches

Jean Riboud, der verstorbene Geschäftsführer bei Schlumberger, war nicht der typische Geschäftsmann. Dennoch wurde sein multinationales Oil Field Service Unternehmen, das in zweiundneunzig Ländern Geschäfte machte, an der Wall Street während der Führung dieses „stillen Giganten" als eines der bestgeführten Unternehmen der Welt gehandelt. Er war in der Tat das Modell für einen Unternehmenschef des Wandels. Er half den Menschen dabei, an etwas Größeres als sich selbst zu glauben, wurde aber auch beschrieben als jemand, der einen Geschäftsmann verkörpert, als „jemand, der versucht, eine gewisse Poesie zu verstecken." Riboud war ein Mann der Kontraste, ein sehr erfolgreicher Kapitalist, der sich selbst einen Sozialisten nannte; in Geschäfte verwickelt, aber mit einer tiefen Liebe für die Kunst, Literatur und Politik; hartnäckig, aber ebenso großzügig und bescheiden; charmant und einfühlsam, aber gleichzeitig reserviert und distanziert. Riboud war ein Unternehmensführer, der die seltene Kombination von Handeln und Reflexion in sich vereinte. Und sein Erfolg war beneidenswert. Während der beiden Jahrzehnte seiner Macht wuchs das Einkommen bei Schlumberger zwanzig Mal, vervierundvierzigfachte sich das Nettoeinkommen und stieg der Aktienwert fünfunddreißig Mal. Das soll nicht heißen, daß Riboud der perfekte Manager war, weit davon entfernt. Bis zu einem gewissen Maß war er dadurch begünstigt, daß seine Machtperiode mit dem Ölboom zusammenfiel. Es gab bestimmt Raum für Verbesserungen einiger seiner zwischenmenschlichen Beziehungen. Er konnte zum Beispiel sehr nachtragend sein. In der Tat verglichen ihn einige Leute mit einem Elefanten, jemand, der nichts vergaß: wenn er sich ungerecht behandelt fühlte, dann schloß er die, die ihm Unrecht getan hatten, aus seinem persönlichen Kreis aus, sogar wenn es sich dabei um Freunde und Familienangehörige handelte. Er machte auch Fehler im Geschäftlichen. Einige seiner Erwerbungen waren sehr fraglich und wurden nach seinem Tod auch wieder abgestoßen. Seine Art, das Unternehmen zu leiten, die häufige Umverteilung der Mitarbeiter, verlangte dem persönlichen Leben viel ab. Und von den Dingen, die er predigte, aber nie auf sich selbst anwendete, ist die Nachfolgefrage ein gutes Beispiel. Im großen und ganzen muß er jedoch als eine große Führungspersönlichkeit angesehen werden.

Eines der Hauptanliegen Ribouds bei der Leitung von Schlumberger war seine Sorge darum, daß er den unternehmerischen Spürsinn verlieren könnte – daß eingebaute konservative Kräfte die Oberhand gewinnen und das Unternehmen zu selbstzufrieden machen könnten. Um dieser Tendenz entgegenzuwirken und den Leuten neue Anreize zu geben, zeigte er sich als Meister der Überraschungen. „Permanente kulturelle Revolution" war sein Motto und wurde zur Lebensform unter seiner Regie. Obwohl ihm die Leute am Herzen lagen, kam das Wohl des Unternehmens zuerst. „Wenn du der Heilige Franz von Assisi sein willst, dann solltest du keine Aktiengesellschaft leiten", pflegte er zu sagen. Als Grund für den Erfolg von Schlumberger nannte er „den Willen zu gewinnen" als Kern des Unternehmensgeistes. „Es ist leicht, der Beste zu sein, aber das genügt nicht. Es ist das Ziel, nach Perfektion zu streben", wie er sagte. Gleichzeitig wollte er nicht, daß seine Angestellten ihre Geschäftspartner übertrumpfen und allzu aggressiv vorgehen.

Um seine Managementphilosophie zu etablieren, verwendete er einen außergewöhnlichen Zeitaufwand für Personalfragen und für die Auswahl von Individuen, die zu selbständigem Denken in der Lage waren. „Der einzige Sicherheitsgurt, den ich bei Geschäftsturbulenzen kenne, ist, für mich selbst ein paar Überzeugungen, ein paar Richtlinien festzulegen und mich daran zu halten", sagte er. Er wollte nicht, daß seine Leute mit der Mode gingen und Teil des Establishments wurden, und „ihr Fähnchen nach dem Wind richten." Er meinte, „Profit darf nicht das einzige Element bei der Bewertung des menschlichen Lebens sein." Nach seiner Meinung hatte ein Unternehmen einige der Verantwortlichkeiten, die in der Vergangenheit die Religion hatte.

Jean Riboud vereinte viele der positiven Führungseigenschaften, die ich im vorangegangenen Kapitel beschrieben habe. Solche Eigenschaften können dabei helfen, die regressiven Kräfte zu bekämpfen, die so häufig auf Führungskräfte wirken. Wie wir im Fall Riboud sehen können, ist die Fähigkeit, nicht nur zu handeln, sondern auch darüber zu reflektieren, vielleicht die größte Stärke, die eine Führungskraft haben kann, um mit diesen Kräften fertig zu werden. Wenn Führungskräfte nicht dazu in der Lage sind, zurückzutreten und die Konsequenzen ihres Verhaltens zu prüfen, können regressive Kräfte zum Vorschein kommen, kann die Gefahr eines spezifischen Führungsstils zu deutlich werden, oder die Führungkräfte schaffen geschlossene Gemeinschaften und verlieren den Kontakt zur Realität.

In früheren Kapiteln dieses Buches haben wir gesehen, wie häufig viele dieser regressiven Kräfte gleichzeitig wirken können. Führungskräfte, die diese nicht erkennen und unfähig sind, ihnen standzuhalten, sind diejenigen, die nicht managen können. Solche Führungskräfte werden von Paranoia und Depressionen mitgerissen, dem wirklichen Verhängnis der Führung. Wir sollten nicht vergessen, daß diese regressiven Kräfte immer gegenwärtig sind. Führungskräfte sollten sich dessen bewußt und dazu fähig sein, mögliche Anzeichen von Problemen zu identifizieren und Vorsorge treffen. Sie sollten nicht vergessen, daß angesichts ihrer Macht die Fähigkeit, Phantasie in Realität zu verwandeln, wie der Ruf der Sirene ist und eine Metamorphose verursachen kann, sobald ein Individuum eine Führungsposition erlangt. Das Potential für irrationales Handeln schlummert in jedem von uns.

Glücklicherweise haben viele Führungskräfte, wie im Fall Riboud, ausreichend Charakterstärke und angemessene Verarbeitungsfähigkeiten, um zu verhindern, daß dies passiert: Sie haben die inneren Ressourcen und Charakteristika, um die neuen Zwänge, die Führung mit sich bringt, zu bewältigen. Sie sind bereit, die Realität zu testen und immer wieder neu zu bewerten sowie ihre eigenen Werte, Handlungen und zwischenmenschlichen Beziehungen regelmäßig neu zu überprüfen.

Korrekturmaßnahmen und Wandel entstehen aus der Fähigkeit zu erkennen, wann bestimmte Handlungen destruktiv werden und warum es die V-Dimension gibt. Erfolgreiche Führungskräfte, die den Mut dazu haben, auf ihre eigenen blinden Flecken zu blicken, sind bereit, nach professioneller Anleitung zu fragen, wenn es nötig ist.

Letztlich sind es diese Chefs, die wirkliche Wahlfreiheit haben und aus einem inneren Gefühl der Sicherheit heraus handeln, statt nur Impulsen zu folgen. Selbsterforschung erhöht die Identität einer Person, verbessert das Realitätstesten, stärkt die Anpassung an den Wandel und begrenzt die Anfälligkeit gegenüber kontrollierenden Einflüssen. Weil diese Eigenschaften die Grundlage für reife Arbeitsbeziehungen, wechselseitiges realitätsorientiertes Problemlösen und eine gesunde Organisationskultur legen, kann Selbstkritik vor Regression bei der Führung einer Organisation schützen.

Ebenso wie diese inneren Schutzvorrichtungen können verschiedene äußere dabei helfen, die Entstehung möglicher Fallgruben der Führung zu verhindern. Verglichen mit manchen politischen Führern sind Unternehmenschefs natürlich in ihren Handlungen verhältnismäßig eingeschränkt, insofern ist es normalerweise etwas einfacher, Vorsichtsmaßnahmen gegen Ausschreitungen zu treffen. Die Regierung oder Parteien können zum Beispiel die Rolle einer ausgleichenden Kraft übernehmen. In vielen großen bürokratischen Organisationen mit Ausschußstrukturen bestehen überdies Kontrollen und Balancen in der Form der Verteilung zentraler politischer Entscheidungen über eine Reihe von Individuen und Institutionen. Organisatorische Prozesse neigen dazu, ihre eigene Dynamik aufrechtzuerhalten, und sind resistent gegenüber drastischem Wandel. Großorganisationen haben oft ein hohes Maß an Beharrungsvermögen. Soziale Systeme haben ihre eigene Art, durch ihre Strukturen Individuen an die Kandare zu nehmen. Aus organisatorischer Perspektive kann eine Reihe von Schritten unternommen werden, um auf das Wesen strategischer Entscheidungen und das Maß an unternehmerischen Flauten Einfluß zu nehmen. Das kann eine innovative Personalpolitik und die Gestaltung gleichförmigerer und partizipativerer Organisationen einschließen. All diese Interventionen können einen ausgleichenden Effekt haben.

Eine andere, sehr wichtige ausgleichende Kraft, um regressive Kräfte zu verhindern, kann die Rückmeldung von Außenstehenden sein: Leute wie externe Direktoren, Bankiers und Berater. Personen von außerhalb der Organisation besitzen normalerweise einen ganz anderen Bezugsrahmen und sind viel weniger in die bestehenden organisatorischen Dynamiken verstrickt und betriebsblind. Sie können eher für einen Gesamtblick sorgen und vor möglichen Quellen für Schwierigkeiten warnen. Natürlich ist das nur möglich, wenn die Führungskraft ausreichenden Kontakt zur Realität besitzt.

Trainingsprogramme für Topmanager sind eine andere nennenswerte Ausgleichsmöglichkeit. Solche Programme können eine friedliche Umgebung schaffen, in der hohe Führungskräfte ihre Berufserfahrungen mit Kollegen und Professionellen mit ähnlichen Problemen diskutieren können. Auch diese Situationen können eine nützliche Wirkung auf den Realitätstest haben. Wechselseitiger Vergleich möglicher Problembereiche kann bei diesen Führungskräften zu einem Aha-Erlebnis führen, und Einsicht ist der erste Schritt für konstruktive Veränderung.

Führungspersonen und ihre Mitarbeiter sind wie Tanzpartner. Die Erfahrung kann sehr anregend sein, aber die Tänzer können auch über die Füße des anderen fallen. Beide Parteien tragen eine große Verantwortung dafür, daß der Austausch funktioniert. Die Bereitschaft zuzuhören und Respekt vor der Meinung anderer ist erforderlich. Eine Beziehung des Vertrauens, die einen offenen Dialog zwischen Führungskräften und Angestellten schafft, ist insofern eine Vorbedingung zur erfolgreichen Verhinderung regressiven Verhaltens in der Führung. Das erfordert eine Fähigkeit, mit der Außenwelt auf flexible Weise umzugehen. Einige Führungskräfte sind dazu nicht in der Lage, wie wir gesehen haben. Ihr Verhalten scheint eingeschränkt und rigide zu sein, und sie neigen dazu, sich in Circuli vituosi zu verfangen. Anstatt Veränderungen und neue Gelegenheiten zu begrüßen, reagieren sie auf die Außenwelt auf pathologische Weise.

Paradoxerweise kann diese irrationale Eigenschaft gelegentlich notwendig sein, um eine Führungskraft erfolgreich zu machen. Paranoide Reaktionen und visionäre Erfahrungen können sehr gut in bestimmte Situationstypen passen; einseitiges Verhalten und Überreagieren kann gerade das sein, was gebraucht wird. Viele politische und religiöse Führer haben sich genauso verhalten. Wir brauchen nur an solche Führer wie Jeanne d'Arc oder Stalin zu denken. Trotz der Angemessenheit dieses Verhaltens in manchen Situationen sollten wir jedoch nicht seine Schattenseiten vergessen. Regressive Neigungen hervorzurufen und Aggressionen zu produzieren ist wie der Zauberlehrling zu sein. Was in Bewegung gebracht wurde, kann vielleicht nicht mehr gestoppt werden.

Führungspersönlichkeiten sind Symbole. Sie sind der Adressat von Identifikationsprozessen ihrer Angestellten und fungieren als Sündenböcke, wenn etwas schiefgeht. In diesem interaktiven Prozeß wird Macht zur bindenden Kraft zwischen Führungskräften und Mitarbeitern, zu der Währung, von der die meisten dieser Beziehungen abhängen. Leider gehen erfolgreiche Führung und weise Handhabung der Macht nicht immer Hand in Hand. Ich habe wiederholt darauf hingewiesen, daß die V-Dimension im Führer-Anhänger-Dialog immer präsent ist und zu Machtmißbrauch und schließlich zum Fall des Führers beitragen kann. Die wahre Führungskraft ist jedoch diejenige, die Reflexion und Handeln zu balancieren weiß, indem sie Selbstkritik als eine bremsende Kraft einsetzt, wenn die Sirenen der Macht heulen. In diesem Zusammenhang scheinen die Worte Martin Bubers sehr passend zu sein: „Der große Mann ist mächtig, unwillkürlich und gelassen mächtig, aber er ist nicht gierig nach Macht. Wonach er allerdings gierig ist, ist die Verwirklichung dessen, was er im Sinn hat, die Inkarnation des Geistes. Solange die Macht eines Menschen an ein Ziel, an den Beruf oder die Berufung gebunden ist, ist sie in sich weder gut noch schlecht, sondern nur ein geeignetes oder ungeeignetes Instrument. Aber sobald diese Bindung an das Ziel zerbrochen oder verlorengegangen ist und der Mensch aufhört, über Macht so zu denken, daß sie das Vermögen ist, etwas zu schaffen, sondern sie als Besitz ansieht, dann ist seine Macht losgelöst und selbstgefällig, schlecht und korrumpiert die Weltgeschichte."

Literatur

Kapitel 1

Bernhard B. Bass, Stogdill's Handbook of Leadership (New York: Free Press, 1981)

M.T. Hannan und J.H. Freeman, The Population Ecology of Organizations, in: American Journal of Sociology 82 (1977), 929-64.

Howard E. Aldrich, Organizations and Environment (Englewood Cliffs, NJ: Prentice Hall, 1979).

Jeffrey Pfeffer und Gerald R. Salancik, The External Control of Organizations: A Resource Dependency Perspective (New York: Harper & Row, 1984).

Herbert A. Simon, Administrative Behavior, überarbeitete Ausgabe (New York: Free Press, 1967).

H. Igor Ansoff, Corporate Strategy (New York: McGraw - Hill, 1965).

Kenneth R. Andrews, The Concept of Corporate Strategy, überarbeitete Ausgabe (Homewood, IL: Richard Irwin, 1981).

John Child, Organization Structure, Environment and Performance: The Role of Strategic Choice, in: Sociology 6 (1972), 2-21.

Cecil A. Gibb, Leadership, in: G. Lindzey and E. Aronson, The Handbook of Social Psychology, Band 4 (Reading, MA: Addison-Wesley, 1969).

Jeffrey Pfeffer, The Ambiguity of Leadership, in: Academy of Management Review 2 (1977), 104-11.

Robert J. House und Mary L. Baetz, Leadership: Some Empirical Generalizations and New Research Directions, in: Research in Organizational Behavior 1 (1979), 341-423.

Arthur A. Jago, Leadership: Perspectives in Theory and Research, in: Management Science 28 (1982), 315-36.

Clifford Geertz, The Interpretation of Culture (New York: Basic Books, 1973).

Clifford Geertz, Local Knowledge (New York: Basic Books, 1983).

George Devereux, De L'angoisse à la Methode dans les Sciences du Comportement (Paris: Flammarion: Nouvelle Bibliothèque Scientifique, 1980).

Manfred F. R. Kets de Vries und Danny Miller, Interpreting Organizational Text, in: Journal of Management Studies 24 (1987), 233-47.

Kapitel 2

Edward Shils, Charisma, International Encyclopedia of the Social Sciences, Band 2 (New York: MacMillan and the Free Press, 1968).

Robert Tucker, The Theory of Charismatic Leadership, in: Daedalus 97 (1968).

Ann Ruth Willner, The Spellbinders (New Haven: Yale University Press, 1984).

Max Weber, The Theory of Social and Economic Organization, übersetzt von A. M. Henderson und Talcott Parsons (New York: Oxford University Press, 1947).

Erik Erikson, Young Man Luther (New York: W. W. Norton, 1958). (Deutsche Ausgabe: Der junge Martin Luther. Frankfurt: Suhrkamp, 1975.)

Erik Erikson, Ghandhi's Truth: On the Origins of Militant Nonviolence (New York: W. W. Norton, 1969). (Deutsche Ausgabe: Gandhis Wahrheit: über die Ursprünge der militanten Gewaltlosigkeit. Frankfurt: Insel, 1969).

Alexander L. George, The Operational Code: A Neglected Approach to the Study of Political Leaders and Decision Making, in: International Studies Quarterly 13 (1969), 190-222.

James David Barber, Strategies for Understanding Politicians, in: American Journal of Political Science (Spring 1974), 443-67.

Lester Luborsky, Principles of Psychoanalytic Psychotherapy (New York: Basic Books, 1984).

Lester Luborsky, Paul Cristoph und James Melon, Advent of Objective Measures of Transference Concept, in: Journal of Consulting and Clinical Psychology 54 (1986), 39-47.

Anne Jardim, The First Henry Ford: A Study in Personality and Business Leadership (Cambridge, MA: MIT Press, 1970).

Manfred F. R. Kets de Vries und Robert Dick, Virgin and Richard Branson (INSEAD Fallstudie, 1988).

Harold D. Lasswell, Psychopathology and Politics (Chicago: University of Chicago Press, 1930).

Jerzy Kosinski, Being There (New York: Bantam, 1972).

Sigmund Freud, Group Psychology and the Analysis of the Ego, in: The Standard Edition of the Complete Psychology of Sigmund Freud, Band 18 (London: Hogarth Press and the Institute of Psychoanalysis, 1921).

Sigmund Freud, Moses and Monotheism, in: Standard Edition, Band 23 (1939).

Kapitel 3

Josef Breuer und Sigmund Freud, Studies on Hysteria, in: Standard Edition, Band 2 (1893-95).

Ralph R. Greenson, The Technique and Practice of Psychoanalysis, Band 1 (New York: International Universities Press, 1967).

Robert Langs, The Therapeutic Interaction, 2 Bände (New York: Jason Aronson, 1976).

Manfred Kets de Vries und Danny Miller, The Neurotic Organization: Diagnosing and Changing Counterproductive Styles of Management (San Fransisco: Jossey Bass, 1984).

Heinz Kohut, The Analysis of the Self (New York: International University Press, 1971).

Heinz Kohut und Ernest S. Wolf, The Disorders of the Self and Their Treatment: An Outline, in: International Journal of Psychoanalysis 59 (1978), 413-26.

Melanie Klein, Contributions to Psychoanalysis, 1921-45 (London: Hogarth Press, 1948).

Otto Kernberg, Object Relations Theory and Clinical Psychoanalysis (New York: Jason Aronson, 1976). (Deutsche Ausgabe: Objektbeziehungen und Praxis der Psychoanalyse. Stuttgart: Klett-Cotta, 1981.)

Otto Kernberg, Internal World and External Reality (New York: Jason

Aronson, 1985).

Margaret S. Mahler, Fred Pine und Anni Bergmann, The Psychological Birth of the Human Infant (New York: Basic Books, 1975).

Sigmund Freud, Some Character Types Met within Psychoanalytic Work, in: Standard Edition, Band 14 (1916).

Sigmund Freud, Group Psychology and the Analysis of the Ego, 123-124.

Sigmund Freud, Libidinal Types, in: Standard Edition, Band 21 (1931).

Sigmund Freud, A Childhood Recollection from Dichtung und Wahrheit, in: Standard Edition, Band 17 (1917).

Sigmund Freud, Thoughts for the Times on War and Death, in: Standard Edition, Band 14 (1915).

Kapitel 4

Joyce McDougall, Theaters of the Mind (New York Basic Books, 1985).

The Diagnostic and Statistical Manual of Mental Disorders: American Psychiatric Association, DSM III-R, in: Diagnostic and Statistical Manual of Mental Disorders, dritte überarbeitete Ausgabe (Washington, DC: APA, 1987).

Ben Burnsten, The Manipulator (New Haven: Yale University Press, 1973).

Howard Wishnie, The Impulsive Personality (New York: Plenum Press, 1977).

Harry Levinson, The Abrasive Personality, in: Harvard Business Review, Mai-Juni 1978, 86-94.

Theodore Millon, Disorders of Personality, DSM III: Axis II (New York: John Wiley, 1981).

Theodore Millon, Personality Types and Their Diagnostic Criteria, in: Contemporary Directions in Psychopathology, herausgegeben von Theodore Millon und Gerald L. Klerman (New York: Guilford Press, 1986).

David Shapiro, Neurotic Styles (New York, Basic Books, 1965).

Otto Kernberg, Borderline Conditions and Pathological Narcissism (New

York: Jason Aronson, 1975).

W.W. Meissner, The Paranoid Process (New York: Jason Aronson, 1978).

Viktor Tausk, On the Origin of the Influencing Machine in Schizophrenia, in: Psychoanalytic Quaterly 2 (1933), 519-56.

Manfred F. R. Kets de Vries, Crisis Leadership and the Paranoid Potential, in: Bulletin of the Menninger Clinic 41 (1977), 349-65.

Manfred F. R. Kets de Vries, Organizational Paradoxes: Clinical Approaches to Management (London: Tavistock, 1980).

Douglas Labier, Irrational Behavior in Bureaucracy, in: The Irrational Executive: Psychoanalytic Explorations in Management, herausgegeben von Manfred F. R. Kets de Vries (New York: International Universities Press, 1984).

Mardi J. Horowitz (Herausgeber), Hysterical Personality (New York: Jason Aronson, 1977).

Alan Krohn, Hysteria: The Elusive Neurosis, Psychological Issues, Monograph 45/46 (New York: International Universities Press, 1978).

W. R. D. Fairbain, An Object Relations Theory of Personality (New York: Basic Books, 1952).

Harry Guntrip, Schizoid Phenomena, Object Relations and the Self (New York: International Universities Press, 1969).

Donald W. Winnicott, Playing and Reality (New York: Basic Books, 1971). (Deutsche Ausgabe: Vom Spiel zur Kreativität (Stuttgart: Klett, 1973.)

Manfred F. R. Kets de Vries und Danny Miller, Unstable at the Top (New York: New American Library, 1988).

Richard C. Hodgson, Daniel J. Levinson und Abraham Zaleznik, The Executive Role Constellation: An Analysis of Personality and Role Relations in Management (Boston: Division of Research, Graduate School of Business Administration, Havard University, 1965).

Karl Abraham, Contributions to the Theory of the Anal Charakter, in: Selected Papers on Psychoanalysis (New York: Brunner/Mazel, 1921).

Otto Fenichel, The Psychoanalytic Theory of Neurosis (New York: W. W. Norton, 1945).

Wilhelm Reich, Character Analysis (New York: Farrar, Straus & Giroux, 1949). (Deutsche Ausgabe: Charakteranalyse. Köln: Kiepenheuer & Witsch, 1970.)

Richard Dean Parsons und Robert J. Wicks (Herausgeber), Passive-Aggressiveness: Theory and Practice (New York: Brunner/Mazel, 1983).

Karen Horney, Our Inner Conflicts (New York: W.W. Norton, 1945).

Ernst Pawell, The Nigthmare of Reason: A Life of Franz Kafka (New York: Vintage Books, 1985).

Theodore Millon, Interactive Guide to the Millon Clinical Multiaxial Inventory, in: Advances in Psychological Assesment, herausgegeben von Paul McReynolds und Gordon J. Chelune (San Fransisco: Jossey Bass, 1984).

Kapitel 5

Friz Stern, Fink Shrinks, in: New York Review of Books, December 19, 1985, 45.

Christopher Lasch, The Culture of Narcissism (New York: W.W. Norton, 1978).

Michael Maccoby, The Gamesman (New York: Simon & Schuster, 1976).

Donald W. Winnicott, The Maturational Process and the Facilitating Environment (New York: International Universities Press, 1965). (Deutsche Ausgabe: Reifungsprozesse und fördernde Umwelt: Studien zur Theorie der emotionalen Entwicklung. Frankfurt: Fischer, 1984.)

Donald W. Winnicott, Through Paediatrics to Psychoanalysis (New York: Basic Books, 1975).

Edith Jacobson, The Self and the Object World (New York: International Universities Press, 1964).

Jay R. Greenberg und Stephen A. Mitchell, Object Relations in Psychoanalytic Theory (Cambridge, MA: Harvard University Press, 1983).

Heinz Kohut, Creativeness, Charisma, Group Psychology, in: The Search for the Self, Band 2, herausgegeben von Paul H. Ornstein (New York: International Universities Press, 1978).

Vamik D. Volcan, Narcissistic Personality Organization and Reparative Leadership, in: International Journal of Group Psychotherapy 30 (1980), 131-52.

James MacGregor Burns, Leadership (New York: Harper & Row, 1978).

Alice Miller, Prisoners of Childhood (New York: Basic Books, 1981).
Helene Deutsch, Neuroses and Character Types (New York: International Universities Press, 1965).

Kapitel 6

Harold F. Searles, Collected Papers on Schizophrenia and Related Subjects (New York: International Universities Press, 1965).
Helene Deutsch, Folie à Deux - The Psychosis of Association: Review of 103 Cases and Entire English Literature with Presentations, Teile 1 und 2, in: Psychoanalytic Quarterly 16 (1942): 230-63 und 491-520.
Sydney E. Pulver und Manly Y. Brunt, Deflection of Hostility in Folie à Deux, in: Archives of General Psychiatry 5 (1961), 65-73.
Anna Freud, The Ego and the Mechanisms of Defense, überarbeitete Ausgabe (New York: International Universities Press, 1936).

Kapitel 7

Manfred F. R. Kets de Vries, The Entrepreneurial Personality: A Person at the Crossroads, in: Journal of Management Sudies 14 (1977), 34-57.
F. Derek du Troit, Confessions of a Successful Entrepreneur, in: Harvard Business Review, November-December 1980, 44.
Norman R. Smith, The Entrepreneur and His Firm: The Relationship between Type of Man and Type of Company (East Lansing, MI: Michigan State University, 1967).
Herbert A. Wainer und Irwin M. Rubin, Motivation of Research and Development Entrepreneurs: Determinants of Company Success, in: Journal of Applied Psychology 53 (1969), 178-84.
Orvis F. Collins und David G. Moore, The Organization Makers: A Study of Independent Entrepreneurs (New York: Meredith, 1970).
John A. Hornaday, Research about Living Entrepreneurs, in: Encyclopedia of Entrepreneurship, herausgegeben von Calvin A. Kent, Donald L. Sexton und Karl H. Vesper (Englewood Cliffs, N.J.: Prentice Hall, 1982).
William E. Henry, The Business Executive: The Psychodynamics of a Social Role, in: American Journal of Sociology 54 (1949), 286-291.

Kapitel 8

Oscar Grusky, Administrative Succession in Formal Organizations, in: Social Forces 39 (1960), 105-115.

Harry Levinson, Don't Choose Your Own Successor, in: Harvard Business Review, November-December 1974, 88-97.

Elliot Jaques, Death and the Mid-Life Crisis, in: International Journal of Psychoanalysis 46 (1965), 502-514.

Robert Jay Lifton, Death in Life (New York: Random House, 1967).

Ernest Becker, The Denial of Death (New York: Free Press, 1873).

C. Roland Christensen, Management Succession in Small and Growing Enterprises (Boston: Harvard University, Graduate School of Business Administration, Division of Research, 1953.

Abraham Zaleznik, Human Dilemmas of Leadership (New York: Harper & Row, 1966).

Harry Levinson, Executive (Cambridge, MA: Harvard University Press, 1981).

Wilfred R. Bion, Experiences in Groups (London: Tavistock, 1959).

Irving L. Janis, Group Identification under Conditions of External Danger, in: British Journal of Medical Psychology 36 (1963), 227-38.

Philip E. Slater, Microcosm (New York: Wiley, 1966).

Michel Crozier, The Bureaucratic Phenomenon (Chicago: University of Chicago Press, 1964).

Mauk Mulder, Power Equalization through Participation, in: Administrative Science Quarterly 16 (1971), 31-38.

Andrew M. Pettigrew, Toward a Political Theory of Organizational Intervention, in: Human Relations 28 (1975), 191-208.

Abraham Zaleznik und Manfred F. R. Kets de Vries, Power and the Corporate Mind, überarbeitete Ausgabe (Chicago, IL: Bonus Books, 1985).

Richard O. Carlson, Executive Succession and Organizational Change (Danville, IL: Interstate Printers and Publisher's, 1962).

Donald L. Helmich und Warren B. Brown, Succession Type and Organizational Change in the Corporate Enterprise, in: Administrative Science Quarterly 17 (1972), 371-81.

Donald L. Helmich, Organizational Growth and Succession Patterns, in: Academy of Mangement Journal 17 (1974), 771-75.

Donald L. Helmich, Corporate Succession: An Examination, in: Academy of Management Journal 18 (1975), 429-41.

Donald L. Helmich, Succession: A Longitudinal Look, in: Journal of Business Research 4 (1976), 355-64.

Gil E. Gordon und Ned Rosen, Critical Factors in Leadership Succession, in: Organizational Behavior and Human Performance 27 (1981), 227-54.

Dan R. Dalton und Idalene F. Kesner, Inside/Outside Succession and Organizational Size: The Pragmatics of Executive Replacement, in: Academy of Management Journal 26 (1983), 736-42.

Kenneth B. Schwarz and Krishnagopal Menon, Executive Succession in Failing Firms, in: Academy of Management Journal 28 (1985), 680-86.

Charles Brenner, An Elementary Textbook of Psychoanalysis (New York: International Universities Press, 1955).

John C. Nemiah, The Dynamic Bases of Psychopathology, in: The Harvard Guide to Modern Psychiatry, herausgegeben von Armand M. Nicholi (Cambridge, MA: Belknap Press, 1978).

Alvin Gouldner, The Problem of Succession in Bureaucracy, in: Bureaucracy, herausgegeben von Robert Merton (Glencoe, IL: Free Press, 1952), 339-51.

Kapitel 9

William Manchester, American Caesar (Boston: Little, Brown, 1978).

Erik H. Erikson, Life History and the Historical Moment (New York: W.W. Norton, 1978).

Warren Benis and Burt Nanus, Leaders: The Strategy for Taking Charge (New York: Harper & Row, 1985). (Deutsche Ausgabe: Führungskräfte. Berlin: Campus, 1986.)

Harold J. Leavitt, Corporate Pathfinders (Homewood, IL: Dow Jones - Irwin, 1986).

Abraham Zaleznik, Managers and Leaders: Are They Different?, in: Harvard Business Review, May-June 1977, 55, 67-78.

Harry Levinson, Criteria for Choosing Chief Executives, in: Harvard Business Review, July-August 1980, 113-20.

Robert C. Tucker, Politics as Leadership (Columbia, MO: University of Missouri Press, 1981).

W. Morgan McCall, Jr. and Michael M. Lombardo, What Makes a Top Executive?, in: Psychology Today, February 1983.

Henry Minzberg, The Nature of Managerial Work (New York: Harper & Row, 1973).

John P. Kotter, The General Managers (New York: Free Press, 1982).

Richard Neustadt, Presidential Power (New York: Wiley, 1960).

Alfred P. Sloan, My Years with General Motors (New York: Doubleday, 1963).

Daniel J. Isenberg, How Senior Managers Think, in: Harvard Business Review, November-December 1984, 81-90.

Peter Suedfeld and A. Dennis Rank, Revolutionary Leaders: Long-term Success as a Function of Changes in Conceptual Complexity, in: Journal of Personality and Social Psychology 34 (1976), 169-78.

Robert J. House, A 1976 Theory of Charismatic Leadership, in: Leadership: The Cutting Edge, herausgegeben von James G. Hunt und Lars L. Larson (Carbondale, IL: Southern Illinois University Press, 1977).

Tracy Kidder, The Soul of a New Machine (Harmondsworth: Penguin Books, 1982).

Lee Iacocca, Iacocca: An Autobiography (New York: Bantam Books, 1984). (Deutsche Ausgabe: Iacocca. Düsseldorf: Econ, 1987.)

Karl Weick, The Social·Psychology of Organizing, 2. Ausgabe (Reading, MA: Addison-Wesley, 1979). (Deutsche Ausgabe: Der Prozeß des Organisierens. Frankfurt: Suhrkamp, 1985.)

Akio Morita (with Edwin M. Reingold and Mitsuko Shimomura), Made in Japan (New York: Dutton, 1986).

Kapitel 10

Ken Auletta, The Art of Corporate Success (New York: Putnam's, 1984).

Donald A. Schön, The Reflective Practitioner (New York: Basic Books, 1983).

Stichwortverzeichnis

A

Abhängige 77
Abhängige Persönlichkeit 75
Abhängigkeit 62
Abhängigkeitsbedürfnisse 108
Abhängigkeitsbewältigung 46
Abhängigkeitsdispositionen 110
Absprachen 155
Abwehrmechanismen 59, 69
Abwehrprozesse 134
Adenauer, Konrad 148
Äußere Reize 62
Aggressives Verhalten 56
Aggressivität 72
Amerikanische Psychiatrische
  Gesellschaft 54
Amtsdauer 156
Angst vor Erfolg 47
Anhänger 29, 38
Aufmerksamkeit 62
Aufopferung 78
Aufregungsgefühl 100
Ausbeuterische Art 88
Ausbeutung 91
Ausbeutung zwischenmenschlicher
  Beziehungen 93
Ausnahmen 84
Außenstehende 186
Außergewöhnlichkeit 94
Auswahlprozeß 160
Autoritätsfiguren 37

B

BANCO Ambrosiano 42
Bann der V-Dimension 30
Bedeutsamkeit 178
Bedürfnis nach Orientierung 109

Benedetti, Carlo De 11
Beratung 119
Beschuldigung 111
Bewunderung 38
Bewußtseinsspaltung 63
Beziehungsmuster 22
Beziehungsnetz 46
Bindungen 151
Black, Eli 64
Blinde Flecken 186
Branson, Richard 24
Bühnenaktivitäten 54
Bürokrat 70

C

Caesar, American 163
Calvi, Robert 42
Canetti, Elias 143
Chaos 174
Charisma 19, 21
Charisma-Konzept 19
Charismatische Führung 20
Cheftypen 13
Chrysler Corporation 177
Churchill, Winston 170
Conrad, Joseph 33

D

De Gaulle, Charles 165 f., 175
Denkmäler 133
Diagnostic und Statistical Manual of
  Mental Disorders (DSMII, I-R) 54
Diskrepanz zwischen Können und
  Wollen 95
Disneyland 179
Disney, Walt 168, 178
Distanz 45, 66
Distanzierte Persönlichkeit 65
Durchhaltevermögen 178

E

Ebenbild 150
Eigenschaften erfolgreicher
    Führungskräfte 165
Einsamkeit 45
Einsamkeit an der Spitze 44
Einstellungsänderung 120
Einverständnis mit einem exentri-
    schen Führungsstil 113
Einzelgänger 66
Electronic Data Systems (EDS) 13
Emotionale Defizite 66
Emotionale Erregbarkeit 63
Emotionale Kälte 66
Emotionale Reaktionen 37
Enthusiasmus 126
Erbe 149
Erfolgreiche Führung 163
Erikson, Erik 22
Erniedrigung 78
Errichtung eines Nachrichtendienstes
    173
Erwartungen 39, 159
Euphoriezustand 29
Exaltiertes Selbstbild 96
Externalisierungsprozeß 26
Externe professionelle Hilfe 102
Exzentrischer Führungsstil 109

F

Falsche Beziehung 36
Falscher Optimismus 125
FBI 105
Feindselige Gefühle 69
Feindseligkeit 57, 111
Fesselnde Macht 165
Flitterwochen 159
Folie à deux 105, 107, 113, 116,
    136
Ford 24

Ford, Henry 23
Freud 47
Freud, Siegmund 84, 148
Frustration 89
Führer 29
Führungserfolg 99
Führungskräfte 34
Führungsmerkmale 164
Führungspersönlichkeiten 164
Führungsperson 15, 27
Führungsrolle 27
Führungsstile 51
Führungsversagen 61, 116
Führungswechsel 145
Funktionen 35
Funktionsbeeinträchtigungen 92

G

Geheimes Einverständnis 114
Gehorsam 68
Geistige Ansteckung 107
Geistige Objekte 90
Gemeinsame Realität 167
Geneen, Harold 175
General Motors 173
Generalregulativ 68
Geringschätzung 66
Gestaltung 179, 181
Geteilter Wahnsinn 107
Gier nach Applaus 132
Glaubwürdigkeit 177
Gleichgültigkeit 66
Grandioses Selbst 89
Grandiosität 91 f.
Gruppe 151
Gunst 151

H

Hackordnung 70
Heldenmythos 132

Heldenverehrung 27
Herrschaft 70
Hilflosigkeit 62
Hohe Leistungserwartungen 175
Hoover, Edgar J. 105
Hughes, Howard 67
Hybriden 54, 79

I

Iacocca, Lee 177
IBM 171
Ich-Jahrzehnt 83
Idealisierung des Führers 159
Ideen 179, 181
Identifikation mit dem Aggressor
  111
Identifikationsprozeß 31
Idole 83
Illusion 91
Illusion der Gleichheit 151
Individuelle Probleme 22
Informelles Netzwerk 155
Informationsmanagement 175
Innere Angstvorstellungen 50
Inneres Szenario 178
Innere Welt 16
Insider 146, 154
Interaktionen 37, 90
Interventionen 101
Irrationales Verhalten 63
Irrationale Verhaltensmuster 23
Irrationale Verhaltensweisen 137
Isolation 44
ITT 175

K

Kafka, Franz 76 f.
Kandidaten 145
Katalysator 35
Kennedy, John F. 170

Kernthemen 22
Koalitionen 155
König-Lear-Syndrom 152
Kognitive Defizite 66
Kohut, Heinz 94
Kompetenz 177
Konservative Kraft 158
Konsistenz 178
Konstruktiver Narzißmus 98
Kontrolle 69, 127, 173
Kontrollfunktion 121, 161
Konzeptionelle Komplexität 174
Kosinski, Jerzy 27
Krisenatmosphäre 158
Krisenzeiten 37, 159
Krupp von Bohlen und Halbach,
  Gustav 68

L

Lasch, Christopher 83
Lasswell, Harold 26
Launen 105
Leere 88
Leugnung von Verantwortung 135
Levinson, Harry 147
Lippenbekenntnisse 146
Loyalität 19, 155

M

MacArthur, Douglas 163, 167, 170
Macher 179, 181
Macht 14, 188
Machtnetzwerke 152
Machtposition 35
Machtspiele 34
Machtstrukturen 157
Machtübernahme 35
Macht und Prestige 94
Märtyrer 73
Manager 127

Manchester, William 163
Mangel an Vollkommenheit 73
Mangelhaftes Realitätstesten 110
Manifestation gewisser Streß-
    symptome 102
Manipulieren von Sinn 170
Manisches Abwehrverhalten 135
Marotten 139
Mary Kay Cosmetics 26
Maske 67
Masochismus 76
Masochist 77
Mentale Ansteckung 117
Mentaler Code 167
Merkmale 92
Messias 159
Miller, Arthur 123
Mischung von Stilen 79
Mißerfolg 47
Mißtrauen 59, 130
Mitarbeiter 36
Monnet, Jean 178
Morita, Akio 179, 181
Motivation 176
Mysteriöse Verwandlung 33

N

Nachfolge 143 f., 146
Nachfolgeentscheidungen 154
Nachfolgeplanung 146
Nachfolgeprozeß 147
Nachfolger 153
Narzißmus 83
Narzißt 88, 92, 99
Narzißtische Persönlichkeit 93
Narzißtische Persönlichkeits-
    störungen 91 f.
Narzißtisches Verhalten 85
Narzißtische und paranoide
    Persönlichkeitsmerkmale 117

Netzwerke 172
Nietzsche 183
Nixon 48

O

Ödipaler Triumph 47
Ökonomie der Macht 152
Olivetti 11
Operationscode 19
Organisationen 100
Organisationskultur 121
Organisationsmythen 114
Outsider 146, 154, 156

P

Paranoia 40
Passiv-aggressiver Mensch 73
Passiver Lebensstil 75
Passivität 72
Pathologie der narzißtischen
    Entwicklung 94
Perfektionsideale 96
Perot, H. Ross 13
Persönliche Eigenarten 126
Persönlichkeitsmerkmale 53
Persönlichkeitsspektrum 80
Pessimistische Einstellung 73
Phantasien 38
Plutarch 183
Positive Vitalität 98
Prioritäten 175
Problematische Angestellte 57
Projektion 27, 135
Projektionsmechanismen 28
Psychologische Kräfte 16
Pufferwirkung 181

R

Rache 84
Ratlosigkeit 86

Reaktiver Narzißmus 94
Rebecca-Mythos 158
Reduzierer 174
Regressive Kräfte 185
Riboud, Jean 183
Rituale 26, 68
Rituelle Hinrichtung 143
Rivalität 152
Rolle des inneren Theaters 180
Roosevelt, Franklin Delano 170, 173
Rücksicht 67
Ruhestand 144, 148
Ruhmsucht 58

S

Sabotage 147
Sabotage des Nachfolgeprozesses 152
Sartre, Jean-Paul 103
Schattenseiten 87
Schizoide 65
Schlumberger 183
Schuldgefühle 48
Schutzvorrichtungen 186
Selbstbeobachtung 86
Selbstbild 89
Selbsterhaltung 85
Selbstliebe 89, 91
Selbsttäuschende narzißtische Führungskräfte 97
Selbsttäuschender Narzißmus 95
Selbstwertgefühl 62
Selektive Kombination 174
Selektiver Vergleich 174
Sinnbilder 170
Sinnlose Konstellation 78
Sinnmanagement 169, 171
Sloan, Alfred 173
Sony Corporation 179, 181

Soziale Beziehungen 46
Spezielles Wissen 177
Sphären des Selbst 94
Starkes Selbstvertrauen 98
Starke Stimmungswechsel 136
Status 153
Stehvermögen 178
Strategie der Verneinung 72
Strategisches Manöver 169
Strukturelle Vorkehrungen 101
Suche nach Sündenböcken 27
Sucht nach Kontrolle 129
Sündenbock 114
Symbole 188

T

Taktisches Hickhack 137
Tanzpartner 187
Territorialismus 115
Theater 53, 169
Tiefenstrukturen 16
Tod 148
Trainingsprogramme für Topmanager 187
Transformation 22
Traum 128, 166
Typen 54

U

Überaktives Verhalten 136
Überaktivität 133
Übergangsphase 157
Übermäßige Rivalität 116
Übertragungsreaktionen 37
Unabkömmlichkeit 150
Unentschlossenheit 70
United Brands 64
Unnahbarkeit 46, 66
Unsoziales Verhalten 56
Unsterblichkeit 148

Unternehmenskultur 140
Unternehmer 126, 127, 138, 141
Unternehmer-Firma 139
Untersuchungen über Führungsver-
    halten 14
Unterwerfung 70
Unzufriedenheit 86
Unzulängliches Selbstbild 75

V

V-Dimension 16, 24, 42
Ventile 37
Verdrängung 148
Verdrängungsmechanismen 24
Verfolgungsideen 59
Verhaltenscode 22
Verhaltensregeln 22
Verklärung der Vergangenheit 157
Verlagerung innerer Konflikte 168
Verlangen nach Führung 30
Verletzbarkeit 23
Verlorenes Paradies 158
Verlust der Realität 111
Vermeider 65 f.
Versagensfaktor (V-Dimension) 14
Virgin 24

Vision 166
Vollstrecker 156
Vorstand 160
Vorurteile 59

W

Wachsamkeit 130
Wahnvorstellungen 106
Wahnvorstellungssystem 108
Wandel 156
Wandlungsprozeß 35
Warnsignale für eine Folie à deux
    117
Watson, Thomas sen. 171
Weber, Max 19
Widersprüchliches Verhalten 72
Widerstand 72
Widerstandsfähigkeit 177
Wirkung 165
Wirkung der V-Dimension 40
Workaholic 125

Z

Zuneigung 108
Zurückweisung 66

Jacobi, Jens-Martin
13 Leitbilder des Managers von morgen
1989, 140 S., Geb. DM 38,-
ISBN 3 409 19134 8
Jeder, der sich mit diesem Buch beschäftigt, erhält die Chance, seine persönliche Wirkung auf andere zielgerichtet zu verbessern und damit die Qualität seiner Ausstrahlung zu erhöhen.

Kraushar, Peter
Unternehmensentwicklung in der Praxis
1989, 286 S., Geb. DM 68,-
ISBN 3 409 19659 5
Falsche Markteinschätzung, personelle Fehlbesetzung sind häufig Ursachen für Mißerfolge bei der Unternehmensentwicklung. Das Buch zeigt am Beispiel namhafter Unternehmen Erfolge und Fehlschläge auf.

Darazs, Günter H.
Computer-Dimensionen
1988, 271 S., Geb. DM 68,-
ISBN 3 409 18700 6
„...Das Buch bietet nicht nur umfassendes informationstechnologisches Know-how, sondern stellt auch dessen Einsatz verständlich und anwendungsorientiert dar. Somit ist es ein wichtiger Begleiter auf dem Weg in die Informationsgesellschaft von morgen. ...“
VDI Nachrichten 6.89

Maderthaner, Wolfgang
Der Kundenmanager
1987, 176 S., Geb. DM 64,-
ISBN 3 409 13713 0
„..., beschreibt die Instrumente für die Umsetzung des Kunden-Management-Konzeptes und belegt an Unternehmensbeispielen, wie dieses Konzept in der Praxis funktionieren kann.“
absatzwirtschaft 3/88

Hirzel, Matthias
Managementeffizienz
4., erweiterte Auflage 1988, 265 S., Geb. DM 69,-
ISBN 3 409 49618 1
Dieser bewährte Ratgeber gibt praktische Anregungen und hilft, Fehler zu vermeiden. Die Neuauflage wurde um das Thema „Vortrag und Präsentation“ erweitert.

Menz, Adrian P.
Menschen führen Menschen
1989, 232 S., Geb. DM 68,-
ISBN 3 409 13124 8
„...Das Buch zeigt, wie Unternehmen menschlicher, Vorgesetzte verbindlicher und Mitarbeiter unternehmerischer werden. ...“
Platow Brief

Pinchot, Gifford
Intrapreneuring
1988, 400 S., Geb. DM 78,–
ISBN 3 409 18702 2
„... ist ein Leitfaden für Unternehmer und Manager, diese besondere Spezies ... gezielt zu fördern ...“

McNeil, Art
Die Kraft im Zentrum
1989, 192 S., Geb. DM 58,-
ISBN 3 409 19124 0
Anhand von "Trainingsspielen" und Checklisten kann der Manager die zahlreichen Tips und Anregungen aus diesem Buch in der betrieblichen Praxis erproben und seine persönliche Einstellung analysieren.